성도님! 전도가
너무 잘돼요!

성도님! 전도가
너무 잘돼요!

- 초판 1쇄 발행 2013년 8월 1일
- 초판 5쇄 발행 2023년 10월 15일

- 지은이 황일구
- 펴낸이 조유선
- 펴낸곳 누가출판사

- 등록번호 제315-2013-000030호
- 등록일자 2013. 5. 7.
- 주소 서울시 강서구 염창동 282-19 현대아이파크 상가 B 102호
- 전화 02-826-8802 팩스 02-826-8803

- 정가 13,000원
- ISBN 979-11-950635-2-9   03230

✽ 파본은 교환해 드립니다.
✽ 이 출판물은 저작권법에 의해 보호를 받는
  저작물이므로 무단 복제할 수 없습니다.
✽ 독자의 의견을 기다립니다.
✽ sunvision1@hanmail.net

지하에서 두 날개 성전으로 비상하기까지의 새대구교회 스토리

성도님! 전도가 너무 잘돼요!

● ○ 황일구 지음

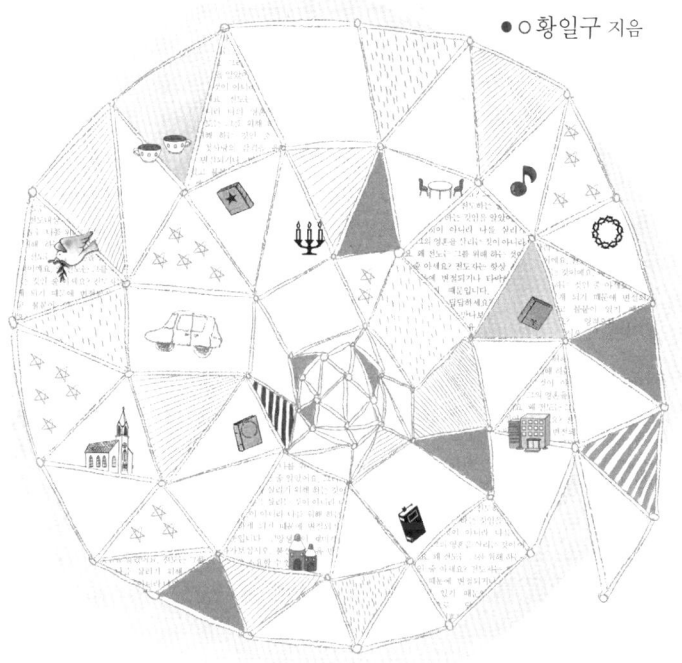

차례 ●○

머리말 … 8

Part 1 새대구교회 스토리

1장. 지하에서 두 날개 성전으로 비상하기까지 •○• 15

  1. 아비목회 … 21
  2. 새대구교회의 비전 … 25
      1) 대구에서 가장 많은 영혼을 살리는 교회 2) 작은 교회를 살리고 일으키는 교회
  3. 새대구교회의 새가족 정착사역 … 29
      1) 정착시키기 2) 정착의 순서 3) 정착의 핵심 4) 정착사역의 실제

2장. 전도자 세우기 •○• 40

  1. 전도자의 두 가지 자세 … 40
      1) 강하고 담대하라 2) 진지하고 신중하라
  2. 전도자의 두 가지 양식 … 43
      1) 양식을 많이 먹어 배가 불러야 한다 2) 생수를 많이 마셔 속이 시원해야 한다
  3. 전도자 세 가지 능력 … 46
      1) 복음의 능력을 믿으라 2) 말씀의 능력을 믿으라 3) 성령의 능력을 믿으라

Part 2 전도자의 다섯 가지 마음

3장. 아버지의 마음 •○• 61

  1. 아버지가 속상한 이유 … 63
  2. 영적인 효자로 만드는 네 가지 원리 … 69
      1) 밖으로 나가 동생을 찾으십시오 2) 적극적으로 환영하십시오 3) 아버지의 마음을 이해하십시오 4) 잘못을 들추지 말고 숨겨주십시오

4장. 예수님의 마음 •ㅇ• 78

   1. 목자 없는 양을 불쌍히 여기는 마음 … 83
   2. 추수꾼 없는 곡식을 불쌍히 여기는 마음 … 84
   3. 치료자 없는 환자를 불쌍히 여기는 마음 … 86
   4. 예수님의 세 가지 전도원리 … 88
         1) 체계적으로 전도하라   2) 가르침과 복음 전파를 병행하라   3) 필요를 채워주고 문제를 해결해 주어라
   5. 예수님의 두 가지 특별부탁 … 93
         1) 인정받는 일꾼이 되라   2) 추수할 일꾼을 보내달라고 기도하라

5장. 두려워하는 마음 •ㅇ• 96

   1. 시도 때도 없이 전도하라고 명령하신 세 가지 이유 … 100
         1) 사역과 직분에 관계없이 전도해야 하기 때문에   2) 바쁘고 피곤해도 전도해야 하기 때문에   3) 반응과 결과에 상관없이 전도해야 하기 때문에
   2. 전도를 돕는 세 가지 말씀 … 107
         1) 예수님의 재림 때가 다 되었다!   2) 엄히 명령한다!   3) 죽을 때가 되면 후회한다!

6장. 선한 목자의 마음 •ㅇ• 116

   1. 위기에 처한 잃은 양 찾는 일이 급선무인 선한 목자 … 121
   2. 선한 목자의 네 가지 마음 … 125
         1) 찾을 때까지 포기하지 않는 마음   2) 잃은 양을 찾기 위해서라면 많은 것도 버릴 수 있는 마음   3) 잃은 양 찾는 것이 가장 기쁘고 즐거운 마음   4) 찾은 양을 어깨에 메는 마음

7장. 버리는 마음 •ㅇ• 134

   1. 백 배로 갚아주시는 주님을 믿으므로 버림 … 141
   2. 영생의 복을 약속하신 주님을 믿음으로 버림 … 145

Part 3 전도자를 위한 다섯 가지 도전

8장. 불 붙었나요? 불 꺼졌나요? •ㅇ• 155
   1. 신앙의 순수함을 지키기 위하여 … 163
   2. 상과 복을 받기 위하여 … 164

9장. 내 힘으로 사는가? 주의 힘으로 사는가? •ㅇ• 180
   1. 갚아주실 하나님을 믿는 힘으로 … 186
   2. 힘주실 주님을 믿는 힘으로 … 188
   3. 도와주시고 건져주실 하나님을 믿는 힘으로 … 190
   4. 하나님이 주신 힘으로 살 때 받은 복 … 195
       1) 디모데와 같은 동역자   2) 누가와 같은 동행자   3) 마가와 같은 유익한 자

10장. 무딘 칼인가요? 날카로운 칼인가요? •ㅇ• 198
   1. 왜 칼을 들고 가서 전도하라고 하셨을까? … 202
       1) 앞으로 스스로 해결해야 되기 때문에   2) 장차 닥칠 환난과 핍박을 준비해야 되기 때문에
   2. 칼은 곧 하나님의 말씀 … 207
   3. 칼을 사기 위해 투자하라 … 210

11장. 내가 살았나요? 그가 살았나요? •ㅇ• 214
   1. 부분적으로 불순종하는 자들을 회개시키기 … 220
   2. 우상숭배에 빠진 자들을 회개시키기 … 223
   3. 회개를 촉구하는 메시지를 선포하기 … 225

12장. 끌려가나요? 데려오나요? •。• 232
   1. 누구에게든지 전도하라 … 238
   2. 누구든지 전도하라 … 240
   3. 성도들이 전도하지 못하는 다섯 가지 이유 … 241
      1) 믿는 즉시 전도하지 않는다   2) 있는 모습 그대로 전도하기를 미룬다   3) 최우선적으로 전도하지 않는다   4) 데려오는 것이 전도다   5) 체험이 적어도 전도할 수 있다

Part 4 전도자의 세 가지 메시지

13장. 좋은 곳에서의 영원한 삶 •。• 255
   1. 죽음을 준비하십시오 … 256
   2. 나를 믿는 자는 영원히 죽지 아니하리니 … 261
   3. 오늘 밤에 네 영혼을 도로 찾으리니 … 268

14장. 선물 받으세요 _276
   1. 그 어떤 행동으로도 갈 수 없는 천국 … 278
   2. 믿기만 하면 백 점 만점에 백 점 … 286
   3. 믿는 자에게 주시는 선물, 천국 … 289

15장. 내 아들을 돌려다오 _297
   1. 재산을 없애게 할지라도 … 307
   2. 버림받고 외면당하게 할지라도 … 309
   3. 흉년들게 할지라도 … 311
   4. 비참한 신세가 되게 할지라도 … 314

머리말 ●○

성도님! 요즈음 전도가 잘 되나요? 잘 되지 않나요? 저도 처음에는 전도가 너무 되지 않아 절망했던 적이 있어요. 그런데 지금은 전도가 너무 잘돼요. 왜 전도가 잘 되냐고요? '복음의 능력', '복음의 불'을 받고난 후부터 전도가 되기 시작했어요.

"내가 복음을 부끄러워하지 아니하노니 이 복음은 모든 믿는 자에게 구원을 주시는 하나님의 능력이 됨이라 먼저는 유대인에게요 그리고 헬라인에게로다"(롬 1:16)

'성령의 능력', '성령의 불'을 받고 난 후부터 전도가 되기 시작했어요. '전도가 너무 쉬워요, 전도가 너무 잘돼요.'라고 간증하며 살고 싶다면 '복음의 능력', '성령의 능력'을 받으세요.

"내 말과 내 전도함이 설득력 있는 지혜의 말로 하지 아니하고 다만 성령의 나타나심과 능력으로 하여 너희 믿음이 사람의 지혜에 있지 아니하고 다만 하나님의 능력에 있게 하려 하였노라"(고전 2:4~5)

어떻게 '복음의 능력', '성령의 능력'을 받았는지 궁금하세요? 지금 책장을 넘겨보세요.

성도님! 전도하면 기쁘세요? 부담스러우세요? 저도 처음에는 전도를 하고 싶지 않았고, 전도가 너무 부담스러웠어요. 그러나 지금은 전도하고 싶고, 전도하는 것이 너무나 기뻐요. 왜 그 부담스러운 전도를 너무 하고 싶은지 아세요? 전도는 천사가 가장 부러워하는 일인 것을 알게 되었기 때문입니다.

주 내게 부탁 하신 일
천사도 흠모 하겠네
화목케 하라신
구주의 말씀을
온세상 널리 전하세 (새찬송가 508장 후렴)

이 땅에서 백 배의 복을 받고 내세의 영생을 받고 싶다면 상 주시려는 하나님의 계획임을 깨닫고 전도하세요. 천사에게 전도시키면 신나게 할 수 있지만 우리에게 전도시켜 복 주시려는 하나님의 심정을 깨닫고 전도하세요.

전도는 고생시키기 위한 것이 아니라 상 주시기 위한 것입니다.

"예수께서 이르시되 내가 진실로 너희에게 이르노니 나와 복음을 위하여 집이나 형제나 자매나 어머니나 아버지나 자식이나 전토를 버린 자는 현세에 있어 집과 형제와 자매와 어머니와 자식과 전토를 백 배나 받되 박해를 겸하여 받고

내세에 영생을 받지 못할 자가 없느니라"(막 10:29~30)

성도님, 전도는 나를 위해 하나요? 그를 위해 하나요? 저는 처음에는 전도대상자를 위해 전도하는 줄 알았어요. 그러나 이제는 전도는 나를 위해 하는 것임을 알았어요. 전도는 그를 살리기 위해 하는 것이 아니라 나를 살리기 위해 하는 것이예요. 전도는 그의 영혼을 살리는 것이 아니라 나의 영혼을 살리는 것이예요. 왜 전도는 그를 위해 하는 것이 아니라 나를 위해 하는 것인 줄 아세요? 전도자는 항상 첫사랑의 감격을 유지하게 되기 때문에 변절되거나 타락하지 않고 영혼이 살아있고 불붙어 있기 때문입니다. 신앙생활이 재미가 없으세요? 영적으로 답답하세요? 전도의 현장에 나가보십시오. 불신영혼들을 만나보세요. 영혼이 소생됨을 느끼게 됩니다. 불타는 가슴을 소유할 수 있습니다.

성도님! 전도가 안 되는 이 시대에도, 매주 새가족들이 몰려오는 교회가 있어요. 매주 새가족 반이 수차례 열리는 교회가 있어요. 매주 새가족 수료식이 있는 교회가 있어요. 새대구교회입니다.

"하나님을 찬미하며 또 온 백성에게 칭송을 받으니 주께서 구원 받는 사람을 날마다 더하게 하시니라"(행 2:47)

왜? 새대구교회는 전도가 잘 될까요?

전도자의 두 가지 자세를 가지고 있기 때문입니다.
전도자의 두 가지 양식을 먹고 있기 때문입니다.
전도자의 세 가지 능력을 소유하고 있기 때문입니다.
전도자의 다섯 가지 마음을 소유하고 있기 때문입니다.
전도자의 다섯 가지 도전을 소유하고 있기 때문입니다.
전도자의 세 가지 메시지를 소유하고 있기 때문입니다.

자, 이제 기대와 설렘으로 책장을 넘겨봅시다.

> 대구에서 가장 큰 교회가 아니라 가장 많은 영혼을 살리는
> 교회의 비전을 가지고 영혼 살리는 재미에 푹 빠진
> 황일구 목사 드림

Part 1

새대구교회 스토리

1장. 지하에서 두 날개 성전으로 비상하기까지
2장. 전도자 세우기

1장

지하에서 두 날개 성전으로
비상하기까지

　1992년 11월 30일, 새대구교회의 모체가 되는 지산침례교회를 개척함으로 그리스도인의 비율이 10퍼센트도 되지 않는 대구에서의 목회를 시작했습니다.

　교회와 사택이 모두 지하였는데 제대로 방수처리가 되지 않은 부실시공 건물이었기 때문에 하루에도 수십 번씩 물을 퍼내야만 했고 통풍이 전혀 되지 않아 퀴퀴한 곰팡이 냄새가 진동하는 집에서 하루 종일 생활하다 보니 아이는 기관지 천식, 폐렴 등으로 병원에 입원하는 것이 다반사였으며 아내는 대인기피증까지 생겨 보름이 넘도록 지하실에서 나오지 않았습니다. 시장조차 보러가지 않으려 하여 두부나 콩나물 같은 찬거리를 제가 사야 하는 지경이었습니다.

　예배당이 곰팡이와 습기로 눅눅하고 냄새까지 났어도 유초등부 아이들과 학생회 청소년들이 하나 둘 모여들기 시작했지만 청장년은 좀

처럼 전도가 되지 않았습니다. 생각처럼 교회가 부흥되지 않고 육체적으로 그리고 정신적으로 극심하게 힘든 생활을 하는 가족들을 보니 마음이 아프고 갈등이 되어 목회에 대한 열정과 의욕이 사라지기 시작해 도저히 계속 개척사역을 할 힘이 없었습니다.

'잠시 목회를 쉬고 서울로 올라가서 그 곳에서 다시 새롭게 개척교회를 해야 하는 것은 아닌가?'

'이런 상황에서 계속 목회하는 것이 가능할까?'

'이 대구 땅에서 과연 내가 목회를 잘할 수 있을까?'

기도한 후 결정할 각오로 강단에서 무릎을 꿇었습니다. 목회를 중단한다고 생각하니 하나님께 죄송하기도 하고 개척한다고 물질과 기도로 도와주셨던 분들에게 부끄러운 마음까지 들었지만 너무 힘든 현실을 견딜 수가 없었습니다.

간절함에 저절로 흐르는 눈물을 주체하지 못하며 기도하던 새벽에 하나님께서 대구의 잃어버린 영혼들에 대한 아버지의 마음을 내게 들려주셨습니다.

"어린 영혼들은 영혼이 아니더냐?"

지금도 잊을 수 없는 하나님 아버지의 그 음성과 함께 어린 영혼들의 얼굴이 하나씩 하나씩 마치 영화필름을 보듯이 뇌리를 스치던 바로 그때 울며 기도하고 있는 저에게 아내가 다가와 이렇게 말했습니다.

- "당신과 같은 분까지 대구가 힘들다고 대구의 영혼을 포기하면 대구의 영혼은 누가 살려요?"

이 말은 내게 큰 격려가 된 동시에 무거운 책임감으로 가슴을 쳤습니다. 마치 철퇴로 얻어맞은 기분이었습니다. 이 말은 아내의 말이 아니라 아내를 통해 하나님께서 제게 주신 음성이었습니다. 힘든 현실만을 보지 말고 하나님의 말씀을 붙잡고 대구에서 생명을 걸기로 결심하였습니다. 순종하고 대구에서 열심히 목회하기로 결단하자 가장 시급한 기도제목은 지하 교회를 벗어나는 일이었습니다. 그때만 하더라도 대구의 정서상 2층, 3층 상가를 교회로 임대해 주지 않을 때였습니다. 언제 응답될지, 과연 응답될지 아득하기만 한 이 문제를 놓고 하나님께 간절히 기도할 때 하나님은 내가 기대했던 시간보다 훨씬 더 빨리 응답해 주셨습니다. 어떤 장로님께서 건물을 세를 놓겠다며 자기 건물에 교회를 전세로 주는 것이 너무 기쁘다고 하시면서 기꺼이 허락해 주시므로 지하에서 벗어나 2층으로 이사할 수 있게 해 주셨고 더욱 감사한 일은 하나님의 그 응답하심이 하나님께서 일하시는 시작점에 불과했다는 것입니다.

열악한 지하에서 개척한 지 1년 5개월 만에 새대구교회는 80명의 아이들 그리고 이 아이들을 통하여 전도된 아이들의 부모님들과 노방전도 등으로 전도된 청장년 30여 명이 함께 예배드리는 공동체가 되어 부흥의 은혜를 부어주심으로 드디어 지하교회생활을 탈출하여 2층 상가로 이사를 갈 수 있는 큰 기쁨을 선물로 주셨습니다. 그 곳에는 30평 남짓한 성전과 3평쯤 되는 단칸방 사택이 예비 되어 있었습니다. 주방을 꾸밀 곳이 없어서 화장실 변기통 위에 싱크대를 설치하여 주방으로 사용할 정도로 열악했지만 지하를 벗어난 기쁨은 큰 감격이었습니다. 하나님께서 역사하심은 그다음 해 7월에 같은 건물 3층까지 추가로 임대하여 사택과 교육관으로 활용하게 하셨고 그로부터 2년 후 1997년 5월, 하나님께서는 교회로 건축되어져 있는 3층 건물을 매입할 수 있는 힘을 주셨습니다. 1층은 예배당, 2층은 교육관, 3층은 사택으로 사용할 수 있는, 이전에 비하면 너무도 크고 넓은 곳을 허락하셨습니다. 우리는 그 곳으로 성전을 이전하여 교회 이름도 '새대구교회'로 바꾸었습니다.

교회는 계속 부흥했고 얼마 지나지 않아 그 예배당도 자리가 부족한 상황이 되었습니다. 2003년, 세 채의 집을 사서 그 터 위에 교회를 건축할 계획을 세웠습니다. 법적으로 아무런 문제가 없어 건축허가까지 받았는데 주변 성당과 사찰이 주민들과 함께 끈질기게 교회 건축을 반대하였습니다. 종교적 마찰로 인하여 주변 사람들에게 이미지가 좋지 않았습니다. 도저히 안 되겠다는 판단에 건축을 반대하는 대표인 신부님을 만나서 만일 성당에서 교회 부지를 매입한다면 교회가 양보하고 다른 곳으로 이전하겠다는 뜻을 전했습니다.

그리고는 새로운 교회 성전 부지를 찾기 위해 지금의 교회가 있는 시지지역으로 달려갔습니다. 처음 들렀던 부동산에서 소개한 첫 땅과 건물은 주류회사였습니다. 1200여 평의 대지 위에 3층으로 건축된 큰 건물이었습니다. 그러나 알아보니 너무 비싸서 엄두도 내지 못하고 곧 포기하고 말았습니다.

그즈음 성당에서 땅을 매입하겠다는 통보를 보내왔는데 우리가 주고 산 땅값보다도 적은 액수로 매입하겠다는 것이었습니다. 더 이상은 안 되겠다고 생각하고 업자를 선정하고 건축을 진행하였습니다. 그러나 성전 건축의 방해는 더 심해졌고 이렇게 1년 정도 방해가 계속되자 경찰이 출동해도 어찌하지 못하고 지켜만 보는 실정이었습니다. 건축

진행 중 건축을 진행하는 일꾼들과 방해하는 사람들과의 충돌로 인하여 일꾼 두 명이 다쳐 병원에 입원하게 되자 건축을 방해하며 일꾼들을 밀어 넘어지게 했던 사람들을 경찰서에서 불러 조사하게 되니 방해에 앞장섰던 사람들은 와해되기 시작했습니다.

아무 잘못도 없는 저를 법적으로 소송했던 것도 판결이 날 시점이 다가오자 판결에서 질 것을 알게 된 성당 측 변호사는 우리 쪽 변호사를 통해 우리가 주고 산 땅 값보다 3억 5천만 원을 더 주겠다는 뜻밖의 제안이 들어왔습니다. 그래서 전에 찾아갔던 주류회사 건물주에게 전화를 걸었더니 그 건물주는 지금 당장 만나자고 했습니다.

- "목사님을 제가 얼마나 찾았는지 아십니까?"
- "제가 2억 3천만 원을 헌금 할 테니 이 땅과 건물을 무조건 사십시오."

도대체 영문을 알 수 없어 이유를 물어보니 이유인즉 땅 주인의 아내가 큰 승려 한 분을 모시고 연합주류회사를 방문했던 적이 있는데 그때에 그 승려가 이렇게 말했다고 합니다.

"이곳은 종교자리다. 어떤 종교든지 들어오면 크게 성공할 것이다."

그때 연합주류 회장은 젊은 목사님이 이 땅과 건물을 사러 왔었는데 돈이 모자라 돌려보냈다고 그 승려에게 말했습니다. 그러자 그 승려는 "이 땅과 건물을 그 목사님께 파십시오."라고 말했답니다.

그래서 연합주류 회장은 자기 땅과 건물을 사고 싶은 사람들이 많이 찾아왔었지만 거절하고 우리 교회에 싼 값으로 팔겠다고 하는 것이었습니다.

그 회장은 말했습니다.

"천벌을 받을까 두려워서 교회에 판다고… 이제는 마음이 평안하다고…"

지금도 싸게 팔면서도 기뻐하던 그 주류회사 회장님의 얼굴을 잊을 수 없습니다.

결국 하나님께서는 새대구교회에 5억 8천만 원을 더 채워주신 것입니다. 하나님께서는 그 넓은 땅과 건물을 새대구교회에 주시기 위해 성당의 신부와 불교의 승려를 사용하셔서 부족한 물질을 채워주셨습니다. 하나님의 극적인 간섭이었습니다.

처음 건축하려고 샀던 성당 앞 부지를 팔고 하나님께서 주신 5억 8천만 원을 합하여 연합주류회사의 땅과 건물을 매입하였고, 리모델링을 하여 교회를 이전하여 2005년 3월 1일, 감격적으로 시지 1성전의 입당예배를 드렸습니다.

하나님께서는 주의 일을 여기서 중단하지 않으시고 2009년, 어린이와 장년을 파송하여 반야월 2성전을 개척하게 하셨습니다. 새대구교회의 시지 1성전과 반야월 2성전의 두 날개 성전 시대가 열린 것입니다. 2성전 사역을 계속하여 2013년 현재 반야월 2성전이 부흥하게 되었고, 신도시 중심부에 520여 평의 대지를 구입하여 반야월 2성전을 새롭게 건축하고 있습니다. 올 9월쯤 건축이 완공되면 또 하나의 구원의 방주를 짓게 하신 하나님의 뜻을 받들어 수많은 영혼들을 방주 안으로 가득 채울 것입니다.

1. 아비목회

결혼도 하지 않은 바울이 디모데에게 자신 있게 아들이라고 표현하고 있습니다.

"믿음 안에서 참 아들 된 디모데에게 편지하노니 하나님 아버지와 그리스도 예수 우리 주께로부터 은혜와 긍휼과 평강이 네게 있을지어다"(딤전 1:2)

또한 바울은 디도에게도 당당하게 아들이라고 고백하고 있습니다.

"같은 믿음을 따라 나의 참 아들 된 디도에게 편지하노니 하나님 아버지와 그리스도 예수 우리 구주로부터 은혜와 평강이 네게 있을지어다"(딛 1:4)

왜 바울은 디모데와 디도를 아들이라고 불렀습니까? 그들을 복음으로 낳았기 때문입니다.

"그리스도 안에서 일만 스승이 있으되 아버지는 많지 아니하니 그리스도 예수 안에서 내가 복음으로써 너희를 낳았음이라"(고전 4:15)

전도하여 영적인 하나님의 자녀로 태어나게 했다는 말씀입니다. 이 말씀은 육적인 아버지가 아니라 영적인 아버지라는 말이요, 육적인 아들이 아니라 영적인 아들이라는 뜻인 것입니다. 그리스도인들은 세 분의 아버지가 계시다는 것을 알아야 합니다. 첫째 아버지는 하나님 아버지, 둘째 아버지는 육적인 아버지, 셋째 아버지는 영적인 아버지입니다.

　나를 예수 믿게 하여 거듭나게 하고, 영적으로 양육하는 목회자가 영적 아버지입니다. 스승이 아니라, 영적 아버지입니다. 지구촌의 모든 목회자들은 이 말씀에 근거하여 영적 아버지들입니다. 그러므로 아비의 심정으로 성도들을 돌보고 섬겨야 합니다. 물론 지구촌의 모든 성도들 역시 이 말씀에 근거하여 영적 아들이요, 딸들입니다. 때문에 영적으로 낳아주고 길러주는 목회자들을 영적 아버지로 알고 사랑하고 순종해야 합니다. 나의 목회 철학은 '아비 목회'입니다.

　아비 목회만이 하나님의 교회를 든든히 세울 수 있고, 하나님의 자녀들을 안전하게 돌볼 수 있는 유일한 대안이라고 생각합니다. 아무리 못났어도, 아무리 속을 썩여도 아버지는 절대로 자녀를 버리지 않듯이 영적 아비의 심정만 지닌다면 성도들이 반항하고, 불순종해도 절대로 버리지 않고 끝까지 책임지게 되기 때문입니다. 뿐만 아니라 아무리 아버지가 모자라고 무식하고 고집을 부려도 자식은 절대로 아비를 버리지 않듯이 영적 자녀 심정을 가지면 목회자가 실수하고 부족해도 절대로 끝까지 따르게 됩니다.

　바울 역시 아비목회 철학을 가졌기 때문에 데살로니가교회 성도들과 고린도교회 성도들에게 아버지가 자녀에게 하듯이 권면하고 위로하고 경계하였던 것입니다.

"너희도 아는 바와 같이 우리가 **너희** 각 사람에게 아버지가 자기 자녀에게 하듯 권면하고 위로하고 경계하노니"(살전 2:11)

"내가 **너희**를 부끄럽게 하려고 이것을 쓰는 것이 아니라 오직 **너희**를 내 사랑

하는 자녀 같이 권하려 하는 것이라"(고전 4:14)

목회자와 성도들이 영적 부자관계임을 인식할 때에만 자신 있게 지적할 수 있고, 충고할 수 있고, 당당하게 부탁하고, 요구할 수도 있는 것입니다. 그런데 안타까운 것은 그리스도 안에서 스승은 많지만 아비는 많지 않다는 것입니다.

"그리스도 안에서 일만 스승이 있으되 아버지는 많지 아니하니 그리스도 예수 안에서 내가 복음으로써 너희를 낳았음이라"(고전 4:15)

스승의 마인드로 목회해서는 안 됩니다. 아비의 마음으로 목회해야 합니다. 왜냐하면 스승은 언제든지 제자를 버릴 수 있기 때문입니다. 성도들 역시 신앙생활을 제자의 마인드로 해서는 안 됩니다 자식의 마음으로 해야 합니다. 왜냐하면 제자는 언제든지 스승을 버릴 수 있기 때문입니다.

그렇다면 누가 먼저 이 마음을 품고 사랑해야 할까요? 영적 아비인 목회자가 먼저 시작해야 합니다. 그래야 영적 자식인 성도들이 따라 시작하기 때문입니다. 이것은 마치 아비가 자식을 먼저 사랑하고 헌신해야 나중에 자식들이 효도하고 섬기는 것과 같은 원리입니다.

참으로 감사한 것은 아비의 심정으로 성도들을 자식같이 섬겼더니 새대구교회 성도들은 아비같이 순종하고 효도합니다. 스승의 날은 조용하지만 어버이날이 되면 꽃과 선물과 식사대접과 용돈까지 주는 성도들을 볼 때 얼마나 행복한지 모릅니다. 그리고 새대구교회의 청년들은 거의 대부분 나를 아버지라고 부르고, 아내에게는 어머니라고 부릅니다. 한번은 한 자매가 시골에 사시는 친어머니를 모시고 안수기도를 받으러 오면서 전화로 이렇게 말하는 것입니다.

- "엄마 좀 늦어요. 아버지께 조금만 더 기다려 달라고 해 주세요."

친어머니와 목양실에 들어오면서는 이렇게 말합니다.

- "아빠 늦어서 죄송해요!"

그 자매의 어머니께 얼마나 죄송했는지 모릅니다.

더 놀라운 것은 명절 때가 되면 연세가 지긋하신 어르신들이 나에게 세배를 드리러 오십니다. 물론 맞절을 하지만 그럴 때마다 얼마나 감격스러운지 모릅니다.

한 번은 연초 대심방 기간에 70대 집사님 가정에 예배를 드리러 갔는데, 아파트 현관문 앞에 돗자리를 깔아놓고 한복을 곱게 차려 입으시고는 큰 절을 하며 우리 부부를 맞이하였습니다. 바로 이것이 아비목회의 열매입니다.

이러한 영적 아비와 영적 자녀의 관계가 너무도 아름답지 않습니까? 영적인 부자관계가 쉽게 형성되는 것은 아닙니다. 해산하는 수고가 있을 때에만 가능한 관계입니다.

"나의 자녀들아 너희 속에 그리스도의 형상을 이루기까지 다시 너희를 위하여 해산하는 수고를 하노니"(갈 4:19)

영적인 아비가 먼저 사랑하는 수고와 헌신을 해야 합니다. 그럴 때 좋은 것을 함께 나누는 관계가 맺어지게 되고 목사와 성도는 아버지와 자녀가 되어 행복한 신앙생활을 할 수 있게 됩니다.

"가르침을 받는 자는 말씀을 가르치는 자와 모든 좋은 것을 함께 하라"(갈 6:6)

영적 부자관계가 형성되고 나니 이제는 성도들이 좋은 것만 생기면 영적 아비인 목회자와 나누려고 합니다. 목회자와 성도들이 영적 부자관계를 형성하여 반목과 분쟁이 없이 사랑과 연합으로 모든 한국교회가 든든히 세워졌으면 합니다.

2. 새대구교회의 비전

1) 대구에서 가장 많은 영혼을 살리는 교회

새대구교회의 영적인 비전은 대구에서 가장 큰 교회가 아니라 '대구에서 가장 많은 영혼을 살리는 교회'입니다. 그래서 교회 부흥을 위해 전도하지 않고 영혼을 살리기 위해 전도합니다. 이 본질적인 자세가 하나님 마음을 기쁘시게 하기 때문에 하나님께서는 많은 영혼을 보내주십니다. 하나님은 영혼을 사랑하는 곳에 하나님의 영혼을 맡기십니다. 열심히 전도하는 것보다 더욱 중요한 것은 전성도들이 영혼 사랑하는 마음을 품는 것입니다.

영혼이 몰려오지 않습니까?
전도가 잘 되지 않습니까?

성도들에게 영혼 사랑하는 마음이 있는지 체크해 보십시오.

새대구교회는 전도 중심적 교회입니다.

시지 1성전과 반야월 2성전 모두 새가족 전도중심으로 움직입니다. 주중에는 노방전도, 차전도, 팝콘전도, 열린 모임 등 다양한 방법으로 여전도회를 중심으로 전도에 힘을 쏟습니다. 이렇게 전도하기 위해 미리 교회에 와서 물도 끓이고 팝콘을 튀깁니다. 주일 오후에는 공원 무대에서 남전도회와 청년회를 중심으로 선물, 찬양, 공연전도가 펼쳐집니다. 다양한 악기와 함께 찬양이 울려 퍼지면 수많은 사람들이 뜨거운 박수와 함성으로 반응해 줍니다. 그때에 전도자들이 준비된 차나 선물, 전도지, 설교 CD등을 전달하며 전도합니다. 그리고 그 가운데 준비된 영혼들은 그 자리에서 예수님을 영접시키고 연락처를 적어 교회에 보고합니다. 수십 명이 연합하여 전도하는 모습을 보고 타종교에서 전도하러 왔던 사람들이 기가 죽어 어디론가 사라져 교회 전도팀이 독점적으로 전도하고 있습니다.

교회적으로는 봄과 가을에 초청 잔치를 준비해 성도들이 전도할 수 있는 기회를 주고 영혼을 살려내는 일을 합니다.

각 기관별로는 1년에 2번씩 여름과 겨울에 기관별 초청 잔치 등 맞춤식 전도를 통해서 영혼들을 추수합니다. 뿐만 아니라 어린이와 청소년들은 매주 토요일 사역자와 교사들 그리고 자원하는 아이들을 중심으로 학교, 공원에서 전도합니다. 특히 시지지역 청소년들은 토요일마다 교회로 인도하여 다양한 간식을 제공하며 전도하는데 학교 선생님들이 다녀갈 정도로 반응이 뜨겁습니다. 이 전도를 통해 한 여학생이 교회에 처음 와서 전도의 첫 열매를 얻었을 때에는 얼마나 감격적이었는지 모릅니다.

이 외에도 여전도 회원들 가운데 자원하는 분들을 중심으로 심방대원을 구성하여 월요일과 화요일은 교회에 모여서 기도한 후 전도대상자, 교회를 다녀간 자, 결석자 등을 중심으로 심방을 합니다. 말이 심방이지 전도나 마찬가지입니다. 남전도 회원들을 중심으로 하는 심방대원들은 화요일 저녁과 토요일 저녁에 남자 장년들을 심방합니다. 아내는 믿지만 남편이 믿지 않는 가정, 교회 다녀간 자, 결석자들 등 전도중심적인 심방을 합니다.

대구에서 가장 많은 영혼 살리는 새대구교회는 비전에 걸맞게 새가족을 가장 소중하게 여깁니다. 심지어 "우리 목사님은 새가족 밖에 몰라", "새가족들만 사랑하셔"라고 할 정도입니다.

나도 시간 날 때마다 전도현장에 나갑니다. 전도팀의 열정적인 전도 모습을 볼 때마다 얼마나 가슴 벅차고 흐뭇한 마음인지 모릅니다. 전도팀들은 전도 중에 아픈 분이 있으면 그 현장에서 기도를 요청합니다. 그러면 나는 기꺼이 안수하며 기도합니다. 성도들도 이제는 새가족을 최고로 여기고 극진히 섬기며 그들에게 감동을 주고 있습니다. 전성도가 200% 긍정적인 마인드, 새가족팀 전도자의 마인드를 가지고 천사의 미소로 새가족들을 대하고 있습니다.

새대구교회에서 새가족은 왕입니다.

2) 작은 교회를 살리고 일으키는 교회

새대구교회는 작은 교회를 살리고 일으키는 비전을 품고, 수년 전부터 이 사역에도 집중하고 있습니다. 과거 도시의 큰 교회들은 시골교회 출신 성도들 덕택에 부흥할 수 있었습니다. 지금도 작은 교회 출신 성도들 덕택에 도시의 큰 교회들이 부흥하고 있는 것이 사실입니다. 때문에 작은 교회들이 무너지면 머지않아 도시 큰 교회들도 무너지게 될 것입니다. 작은 교회가 살아야 한국교회가 삽니다. 작은 교회가 무너지면 큰 교회도 무너집니다. 그러므로 작은 교회가 한국교회의 미래요 희망입니다. 그런데 작은 교회가 살려면 작은 교회 목회자들이 먼저 살아야 합니다. 작은 교회의 목회자들이 살려면 작은 교회 목회자들의 가슴에 불이 있어야 합니다. 작은 교회 목회자들의 가슴에 불이 있으면 작은 교회 성도들의 가슴에도 불이 붙게 됩니다. 작은 성도들의 가슴에 불이 붙으면 작은 교회가 불붙습니다. 그러면 작은 교회도 부흥할 수 있습니다.

이 사실을 확신하여 나는 작은 교회를 개척하여 작은 교회를 중형교회로 부흥시킨 뜻을 같이 하는 몇 분의 목회자들과 함께 침사목(침례교회를 사랑하는 목회자 모임)이라는 단체를 결성하여 1년에 두 차례씩 작은 교회 목회자 부부를 초청하여 섬기고 있습니다.

봄에는 작은 교회 부흥성장 노하우 공개 세미나로, 가을에는 작은 교회 부흥성장 노하우 실제 세미나로 섬기고 있습니다. 교회를 개척하여 수많은 시행착오와 온갖 시련을 딛고 일어나 부흥과 성장을 이룬 목회자들의 가감 없는 생생한 현장 이야기를 진솔하게 나누는 세미나이기에 참석한 작은 교회 목회자 부부들은 큰 은혜와 도전을 받고 '우리도 할 수 있다'는 확신을 가지게 됩니다.

이 세미나에서는 단순히 노하우만 공개하는 것이 아니라 뜨거운 찬양, 기도, 불을 토하듯 선포되는 메시지, 안수기도를 통해 강력한 성령의 기름 부으심과 능력을 받는 시간이 됩니다. 그래서 참석한 대부분의 작은 교회 목회자 부부는 통곡하며 울부짖고 영적 세계를 경험하고 목회에 대한 능력을 공급받고 돌아갑니다. 2013년에 제4회 공개세미나를 마쳤고 가을에는 제4회 실제세미나를 준비하고 있습니다.

　이 세미나는 함께 섬기는 교회 성도들의 헌금으로 재정을 마련하므로 참석하는 작은 교회 목회자들은 전혀 비용이 들지 않고 부부 일 실로 맛있는 식사와 다양한 간식, 풍성한 선물 등을 통하여 목회사역에 지친 작은 교회 부부를 진심으로 섬깁니다. 이 일이 얼마나 감격스러운지 모릅니다. 새대구교회의 모든 성도들은 기도로 물질로 헌신과 봉사로 작은 교회 목회자 부부를 섬기는 것을 행복하게 생각합니다. 왜냐하면 작은 교회 목회자들이 살 때 작은 교회들이 살고 작은 교회가 살아나야 한국교회가 산다는 것을 확실히 믿기 때문입니다.

　이 세미나가 힘을 받게 된 감동적인 사건이 있습니다. 제1회 세미나 후, 개척교회 목사님 한 분이 침사목으로 일천만 원의 헌금을 보내왔습니다. 월세를 내야 하는 작은 교회 목회자로서는 너무 큰 헌금이었습니다. 그 목사님이 세미나를 중단 없이 계속 진행해 줄 것을 간절히 요청하였습니다. 우리는 이것을 하나님의 음성으로 듣고 세미나를 침사목으로 섬기고 있습니다.

3. 새대구교회의 새가족 정착사역

1) 정착시키기

　교회의 세 가지 중요한 사역으로는 전도사역, 정착사역, 양육사역입니다. 이 세 가지 사역 가운데 그동안 가장 소홀히 한 사역이 있다면 그것은 정착사역입니다. 아무리 많은 사람들을 전도해도 정착시키지 못하면 그 전도는 수포로 돌아가기 마련입니다. 아직 교회에 정착도 되지 않은 새가족을 양육하려 하기 때문에 교회를 떠나는 새가족들이 많습니다. 그러므로 전도만 신경 쓰지 말고 정착에 신경 써야 하고, 양육에만 신경 쓰지 말고 정착에 반드시 집중해야 합니다.

새가족이 처음 교회에 나오는 것은 이 교회를 다니겠다고 마음을 정했기 때문이기보다는 탐방의 의미가 큽니다. 그렇기 때문에 탐방하러 온 새가족을 정착시켜서 뿌리 내리는 일에 최선의 노력을 기울여야 합니다. 무엇보다 성도들이 교회에 새가족을 데려오기가 얼마나 힘든지를 알아야 합니다. 한 영혼을 교회로 데려오기 위해 성도들은 수많은 시간과 물질과 사랑을 쏟아 붓습니다. 그렇게 많은 것을 투자하여 힘들게 새가족을 데리고 왔는데 교회가 그들을 정착시키지 못한다면 성도들은 더 이상 전도하려고 하지 않을 것입니다.

'데려와 봐야 정착시키지 못하는데.'

성도들이 자신 있게 새가족을 교회로 데려 올 수 있도록 교회는 준비되어 있어야 합니다. 귀신들린 사람이든지, 타종교에 심취한 사람이든지, 무당이든지, 병자든지, 심각한 문제가 있는 사람이든지 자신 있게 데려오도록 해야 합니다. 이것이 정착사역이 갖추어진 교회의 모습입니다. 전도하지 않아도 일 년에 자신의 교회 성도의 숫자만큼의 새가족이 다녀갑니다. 그 중에 50%만 정착시켜도 교회는 지속적으로 성장할 수 있습니다.

새가족들이 교회에 정착하지 못하고 떠나는 이유가 무엇입니까? 대부분 기존 신자의 위선, 교만, 무관심 때문입니다. 새가족을 잘 정착시키기 위해서는 목회자뿐 아니라 성도들도 모두 잘 준비되고 훈련되어 있어야 합니다.

특히 작은 교회를 찾아오거나 작은 교회에 전도되어 오는 사람들의 유형을 살펴보면 대체로 상처가 많은 사람, 질병 있는 사람, 가난한 사람, 정신적 장애자, 가정적으로 문제가 있는 사람, 교회에서 시험 든 사람, 사회부적응자 등 다양한 문제를 가진 사람들이 많습니다. 하나님께서는 작은 교회에 부족하고 문제를 가진 사람들을 보내시어 작은 교회 목회자와 성도들을 시험하십니다. 그들을 주님의 심정으로 사랑하고 돌보고 잘 섬기면 계속하여 충성된 일꾼과 각 분야에 능력 있는 동역자를 보내주시지만 도움도 안 되고 부담스럽다고 그들을 함부로 대하거나 진정한 사랑으로 섬기지 않는다면 더 이상 좋은 일꾼들과 동역자들을 보내주시지 않을 것입니다. 하나님의 테스트에 성공해야만 진정한 정착사역은 성공할 수 있습니다.

2) 정착의 순서

새대구교회의 새가족 정착사역 틀은 새가족을 위한 구체적이고 세밀한 배려입니다.

첫 번째, 성도들이 새가족을 데려올 때는 미리 어떤 사람을 데려오는지를 교회 사무실로 연락해야 합니다. 그렇게 해야 그 사람에 맞는 섬김이를 미리 배정하고 준비할 수 있기 때문입니다.

두 번째, 예고 없이 새가족들이 자진해서 찾아온 사람들을 위해서는 성별, 연령별, 직업별로 훈련된 섬김이들이 준비하고 있다가 최대한 섬기게 합니다.

세 번째, 주차위원, 안내위원, 새가족 사역팀 멤버들은 밝은 미소와 특별한 관심으로 새가족들을 맞이해야 합니다. 왜냐하면 새가족에게 있어 그들은 교회의 첫인상이기 때문입니다.

네 번째, 전도팀은 새가족카드를 기록하고 가능한 한 말씀 듣기에 방해받지 않는 앞자리로 새가족을 안내합니다.

다섯 번째, 예배 중에 새가족을 소개할 때는 새가족을 자리에서 일어나게 하지 말고, 담임목사가 강단에서 직접 내려와서 전도팀의 안내를 따라 새가족에게 장미꽃 한 송이를 전달하며 직접 환영해줍니다. 이때 성도들은 '축복합니다'를 두 손 들고 찬양하며 새가족을 축복합니다.

여섯 번째, 예배 중 새가족을 환영할 미리 정해진 섬김이 이름과 새가족 이름을 자막에 띄워서 새가족을 누가 섬길 것인지를 알게 합니다.

일곱 번째, 예배가 끝나면 새가족사역팀과 전도자, 섬김이는 새가족을 새가족실로 안내합니다. 새가족실에서 반갑게 인사를 하고 간단한 티타임을 갖습니다.

여덟 번째, 함께 예배드린 담임 목사는 성도들과 인사를 마친 후 바로 새가족실로 들어가 간단한 인사와 함께 안수하여 영적으로 터치하며 기도해줍니다.

아홉 번째, 담임 목사는 새가족 카드를 보면서 신상에 대한 질문을 주고받으며, 섬김이들에게는 기쁨으로 환영하며 적극적으로 섬길 것을 부탁합니다.

열 번째, 새가족이 오면 반드시 가정을 심방해서 축복기도의 시간을 가진다고 말하고 심방 날짜, 시간, 장소를 정합니다.

열한 번째, 전도자와 섬김이는 새가족과 교회 식당 예약석으로 가서 식사한 후에 새가족을 정중하게 배웅합니다.

열두 번째, 새가족 사역팀은 새가족 카드를 2장 복사해서 원본은 교회사무실에, 한 부는 새가족 사역팀이, 한 부는 섬김이에게 줍니다.

열세 번째, 화요일 오전에 교회 사무실에서 담임 목사의 이름으로 환영의 문자를 새가족에게 보냅니다.

열네 번째, 화요일 오전에 문자를 보낸 후 새가족 사역팀이 담임목사 이름으로 새가족에게 편지를 발송합니다.

열다섯 번째, 담임목사는 그 주중에 반드시 새가족을 심방(집이 가장 좋고 여의치 않으면 제3의 장소에서라도)하여 안수하여 영적으로 터치하며 기도해줍니다.

열여섯 번째, 새가족 섬김이는 그 주에 새가족을 만나 훈련받은 대로 1차 섬김의 시간을 가져야 합니다.

열일곱 번째, 섬김이는 토요일 저녁이나 주일 아침에 새가족에게 연락하여 새가족을 모시고 와야 합니다.

열여덟 번째, 목회자 회의에서는 새가족의 잠정적인 목장을 배정하고 목자에게 알려주어 특별히 돌보게 합니다.

열아홉 번째, 전도자, 섬김이, 새가족 사역팀, 목자들은 새가족을 새가족반에 입학시켜야 합니다.

스무번 째, 새가족 공부 5주 동안 전도자와 섬김이들은 새가족을 새가족반으로 안내해야 합니다.

스물한 번째, 새가족반에서는 조금 엄격하게 해야 합니다.(성경읽기, 암송, 숙제, 출석 등)

스물두 번째, 가능하면 담임 목사가 새가족 강사를 하여 담임목사와 친밀해지도록 하고 또 교회 적응에 도움을 주며 질문하게 하여 궁금증을 해소시켜 줍니다.

스물세 번째, 새가족반 마지막시간에 예수님을 영접할 때 성경위에 손을 얹고 영적으로 터치하여 영접기도를 하게 합니다.

스물네 번째, 새가족반 마지막시간에 예수님을 감격적으로 영접하고 나면 다음 일곱 가지를 반드시 하게 합니다.

①수료식 ②다음 코스 성경공부 ③목장모임 참석 ④감사헌금 ⑤강사, 섬김이, 소속목장의목자들 식사대접 ⑥은사체크 후 팀사역 소속 ⑦새가족반에 새가족 입학

스물다섯 번째, 주일낮 예배 가운데 새가족 수료식을 하며 목장식구들은 선물과 꽃을 전달하여 축복하고 모든 성도들은 '당신은 사랑받기 위해 태어난 사람'을 찬양하며 축복합니다.

스물여섯 번째, 종강 식사 후에 새가족을 목자에게 공식적으로 위임합니다.

이것이 새대구교회가 시행하고 있는 새가족 정착 사역의 진행순서입니다. 이렇게 다양하고 체계적인 방법으로 새가족을 섬기면 새가족들이 감동을 받게 되고 정착비율이 높아지게 마련입니다.

3) 정착의 핵심

새가족 정착을 위한 새대구교회 3계명은 새가족 정착 사역의 핵심입니다.

첫째로, 전도자와 섬김이와 새가족 사역팀은 반드시 새가족을 목회자와 만나 상담하게 해야 합니다.

둘째로, 목회자는 새가족을 상담할 때 반드시 환영의 말과 영적 터치 후에 심방 날짜와 시간을 정해야 합니다.

셋째로, 목회자는 그 주에 반드시 새가족을 심방하여 영적 터치를

한 후에 예배해야 합니다.

4) 정착사역의 실제
새대구 교회에서 새가족을 정착하게 하기 위한 세 가지 사역의 실제입니다.
- 새가족 사역의 실제 1 – 새가족과의 첫 만남 때 영적 터치
- 새가족 사역의 실제 2 – 새가족과 첫 심방 때 영적 터치
- 새가족 사역의 실제 3 – 새가족반에서 영접 시 영적 터치

이것은 책에서 배우거나 누구에게서 가르침을 받는 것이 아니라 천 명 이상의 사람들을 영적으로 터치하는 가운데 하나님께서 주신 지혜와 노하우라고 할 수 있습니다.

(1) 새가족 사역의 실제 1 – 새가족과의 첫 만남 때 영적 터치
새가족과의 첫 만남은 세 가지 경우를 말합니다.

첫째, 새가족이 교회에 처음 방문했을 때 둘째, 대심방이나 가정 심방중에 불신가족이나 이웃을 만났을 때 셋째, 성도가 태신자를 초청해 놓고 사역자의 도움을 요청할 때 입니다.

한번은 전도에 열심인 집사님께서 태신자인 중국집 사장님 부부를 자기 집에 모셔놓고 전화가 왔습니다.

– "목사님 30분밖에 시간이 없어요, 어서 오셔서 기도해 주세요."

저는 단숨에 달려가서 터치하며 간절히 기도했습니다. 중국집 사장님은 달구똥 같은 눈물을 흘리며 마음 문을 활짝 열었습니다. 다음 주부터 신앙생활을 바로 시작하였습니다. 영적 터치 기도의 열매입니다.

(2) 영적 터치 때 주의 사항

차분하고 진지하게, 천천히 신중하게 기도해야 합니다.
진심으로 전심으로 그리고 온 맘 다해 간절하게 기도해야 합니다.
하나님의 권위와 심정으로 선포하며 기도해야 합니다.
신체 부위에 손을 얹고 터치하여 기도해야 합니다.
새가족이 오면 담임목사인 저는 매주 새가족을 터치하며 기도합니다.
한번은 한부부가 친척집에 다니러 왔다고 하였습니다. 저는 관계없이 터치하며 기도했습니다. 두 부부는 하염없이 울기 시작했고 기도 후 그 부부는 "솔직히 교회를 찾고 있었습니다"라고 하면서 바로 등록하여 지금도 신앙생활을 잘하고 있습니다. 처음 온 새가족에게 터치하며 기도하는 것은 너무 중요 합니다.

(3) 영적 터치 때 4가지 전제와 내용

사역자가 새가족을 영적으로 터치하려면 지금부터 소개되는 4가지 전제에 대한 확신이 있어야 합니다. 이 4가지 전제는 하나님의 말씀을 근거한 것이므로 믿고 과감하게 선포하십시오. 4가지 전제를 믿고 터치하며 아래 내용대로 기도할 때 놀라운 열매를 맛보게 됩니다.

첫 번째 전제 : 하나님께서 새가족이 아버지 집으로 돌아오게 하신다는 것입니다. 이것을 믿으십시오. 새가족이 교회에 왔다는 것은 본인이 온 것이 아니요, 누가 데려온 것도 아니라 하나님 아버지께서 이끌어 오게 하셨음을 인정하고 믿어야 합니다.

● 내용 : 사랑하는 아들(딸)아! 네가 온 것이 아니라 내가 오게 한 것이다. 누가 데려온 것이 아니라 내가 데려온 것이다. 내가 너를 품고 싶

어 네 마음과 생각을 움직였고, 네 환경과 여건을 만들었고, 네 발걸음을 내게로 인도하였다. 내가 네 손을 잡고 데려 온 것이다.

"나를 보내신 아버지께서 이끌지 아니하시면 아무도 내게 올 수 없으니 오는 그를 내가 마지막 날에 다시 살리리라. 또 이르시되 그러므로 전에 너희에게 말하기를 내 아버지께서 오게 하여 주지 아니하시면 누구든지 내게 올 수 없다 하였노라 하시니라"(요 6:44, 65)

두 번째 전제 : 하나님께서는 새가족이 돌아오기를 애타게 기다리고 있다는 것입니다. 이것도 믿어야 합니다. 밤마다 문 열어 놓고 나간 자식 돌아오기를 기다리는 부모처럼 하나님 아버지께서도 새가족들이 아버지 집인 교회에 돌아오기를 애타게 기다리고 계십니다.

● 내용 : 사랑하는 아들(딸)아! 내가 너를 얼마나 애타게 기다린 줄 아느냐? 나간 자식 돌아오기를 밤마다 문 열어 놓고 기다리는 아비의 심정으로 내가 너를 밤새며 간절하게 기다렸다.

"이에 일어나서 아버지께로 돌아가니라 아직도 거리가 먼데 아버지가 그를 보고 측은히 여겨 달려가 목을 안고 입을 맞추니"(눅 15:20)

세 번째 전제 : 새가족은 한 사람도 예외 없이 모두 인생의 수고와 슬픔 속에 한탄하며 고통당하고 있다는 사실입니다. 때문에 이것을 인정하고 믿어야 합니다. 교회에 찾아온 새가족의 외모가 화려하게 보이고 평안하게 보일지라도 한 사람도 예외 없이 고통과 아픔이 있음을 인정하고 믿어야 합니다.

● 내용 : 사랑하는 아들(딸)아! 네가 내 품을 떠나 얼마나 힘들고 아프고 고통스러웠느냐? 네가 내 품을 떠나 얼마나 안 풀리고 막혔느냐? 네가 좀 더 일찍 돌아왔으면 좋을 뻔 했다. 네가 좀 더 일찍 돌아왔다면 이 아픔과 실패는 없었을 것이다.

"우리의 연수가 칠십이요 강건하면 팔십이라도 그 연수의 자랑은 수고와 슬픔 뿐이요 신속히 가니 우리가 날아가나이다"(시 90:10)

"피조물이 다 이제까지 함께 탄식하며 함께 고통을 겪고 있는 것을 우리가 아느니라"(롬 8:22)

네 번째 전제 : 새가족에게 닥친 인생의 모든 고통은 주님께 돌아오면 해결된다는 것입니다. 이것을 믿어야 합니다. 새가족들에게 있는 고통과 아픔은 주님께로 돌아오면 하나님께서 모두 해결해 주시고, 고쳐 주심을 인정하고 믿어야 합니다.

● 내용 : 사랑하는 아들(딸)아! 지금도 얼마나 힘들고 고통스러우냐? 너무 힘들어 모든 것을 포기하고 싶을 때가 있지 않느냐? 너무 고통스러워 죽고 싶을 때도 있지 않느냐? 그렇게 힘들어도 그 아픔을 내어 놓고 말할 때가 있더냐? 누가 너의 그 고통을 알아주기나 하더냐? 사랑하는 아들(딸)아! 나는 안다. 내가 알아주리라. 사람들이 몰라주면 어떠냐? 내가 알아주면 되지 않느냐? 사랑하는 아들(딸)아! 내게로 돌아와라. 그리하면 네 모든 고통과 아픔을 다 해결해 주리라. 네 막힌 것을 모두 열어 주리라. 사랑하는 아들(딸)아! 다시는 내 품을 떠나지 마라. 나도 너를 다시는 떠나보내지 않겠다. 다시는 내 집을 떠나지

마라. 나도 너를 다시는 떠나보내지 않을 것이다.

"수고하고 무거운 짐 진 자들아 다 내게로 오라 내가 너희를 쉬게 하리라"(마 11:28)

(4) 영적 터치 후 상담(심방 스케줄 용지를 보며)

하나님께서 당신을 너무나도 애타게 기다리고 계셨습니다. 지금이라도 잘 오셨습니다. 하나님께로 돌아오셨으니 하나님께서 당신의 아픔, 고통을 해결해 주실 것입니다. 가정 방문, 축복기도에 원칙이 있습니다. 기도하면 가족, 자식, 남편이 하나님의 복을 받습니다. 가정을 오픈하기 힘들면 제3의 장소에서라도 만나면 됩니다.

가정 심방 날짜와 시간을 잡습니다.

(5) 영적 터치 후의 결과

80~90%가 눈물 흘리며 감격합니다. 목회자를 신뢰하고, 순종할 수 있는 자세가 생깁니다.

마음을 활짝 열고 등록카드를 작성하게 됩니다.

2장

전도자 세우기

1. 전도자의 두 가지 자세

1) 강하고 담대하라

"왕께서는 이 일을 아시기로 내가 왕께 담대히 말하노니 이 일에 하나라도 아시지 못함이 없는 줄 믿나이다 이 일은 한쪽 구석에서 행한 것이 아니니이다"(행 26:26)

"하나님의 나라를 전파하며 주 예수 그리스도에 관한 모든 것을 담대하게 거침없이 가르치더라"(행 28:31)

왜 강하게 가르치고 담대하게 전해야 합니까?

전도자가 하는 일은 영원히 죽을 수밖에 없는 자들을 영원히 살 수 있는 자가 되도록, 마귀의 자녀가 하나님의 자녀가 되도록 도와주는 것이요 지옥 가야 할 사람을 천국에 들어갈 수 있도록 도와주는 것이기 때문입니다. 물론 겸손하고 반듯하게, 예의 있는 자세로 복음을 전해야 합니다. 하지만 그렇다고 해서 굽실거리는 듯한 인상을 풍겨서는 절대로 안됩니다. 언제 어디서나 그들을 도와준다는 자부심, 살려준다는 자부심을 강하고 담대하게 복음을 전하십시오. 돈 빌리는 자나 빚진 자처럼 행동하지 마십시오.

생각해 보십시오.

지옥 갈 영혼을 천국으로 인도해 주고, 마귀의 자녀를 하나님의 자녀가 되도록 인도해 주는데 왜 사정하듯 굽실거리는 인상을 줍니까? '도와주는 자'라는 자부심만 잊지 않는다면 얼마든지 강하고 담대하게 복음을 증거 할 수 있을 것입니다.

우리가 그들을 도와주고 있음이 전해지도록 복음을 전하십시오.

우리 교회는 새가족반도 등록금을 받습니다. 숙제를 하지 않거나 지각을 하면 벌금을 받는데 그것도 미리 공지합니다. 무단으로 1회 결석하면 탈락하여 재수를 시킵니다. 일부러 그렇게 합니다. 새신자들의 반발을 우려하는 사람들도 있지만 대부분의 새신자들은 흔쾌히 따라줍니다. 나중에 물어보면 오히려 이렇게 생각했다고 말합니다.

'여느 교회와는 뭔가 다른데?'
'이 목사님 뭔가가 있는 것 같다!'

2) 진지하고 신중하라

"진실로 진실로 너희에게 이르노니 죽은 자들이 하나님의 아들의 음성을 들을 때가 오나니 곧 이 때라 듣는 자는 살아나리라"(요 5:25)

"너희 마음에 그리스도를 주로 삼아 거룩하게 하고 너희 속에 있는 소망에 관한 이유를 묻는 자에게는 대답할 것을 항상 준비하되 온유와 두려움으로 하고"(벧전 3:15)

왜 전도자들이 진지하고 신중해야 합니까? 전도자들은 영혼을 수술하고 살리는 자들이기 때문입니다. 그렇다면 육체를 수술하고 살리는 의사보다 몇 갑절 더 신중해야 하는 것 아닙니까?

새신자가 처음 교회라는 공간 안으로 들어와 느껴지는 감정들은 오랜 시간 교회에서 생활하여 교회 문화가 익숙한 성도들이 짐작하는 것보다 훨씬 더 복잡 미묘합니다. 때문에 처음 교회에서 느껴지는 인상은 교회에 또 올지 그렇지 않을지를 결정하는 매우 중요한 요인이 됩니다. 즉 교회에서 받게 되는 첫 느낌이 나쁘면 다시는 교회에 발걸음을 하지 않을 수도 있다는 것입니다. 전도자들은 이것을 항상 염두에 두고 진지하고 신중하게 언행을 처신해야 합니다.

만일 나로 인하여 한 영혼이 교회에 대한 부정적인 느낌을 갖게 되고, 다시는 교회에 발걸음을 하고 싶지 않다는 선입견을 갖게 된다면 어떻게 하겠습니까?

전도자들은 '이번 주일이 어쩌면 오늘이, 그 영혼에게 복음을 전할 수 있는 유일한 기회, 마지막 기회, 영원히 다시 오지 않을 기회일지도 모른다'는 진지함과 신중함으로 언행을 조심해야 합니다.

2. 전도자의 두 가지 양식

1) 양식을 많이 먹어 배가 불러야 한다

　많은 사람들이 그리스도인들의 영적 양식을 하나님의 말씀으로만 생각하고 있습니다. 그런데 그리스도인들에게는 또 하나의 양식이 있습니다. 그것은 영혼을 살리는 것입니다. 전도하여 영혼을 살리고 나면 영적 배부름을 맛볼 수 있습니다. 이 사실을 예수님께서 친히 말씀하셨습니다.

　요한복음 4장에 보면 점심때가 되어 제자들이 양식을 구하러 성에 들어갔을 때 예수님께서는 사마리아 여인에게 복음을 전하였습니다. 사마리아 여인 전도하는 것을 마치자마자 제자들이 양식을 구해 가지고 와서는 예수님께 갖다 드리며 잡수시라고 했습니다.

　그때 예수님께서 "내게는 너희가 알지 못하는 먹을 양식이 있다."(요 4:32)고 대답하셨습니다.

　제자들은 어안이 벙벙하여 자신들이 음식을 구하러 간 사이에 누가 먹을 것을 갖다 드린 줄 알았습니다. 그러나 예수님께서는 음식을 드셔서 배가 부른 것이 아니었습니다. 예수님께서는 예수님의 양식이 무엇인지를 친히 말씀해 주셨습니다.

"예수께서 이르시되 나의 양식은 나를 보내신 이의 뜻을 행하며 그의 일을 온전히 이루는 이것이니라"(요 4:34)

예수님께서는 하나님의 뜻을 행하며 온전히 이루는 것이 양식이라고 하셨습니다. 하나님의 뜻을 행하고 이루는 것이 예수님의 양식이라면 하나님의 뜻은 무엇입니까?

"내 아버지의 뜻은 아들을 보고 믿는 자마다 영생을 얻는 이것이니 마지막 날에 내가 이를 다시 살리리라 하시니라"(요 6:40)

아들 예수님을 믿고, 영생을 얻는 것이 하나님 아버지의 뜻이라고 말씀하지 않으십니까? 아버지의 뜻은 예수님을 믿고 영생을 얻는 것이므로 예수님의 양식은 전도하여 영혼을 살리는 것입니다.

즉, 예수님께서는 방금 사마리아 여인을 전도함으로 하나님의 뜻을 행하신 것입니다. 하나님의 뜻을 행하는 것이 예수님의 양식이었기 때문에 예수님은 영적인 배부름과 포만감을 누리셨던 것입니다. 조금 후에 이 사마리아 여인이 성에 들어가서 수많은 사람들을 데리고 예수님께로 왔습니다. 예수님께서는 많은 사람들을 한꺼번에 전도하셨습니다. 예수님은 지금 너무나 많은 양식을 드셨기 때문에 영적으로 배가 터질 지경입니다.

실제로 나 역시 하루에 새가족들이 10명 정도 등록하는 주일이면 점심을 굶어도 배가 고프지 않습니다. 왜일까 생각을 해보았습니다. 영혼을 살리는 것이 양식이기 때문이었던 것입니다.

한 주에 세 명의 영혼만 전도하여 교회에 데리고 와보십시오. 그들을 돌보고 섬기느라 배가 고픈 줄도 모르고 뛰어다니게 됩니다. 왜냐하면 영혼을 살렸기 때문에 영적인 양식으로 인한 포만감을 갖은 것입니다.

그러므로 전도자들은 반드시 영혼을 살리는 맛과 멋으로 살아야 합니다.

2) 생수를 많이 마셔 속이 시원해야 한다

우리의 육체는 갈증이 날 때 시원한 생수를 마십니다. 생수를 마시면 갈증이 해소되고 목이 시원해집니다. 우리의 영혼이 갈증을 느낄 때에도 영적인 생수를 마셔야 합니다. 이 영적인 생수를 마시면 갈증이 해소되어 영원히 목마르지 않습니다.

이 사실을 예수님께서는 다음과 같이 말씀하셨습니다.

> "예수께서 대답하여 이르시되 이 물을 마시는 자마다 다시 목마르려니와 내가 주는 물을 마시는 자는 영원히 목마르지 아니하리니 내가 주는 물은 그 속에서 영생하도록 솟아나는 샘물이 되리라"(요 4:13-14)

이 생수만 마시면 다시는 목마르지 않고 영적 시원함 속에 살 수 있습니다. 왜냐하면 이 생수는 속에서 솟아나는 샘물과 같기 때문입니다.

그렇다면 예수님께서 주시는 생수는 무엇일까요?

> "나를 믿는 자는 성경에 이름과 같이 그 배에서 생수의 강이 흘러나오리라 하시니 이는 그를 믿는 자들이 받을 성령을 가리켜 말씀하신 것이라(예수께서 아직 영광을 받지 않으셨으므로 성령이 아직 그들에게 계시지 아니하시더라)"(요 7:38-39)

여기에 보면 "이 생수는 곧 성령 하나님을 가리켜 말씀하신 것이라"고 하셨습니다.

성령을 받은 사람은 목마르지 않습니다.

성령 충만한 사람은 갈증이 없습니다.

성령의 사람은 항상 속에서 역사하시는 성령님의 능력으로 인하여 항상 충만한 삶을 살 수가 있습니다. 왜냐하면 그 속에서 생수가 샘솟듯 솟아나기 때문입니다.

실제로 기도하여 성령 충만을 받은 성령의 사람들은 성령의 열매도 시원하게 주렁주렁 맺고 전도의 열매도 시원하게 맺으며 살아가게 됩니다.

그러므로 전도자들은 필수적으로 성령 충만을 받고 유지해야 합니다. 기도할 때 성령 충만을 받게 되고, 성령 충만을 받아야 전도가 된다는 것을 분명하게 말씀하신 것입니다.

"빌기를 다하매 모인 곳이 진동하더니 무리가 다 성령이 충만하여 담대히 하나님의 말씀을 전하니라"(행 4:31)

3. 전도자의 세 가지 능력

성경에서 가장 많은 사람을 전도한 사람, 가장 전도의 능력이 많았던 사람은 사도 바울입니다. 사도 바울만큼 전도의 능력이 많았던 자는 전무후무합니다.

그렇다면 사도 바울이 그와 같을 수 있었던 이유는 무엇입니까?

중보기도를 많이 받았기 때문입니다. 사도 바울만큼 중보기도를 많이 부탁한 사람도 없습니다. 그는 가장 많은 영혼을 전도한 사람이기에 앞서 기도 부탁을 가장 많이 한 사람이기도 합니다. 사도 바울을 통하여 전도는 기도로 하는 것임을 알 수 있습니다.

전도자들이 무엇보다 먼저 깨달아야 하는 것은 기도 없이는 전도가 불가능하다는 점입니다.

1) 복음의 능력을 믿으라

"내가 복음을 부끄러워하지 아니하노니 이 복음은 모든 믿는 자에게 구원을 주시는 하나님의 능력이 됨이라 먼저는 유대인에게요 그리고 헬라인에게로다"(롬 1:16)

복음에는 능력이 있기 때문에 반드시 복음의 불을 받아야만 합니다. 이 때 '능력'을 뜻하는 헬라어 '뒤나미스'(δυναμις)는 영어로 다이너마이트(dynamite)입니다. 다이너마이트가 돌과 건물을 폭파시키듯 복음에도 각 사람의 심령을 폭파시키고 깨뜨리고 부서뜨려서 완전히 변화시키는 능력이 있습니다.

처음에는 새신자들이 회심하지 않아 얼마나 힘들었는지 모릅니다. 복음을 제시해도 영접하지 못하는 사람들이 많아 절망했던 적도 많았습니다. 바울은 복음을 전할 때마다 강력한 능력이 나타났다고 말씀하는데 내 목회 현장에서는 복음의 능력이 조금도 나타나지 않아 얼마나 답답하고 안타까웠는지 모릅니다.

어느 날 한 자매에게 새가족 공부의 다섯 번째 날을 마친 후 영접기도를 할 때였습니다.

'영접기도'까지는 잘 따라해 주었습니다.

'드디어 한 영혼을 살렸구나!'라고 생각하며 감격하고 있는데 그 자매가 뜻밖의 말을 합니다.

- "그런데 목사님, 도무지 마음으로 믿어지지 않습니다. 목사님이 하도 강권해서서 다섯 번 교회에 나와서 듣기는 들었는데, 도저히 안 믿어집니다. 목사님과 약속은 지켰으니까 앞으로는 저를 부르지 말아 주세요."

저는 큰 좌절에 빠지고 말았습니다.

내가 할 수 있는 일은 오직 하나님의 말씀을 붙잡고 강단에서 기도하는 것밖에 없었습니다.

"내가 복음을 부끄러워하지 아니하노니 이 복음은 모든 믿는 자에게 구원을 주시는 하나님의 능력이 됨이라"(롬 1:16)

'바울이 복음을 전하면 능력이 나타나 사람들이 통회자복하고 예수님을 믿는데 왜 내게는 능력이 도무지 나타나지 않을까?'

화가 나기 시작했습니다.

분명히 살아계신 하나님의 말씀인데 왜 내게는 적용되지 않는지 너무나 속상했습니다.

분명히 살아계신 하나님의 말씀인데 왜 내게는 아무런 능력이 되지 않는지 참으로 답답할 뿐이었습니다.

로마서 1장 16절 말씀을 수백 번 외우고 또 외우면서 새벽까지 기도하는데 갑자기 이 말씀이 살아서 가슴을 파고들면서 뜨거운 눈물이 확 터졌습니다. 그 때 내 눈에서 흐르는 눈물은 지난 날 지금까지 흘렸던 눈물과는 분명히 다른 느낌이었습니다.

전에 흘린 눈물에 속상함과 불평이 섞여 있었다면 그날의 눈물에는 평안과 기쁨과 감격만 가득했습니다. 놀랍게도 눈물이 흐르는 동시에 마음에 평안이 임했던 것입니다. 복음의 불이 복음의 능력이 임한 것입니다.

다음 날, 도저히 믿어지지 않는다는 자매에게 전화를 걸었습니다. 더 이상 새가족 교육을 받지 않겠다고 말했기 때문에 교육 받으라고는 할 수 없었고, 같이 식사라도 하고 싶으니 만나달라고 했습니다. 그렇게 부탁을 들어줘서 자매의 손을 붙잡고 다시 교회 지하실로 내려갔습니다. 그리고는 어제와 동일한 내용으로 다섯 번째 영접 교육을 한 번 더 반복한 후 영접기도를 했습니다.

그런데 놀라운 일이 일어났습니다.

이 자매가 통곡하기 시작했습니다. 그러더니 눈물과 콧물이 범벅이 된 모습으로 나를 얼싸안고 펄펄 뛰기도 하였습니다. 신비한 첫 체험이었습니다. 나에게도 다이너마이트와 같은 복음의 능력이 나타나기 시작한 것이었습니다.

나는 깨달았습니다.

'나 자신에게 복음의 불이 임하니까 180도 변화가 일어나는구나.'

복음의 능력에 대한 확신이 생겼습니다. 그 때를 전환점으로 우리교회는 놀라운 변화가 드러나기 시작했습니다. 그 날 이후 영접기도를 하면 새신자들이 뜨겁게 눈물 흘리며 주님을 영접하였습니다. 무엇보다 그들의 삶이 구체적이고 실제적으로 변화되는 모습이 뚜렷하게 보였습니다. 그때 이후 강단에서 설교할 때에도 복음의 능력이 강력하게 임했습니다.

하나님은 새가족 양육사역을 통하여 강력하게 일하셨습니다. 믿지 않는 자들이 주님을 영접하게 되었습니다. 교회 다니다가 실족한 사람들이 새롭게 주님을 만나 첫사랑을 회복하게 되었습니다. 불교신자나 가톨릭 신자들도 주님을 영접하는 놀라운 변화가 셀 수 없이 많이 일어났습니다. 그러나 새가족 사역을 통하여 얻게 된 가장 큰 유익은 내 자신의 영성이 밝아졌고 주님에 대한 나의 첫사랑을 거듭 확인할 수 있게 되었다는 점입니다.

아버지가 예수님을 믿지 않는 한 집사님이 있었습니다. 그런데 이 아버지가 간암으로 위중하시어 곧 돌아가시게 되었습니다. 나는 집사님께 "아버지가 주님을 영접하실 수 있도록 복음을 전하겠노라" 했더니 내가 가는 것을 불편해 하며 아버지가 완강하게 내가 가는 것을 원치 않는다고 말씀했다고 전합니다.

들어보니 사연이 있었습니다. 친척 가운데 그 가정을 경제적으로 가장 많이 도와준 친척이 불교신도였던 것입니다. 그 친척이 절대로 자식들이 다니는 교회의 목사를 부르지 말라고 특별히 부탁을 했다는 것입니다. 아버지 입장에서는 아무래도 경제적으로 큰 보탬이 되는 친척이 중요했기 때문에 나를 오지 못하도록 당부했던 것입니다.

그런데 며칠 후 그 집사님으로부터 전화가 와서 받아보니 아버지가 나를 찾으니 빨리 와줄 수 있느냐는 것입니다. 갑자기 왜 마음이 바뀌었는지 의아한 마음으로 서둘러 병원으로 갔습니다.

아버지의 눈에 시커먼 것들이 자꾸만 보인다고 합니다. 그것들이 자기를 끌고 어디론가 가려고 하는데 아무래도 그것들을 못 오게 할 사람이 목사님밖에 없는 것 같아서 나를 불러달라고 했다는 것입니다.

이러한 상황이니 영접하는 일이 얼마나 쉽습니까?

나는 담대하게 예수 그리스도의 십자가 복음을 전했고 아버지는 그 자리에서 주님을 영접했습니다.

며칠 후 그 분을 다시 찾아갔습니다.

- "어르신! 눈 좀 떠보세요. 제가 누군지 아시겠습니까?"
- "황 목사님 아니십니까?"

내 성까지 알고 기억하고 계시니 참 감사했습니다. 그 때 제가 당당하게 말했습니다.

- "천국으로 가도록 도와 준 사람 잘 봐 둬야 천국 가서 만나면 알아볼 것 아니에요."

그렇게 말하자 나를 똑바로 보면서 이런 고백을 했습니다.

- "목사님 참 희한하죠? 목사님이 오셨던 그 날부터 시커먼 그것들이 한 번도 오지 않습니다!"

성도들이 복음의 능력의 크기를 어느 정도로 믿는가와 상관없이 십자가와 부활의 복음은 악한 것들을 꼼짝하지 못하게 만드는 엄청난 능력이 있습니다.

열심히 불교를 믿는 아버지를 둔 성도가 있었습니다. 심지어 교회에 다닌다는 이유 하나 때문에 아들을 버린 자식 취급을 할 정도였습니다. 그러한 아버지 입장에서 볼 때 아들이 다니는 교회의 담임목사인 나도 원수나 마찬가지였습니다. 아들 부부와 이 가정을 아는 성도들은 복음의 능력을 믿고 이 아버지의 영혼 구원을 놓고 기도했습니다.

그런데 이분이 죽음의 시간이 임박해지자 원수처럼 여기던 나를 찾았습니다. 평소 성품이 대쪽 같아서 도저히 주님을 영접할 것 같지 않아 보였는데 능력의 복음이 마음을 변화시킨 것입니다. 결국 마지막 생사의 갈림길에서 복음을 받아들이고 주님을 영접함으로 천국백성이 되었습니다.

이와 같은 하나님께서 행하신 복음의 능력은 수없이 많습니다.
강력한 복음의 능력을 경험하기 원하십니까?
그렇다면 능력 있는 복음을 다시 들으십시오.
구원 받은 성도들도 삶 속에 복음의 능력이 나타나지 않으면 능력 있는 복음을 다시 들어야 합니다.
목회자들은 능력 있는 복음을 전하고 또 전해야 합니다.

"그러므로 나는 할 수 있는 대로 로마에 있는 너희에게도 복음 전하기를 원하노라"(롬 1:15)

바울은 예수님을 믿는 로마교회 성도들을 향하여 다시 복음 전하기 원한다고 말씀합니다.
복음은 믿지 않는 자들에게 전해야 하는 것 아닙니까?
로마교회 성도들은 예수님을 믿고 구원 받은 자들입니다. 그렇다면 사도 바울의 말이 신학적으로 심각한 문제가 아닙니까? 그런데 왜 그들에게 다시 가서 복음을 전하기 원한다고 했겠습니까? 왜 그들이 다시 복음을 들어야 한다고 말하고 있습니까?
로마교회 성도들은 믿음이 좋기로 소문까지 난 자들입니다. 그런 로마교회 성도들인데 바울은 왜 다시 가서 복음을 전하려고 합니까?

"먼저 내가 예수 그리스도로 말미암아 너희 모든 사람에 관하여 내 하나님께

감사함은 너희 믿음이 온 세상에 전파 됨이로다"(롬 1:8)

믿음을 굳게 하러 간다거나. 양육하러 간다거나, 은사를 나누어주러 간다면 말이 되겠는데 복음을 전하러 간다니 도무지 어울리지 않는데 왜 바울은 이렇게 말한 것입니까?

그것은 그들이 첫사랑의 감격을 잃어버렸기 때문입니다. 때문에 그들은 반드시 복음을 다시 들어야만 했습니다.

복음의 능력이 없는 삶을 살고 있습니까?

그렇다면 다시 복음을 들어야만 합니다. 수십 년 교회를 다녔지만 첫사랑의 감격 없이 냉랭하게 몸만 교회를 왔다 갔다 하면서 종교인으로 살아가는 교인들이 얼마나 많습니까? 첫사랑의 감격이 식어지면 냉랭하고 답답합니다. 복음의 능력 없이 무능력하게 하루하루 살아가다 보니 아무런 변화도 일어나지 않습니다. 첫사랑의 감격이 식어버린 사람은 다시복음을 들어야 합니다.

그래서 우리 교회는 새가족이오면 장로이든, 권사이든, 집사이든 직분과 상관없이 복음은 반복하여 듣게 합니다. 실제로 반복해서 복음을 들을 때 복음에 대하여 새롭게 확신할 수 있게 되며 첫사랑을 회복하고 그 때 복음의 능력이 폭발적으로 나타납니다.

실제로 반야월 2성전에는 개척교회를 하다가 목회가 너무 힘들고 지쳐서 목회를 중단하고 우리 교회에 등록한 분이 몇 목회자분이 계십니다. 그 분들은 평생 저와 함께 동역하고 저희 교회를 같이 섬기겠다고 결심했었습니다. 그런데 새가족반을 다섯 번 하면서 다시 복음을 듣게 되었는데 마지막 시간에 폭발적인 복음의 능력이 그들에게 임하여 다시 목회를 시작하게 되었습니다. 복음의 능력을 맛보자 모든 것이 회복

된 것입니다.

2) 말씀의 능력을 믿으라

"그러므로 믿음은 들음에서 나며 들음은 그리스도의 말씀으로 말미암았느니라"(롬 10:17)

"너희가 거듭난 것은 썩어질 씨로 된 것이 아니요 썩지 아니할 씨로 된 것이니 살아 있고 항상 있는 하나님의 말씀으로 되었느니라"(벧전 1:23)

"하나님의 말씀은 살아 있고 활력이 있어 좌우에 날선 어떤 검보다도 예리하여 혼과 영과 및 관절과 골수를 찔러 쪼개기까지 하며 또 마음의 생각과 뜻을 판단하나니"(히 4:12)

"살리는 것은 영이니 육은 무익하니라 내가 너희에게 이른 말은 영이요 생명이라"(요 6:63)

말씀의 검에는 엄청난 위력이 있습니다. 그런데 잘 연마된 날카로운 검은 단칼에 나무를 벨 수 있지만 무딘 칼날은 아무리 나무를 찍어도 잘려지지 않습니다. 전도에 사용되는 말씀을 충분히 묵상하고 암송하면 전도할 때 단칼에 영혼들을 살릴 수가 있습니다. 말씀 자체에 위력과 능력이 있기 때문입니다.

전도자들은 말씀의 능력을 믿고 선포하십시오. 한 번의 준비된 전도 메시지와 새가족 교안은 평생 사용할 수 있습니다. 평생 사용할 수 있는 복음의 메시지를 잘 준비하고 암송하여 선포할 때 능력 있는 복음 전도자가 될 수 있습니다.

3) 성령의 능력을 믿으라

"그러므로 내가 너희에게 알리노니 하나님의 영으로 말하는 자는 누구든지 예수를 저주할 자라 하지 아니하고 또 성령으로 아니하고는 누구든지 예수를 주시라 할 수 없느니라"(고전 12:3)

"내 말과 내 전도함이 설득력 있는 지혜의 말로 하지 아니하고 다만 성령의 나타나심과 능력으로 하여 너희 믿음이 사람의 지혜에 있지 아니하고 다만 하나님의 능력에 있게 하려 하였노라"(고전 2:4, 5)

대심방 기간 때 결혼한 지 얼마 되지 않은 한 자매 집에 심방을 간 적이 있습니다. 이 자매의 간절한 소망은 아직 믿지 않는 언니를 전도하는 것이었습니다. 그래서 이 자매는 언니에게 사정이 생겨서 집에 늦게 올 것 같으니까 자기 집에 와서 저녁밥 좀 해달라고 부탁을 했습니다. 착한 언니는 일찍부터 동생 집에 와서 정성껏 밥을 지어놓았습니다. 교회에서 심방 오는 줄도 모른 채 말입니다.

계획대로 언니는 우리와 함께 예배를 드리게 되었습니다. 예배 후에 잠시 안수기도를 하는데 언니가 정신 나간 사람처럼 막 웃기 시작했습니다. 분명히 입은 웃고 있는데 눈에서는 눈물이 흐릅니다. 참으로 이상한 언니의 행동에 우리는 당황할 수밖에 없었습니다. 언니 본인조차 왜 우는지 모르겠다고 합니다. 자신에게 일어난 이 어이없는 현상이 너무 충격적이고 부끄러워서 감추려고 억지로 애써 웃어보지만 눈에서 흐르는 눈물까지는 감출 수 없었던 것입니다. 성령님께서 역사하신 것입니다. 성령님의 능력이었습니다. 성령님의 능력으로 전도하니까 너무 쉽습니다. 이 자매는 그 다음 주일부터 곧바로 교회에 나와서 예배를 드리고 있습니다. 최근에는 결혼할 남자 친구와 아는 여동생까지 전도하여 열심히 주님을 섬기고 있습니다.

할렐루야!

사도 바울은 똑똑했습니다.
그는 철학자입니다.
그는 신학자입니다.
그는 말도 잘했습니다.
지적 수준이 높고 변론하기를 좋아하는 철학의 도시 아덴으로 사도 바울은 복음을 전하려고 갔습니다. 그 때까지 사도 바울은 무식한 사람들에게 전도하면서 말이 통하지 않아 고생을 했습니다. 그러다가 아덴으로 전도하러 가게 되자 내심 기대가 되었습니다.
'논리적으로 설득하면 다른 곳보다 쉽게 전도가 되겠지?'
그는 머릿속에 있는 신학적인 지식과 성격적인 지식을 가지고 전도를 했습니다. 그런데 전도가 되지 않았습니다. 논리로는 그들을 이길 수 있었지만 그렇다고 해서 전도가 되는 것은 아니었습니다.
사도 바울은 큰 충격을 받게 됩니다. 그리고 그때 깨달았습니다.
'전도는 설득력 있는 말로 되는 것이 아니라 다만 성령님의 나타남과 능력으로 되는 것이로구나.'

여기에서 '다만'이라는 말은 '오직' 그리고 '유일한'이라는 뜻입니다.

그 후부터 사도 바울은 자신의 모든 것들을 다 버렸습니다. 사도 바울이 많이 배우고 똑똑하니까 신학적 지식을 가지고 전도했을 것이라고 생각하는 사람들이 많습니다. 그러나 그는 오직 성령님의 능력으로만 전도가 가능했다고 분명히 고백합니다. 논리로 전도하려고 하지 마십시오. 그렇다고 아무런 논리 없이 전도하라는 뜻이 아닙니다. 그러나 궁극적으로 성령님의 능력이 아니고서는 도무지 전도할 수 없다는 것입니다.

"오직 성령의 나타남과 능력" 외에는 없습니다.

사도 바울의 고백입니다.

전도하기 원한다면 성령님의 능력을 받아야 합니다.

무엇보다 먼저 성령님의 능력을 믿고 선포하는 것이 중요합니다. 오랜 시간 전도한다고 해서 전도의 결실이 있는 것도 아닙니다. 설득하고 논리를 펼친다고 해서 전도의 결실이 있는 것도 아닙니다. 설명하고 증명한다고 해서 전도의 결실이 있는 것도 아닙니다.

오직 성령의 능력으로만 전도할 수 있습니다.

오직 성령의 능력으로만 예수님을 영접하게 할 수 있습니다.

성령님의 능력을 믿고 선포할 때 성령님께서 친히 일하실 것입니다.

전도는 특별한 은사가 있는 자들만 할 수 있다고 착각하는 사람들이 많습니다. 그렇지 않습니다. 주님을 향한 첫사랑이 식지 않은 전도자가 죽어가는 영혼에게 사랑으로 복음을 전할 때 반드시 성령님은 역사하십니다.

성령님의 능력을 믿으십시오.

Part 2

전도자의 다섯 가지 마음

3장. 아버지의 마음
4장. 예수님의 마음
5장. 두려워하는 마음
6장. 선한 목자의 마음
7장. 버리는 마음

3장

아버지의 마음

맏아들은 밭에 있다가 돌아와 집에 가까이 왔을 때에 풍악과 춤추는 소리를 듣고 한 종을 불러 이 무슨 일인가 물은대 대답하되 당신의 동생이 돌아왔으매 당신의 아버지가 건강한 그를 다시 맞아들이게 됨으로 인하여 살진 송아지를 잡았나이다 하니 그가 노하여 들어가고자 하지 아니하거늘 아버지가 나와서 권한대 아버지께 대답하여 이르되 내가 여러 해 아버지를 섬겨 명을 어김이 없거늘 내게는 염소 새끼라도 주어 나와 내 벗으로 즐기게 하신 일이 없더니 아버지의 살림을 창녀들과 함께 삼켜 버린 이 아들이 돌아오매 이를 위하여 살진 송아지를 잡으셨나이다 아버지가 이르되 얘 너는 항상 나와 함께 있으니 내 것이 다 네 것이로되 이 네 동생은 죽었다가 살아났으며 내가 잃었다가 얻었기로 우리가 즐거워하고 기뻐하는 것이 마땅하다 하니라 _누가복음 15:25-32

아주 먼 옛날 두 아들과 행복한 나날을 보내는 아버지가 있었습니다. 이 아버지가 행복한 이유는 부자였기 때문이 아닙니다. 두 아들 모두 예의 바르고 착실하며 성실한 효자로 잘 자라주었기 때문입니다. 아버지에게 두 아들은 큰 기쁨이자 자랑이었습니다. 동네 사람들도 모두 이 아버지를 부러워했습니다.

'아들 둘이 저렇게 잘 자랐으니 아버지는 얼마나 행복할까?'

그런데 이 가정에 예상치 못한 일이 벌어졌습니다. 착한 둘째 아들이 빗나가기 시작한 것입니다. 반항하면서 말대꾸하고 대들더니 급기야는 해서는 안 되는 무리한 요구까지 아버지에게 하고 말았습니다.

"아버지, 어차피 돌아가시면 상속시켜주실 재산이니 미리 제게 주십시오. 나도 내 재산 가지고 내 마음대로 살아보고 싶습니다!"

둘째 아들의 말을 듣고 아버지는 큰 충격을 받았습니다. 그러나 아버지는 아들을 믿었고 아들을 향한 기대도 있었기 때문에 아들의 요구대로 재산의 반을 미리 주었습니다.

둘째 아들은 아버지에게 재산을 받자 며칠 후 모든 재산을 챙겨 먼 이국땅으로 떠나버리고 말았습니다.

이러한 아들을 바라보는 아버지의 마음은 어떠했겠습니까?

그런데 집을 나간 둘째 아들이 허랑방탕한 생활을 한다는 소문이 들려옵니다. 그런 소식이 들릴 때마다 아버지의 가슴은 무너집니다. 결국 그리 오랜 시간이 지나지 않아 당당하게 집을 나갔던 둘째 아들은 비참하고 끔찍한 알거지의 형색으로 아버지의 집에 돌아오게 됩니다.

한편 맏아들은 동생과 달랐습니다. 아버지의 곁을 떠나지 않고 항상 아버지 곁에서 아버지 말씀에 순종했고 아버지가 하라는 일을 열심히 했습니다. 아버지에게 자신의 유산을 미리 달라는 말은 꺼내지도 않았습니다.

1. 아버지가 속상한 이유

두 아들 가운데 누가 잘했고 누가 잘못했습니까?

그런데 이해하기 힘든 상황이 벌어졌습니다. 누가 봐도 잘못한 둘째 아들이 아니라 아무런 잘못도 하지 않은 듯 보이는 맏아들 때문에 아버지가 속상하다고 하십니다. 잘못한 둘째 아들을 꾸중하는 것이 아니라 잘못한 것이 없어 보이는 맏아들을 꾸중합니다.

어떻게 이럴 수 있습니까?

둘째 아들은 방탕한 생활로 엄청난 돈을 모두 탕진하고 빈털터리가 되어 돌아왔습니다. 그런데 아버지는 이런 아들을 혼내기는커녕 오히려 반겨 맞아줍니다. 아버지가 잘못한 둘째 아들에게 이렇듯 너그럽게 대한다면 혹시 시간이 지나서 둘째 아들에게 재산이 다시 생기게 되면 또 가출하거나 타락할 수도 있지 않을까요? 아버지가 아무런 꾸중도 하지 않아 둘째 아들이 또 죄를 지으면 어떻게 합니까? 누가 봐도 둘째 아들이 잘못했는데 왜 아버지는 꾸중하지 않습니까?

동생을 이렇게 대하는 아버지를 보면서 맏아들은 무슨 생각을 했을까요?

그런데 더욱 이해할 수 없는 일이 벌어집니다. 잘못한 둘째 아들을 야단치지 않던 아버지가 맏아들은 꾸중을 하십니다.

맏아들의 입장에서는 얼마나 속상하고 섭섭했겠습니까?

"아버지, 잘못은 누가 했는데 누구를 혼내시는 것입니까?"

지금까지 아버지의 곁에서 아버지의 말씀이라면 무조건 순종하며 열심히 일한 자신 때문에 아버지가 속상하다며 꾸짖기까지 하시니 말입니다.

어쩌면 화나는 것이 당연합니다. 홧김에 불평이 터져 나오지 않겠습니까?

맏아들에게 이런 생각이 들었을 수도 있습니다.

'앞으로는 나도 아버지의 말씀에 순종하지 말아야겠다. 나도 동생처럼 불순종하고 가출이나 할까? 동생처럼 재산을 모두 탕진하고 돌아오면 아버지가 나를 사랑해 주려나? 그렇게 해야 아버지에게 기쁨이 된단 말인가?'

왜 아버지는 잘못한 둘째 아들 때문에 속상한 것이 아니라 잘못한 것이 조금도 없어 보이는 맏아들 때문에 속상했습니까? 왜 아버지는 잘못한 둘째 아들을 지적하지 않고 잘못한 것이 조금도 없어 보이는 맏아들을 지적했습니까?

한참 동안 교회를 멀리하던 사람들이 힘들게 다시 교회로 돌아오게 되면 목회자는 그들에게 관심을 집중하고 특별한 관계를 맺고자 많은 시간을 투자하며 노력할 것입니다. 그런데 이렇게 애쓰는 목회자들을 보면서 교회로 돌아온 자들을 더 사랑하는 것으로 오해하고 불편한 마음을 드러내는 분들이 더러 있습니다.

"우리 목사님이 사랑이 식어서 나보다 저 사람을 더 사랑하네. 이제 나한테는 눈길도 주지 않아. 도무지 관심이 없네."

새신자를 세워주고 칭찬하면 그것까지도 마음에 들지 않아 합니다.

'대단하지도 않은 일을 한 것 가지고 목사님은 왜 그러시지?'

'지금까지 나는 얼마나 오랫동안 교회 사역을 했는데 어느 누구 한 사람 칭찬하지 않더니 어떻게 그럴 수 있지? 칭찬은커녕 어쩌다 지각이나 결석이라도 하면 싫은 소리만 들었는데….'

이렇게 섭섭하고 속상한 적이 있습니까?

누가복음 15장 1절과 2절을 말씀으로 비추어 볼 때 본문에 등장하는 아버지는 하나님, 맏아들은 바리새인과 서기관들, 둘째 아들은 세리와 죄인들을 뜻합니다. 지금으로 말하면 맏아들은 믿음이 좋다고 인정된 연륜이 쌓인 성도들을 의미하고, 둘째 아들은 한동안 교회를 멀리하다가 돌아온 사람이나 처음 교회에 나온 사람을 의미한다고 볼 수 있습니다.

본문에서 아버지는 엄청난 재산을 모두 탕진하고 돌아온 둘째 아들이 아니라 집에서 아버지의 뜻대로 열심히 일한 맏아들 때문에 속상하다고 말씀하십니다.

두 가지 이유 때문입니다.

첫째, 아버지가 아파하는 것을 아파하지 않는 맏아들 때문입니다.

맏아들은 아버지가 아파하는 것을 아파하지 않았습니다. 이것이 아버지는 속상했던 것입니다. 맏아들은 아버지가 괴로워하는 것을 괴로워하지 않았습니다. 이것을 아버지는 지적한 것입니다. 그리고 이처럼 맏아들과 같은 자가 바로 탕자라는 사실을 가르쳐주시기 원하셨습니다.

"이에 일어나서 아버지께로 돌아가니라 아직도 거리가 먼데 아버지가 그를 보고 측은히 여겨 달려가 목을 안고 입을 맞추니"(눅 15:20)

아버지는 집 나간 둘째 아들 생각에 너무나도 가슴이 아픕니다. 도저히 방 안에서 기다리고 있을 수 없어서 집 밖으로 나왔습니다. 대문 앞에서 앉아서 기다릴 수도 없어서 마을 어귀까지 나왔습니다. 그리고는 지나가는 사람들 가운데 혹시 집 나간 둘째 아들이 있지는 않을까

찾고 또 찾았습니다. 아버지는 집 나간 둘째 아들 때문에 밥맛도 없고 잠도 오지 않습니다. 가슴이 아프고 괴로워서 견딜 수가 없었습니다.

그런데 맏아들은 어땠습니까?

밥도 잘 먹고 잠도 잘 잤습니다. 전혀 아프지 않았습니다.

아버지는 집 나간 둘째 아들이 죽었는지 살았는지 걱정 되어 고통스럽기만 한데 맏아들은 조금도 고통스럽지 않습니다. 이처럼 아버지가 아파하는 것을 아들이 아파하지 않는다면 아버지의 입장에서 그 아들은 탕자인 것입니다. 그래서 꾸중했던 것입니다.

"나는 집 나간 아들 때문에 괴로워서 미치겠는데 형인 너는 전혀 괴롭지 않구나!"

맏아들은 아버지가 괴로워하는 것을 보았지만 괴롭지 않았기 때문에 탕자였던 것입니다.

아버지가 고통스러워 하는 것을 보았지만 고통스럽지 않았기 때문에 탕자였던 것입니다.

아버지가 온통 동생에게 신경이 집중되어 있는 줄 알면서도 맏아들은 조금도 그 일에 신경이 쓰이지 않았기 때문에 탕자였던 것입니다.

맏아들은 아버지가 관심을 가지고 있는 일에 도무지 관심이 없는 탕자였고 때문에 아버지로부터 지적을 받았던 것입니다.

아버지는 이러한 맏아들 때문에 마음이 아팠습니다. 둘째 아들보다 맏아들 때문에 아버지의 마음은 더 아팠던 것입니다. 즉, 겉으로는 둘째 아들이 탕자처럼 보였지만 사실 아버지에게 탕자는 맏아들이었던 것입니다.

하나님 아버지의 마음도 마찬가지입니다.

하나님 아버지의 마음을 아프게 하는 자들은 세리와 죄인들이 아니라 바리새인이나 서기관들입니다. 오랜만에 교회로 돌아온 자들이 아니라 기존의 신자들입니다.

왜 그렇습니까?

하나님의 마음을 모르기 때문입니다.

<u>스스로</u>를 향하여 물어보십시오.

영적인 효자인가, 아니면 불효자인가?

지금도 하나님 아버지의 관심은 온통 집 밖에 있는 잃어버린 영혼들, 지옥으로 달려가고 있는 불쌍한 영혼들에게 집중되어 있습니다.

그 영혼들 때문에 하나님 아버지는 괴롭고 고통스럽습니다.

그렇다면 우리는 어떻습니까?

우리의 관심도 믿지 않는 영혼을 향해 있습니까?

우리의 아픔도 믿지 않는 영혼을 향해 있습니까?

우리의 괴로움도 믿지 않는 영혼을 향해 있습니까?

우리의 근심도 믿지 않는 영혼들을 향해 있습니까?

이 물음에 '그렇다'라고 대답할 수 있다면 하나님 앞에서 영적인 효자입니다.

그러나 하나님 아버지의 관심이 아무리 믿지 않는 영혼들에게 집중되어 있더라도 자신은 믿지 않는 영혼들 때문에 조금도 아프지 않고, 괴롭지 않고, 관심조차 없다면 영적인 탕자입니다.

아버지가 믿지 않는 영혼을 바라보시며 괴로워하시듯 죽어가는 영혼을 바라볼 때 괴롭고 마음 아픈 영적인 효자가 되기를 바랍니다.

둘째, 아버지가 기뻐하는 것을 기뻐하지 않는 맏아들 때문입니다.

맏아들은 아버지가 기뻐하는 것을 기뻐하지 않았습니다. 이것이 아버지는 속상했던 것입니다. 맏아들은 아버지가 즐거워하는 것을 즐거

위하지 않았습니다. 이것을 아버지는 지적한 것입니다.

"이 네 동생은 죽었다가 살아났으며 내가 잃었다가 얻었기로 우리가 즐거워하고 기뻐하는 것이 마땅하다 하니라"(눅 15:32)

집 나간 아들이 돌아온 일은 아버지에게 있어 죽은 아들이 살아온 것만큼이나 기뻤습니다. 그래서 잔치까지 벌였습니다. 동네 사람들도 둘째 아들이 돌아온 것을 모두 즐거워했습니다

그런데 기분이 나쁜 단 한 사람이 있었습니다.

바로 아버지의 맏아들입니다.

어떻게 그럴 수 있습니까?

아버지가 그토록 기뻐하시는데, 온 동네 사람들과 종들까지도 함께 즐거워하는데 어떻게 형이 동생이 돌아온 일에 대하여 불쾌해 하고 분노할 수 있습니까?

아버지는 이런 맏아들의 모습 때문에 가슴이 아팠습니다.

만일 맏아들이 아버지처럼 기뻐해줬다면, 즐거워해줬다면 아버지가 얼마나 행복했겠습니까?

한 영혼이 교회로 돌아올 때, 새 가족이 등록할 때 하나님께서는 얼마나 기쁘신지 그 순간 하늘에서는 천국잔치가 벌어진다고 말씀하십니다.

하나님께서 이렇게 기뻐하신다면 우리 또한 함께 기뻐하고 즐거워해야 마땅합니다. 한 영혼이 돌아왔을 때 하나님께서 그토록 기뻐하시는데 내 마음이 도무지 기쁘지 않다면, 내 마음이 조금도 즐겁지 않다면, 내 마음이 조금도 행복하지 않다면 탕자입니다.

한 영혼이 돌아왔을 때 그 영혼으로 인하여 기뻐 뛰며 즐거워하시는 하나님, 그 하나님의 마음과 같은 마음인 영적인 효자가 되십시오.

2. 영적인 효자를 만드는 네 가지 원리

1) 밖으로 나가 동생을 찾으십시오

"맏아들은 밭에 있다가 돌아와 집에 가까이 왔을 때에 풍악과 춤추는 소리를 듣고"(눅 15:25)

아버지의 집에는 종이 많았습니다. 즉 일할 일꾼이 많은 부잣집이었다는 것입니다. 그러니 굳이 맏아들이 밭일을 하지 않아도 되는 상황이었습니다. 그렇다면 엄밀히 말하자면 종들에게 집안일을 맡기고 형은 동생을 찾으러 가야 마땅하지 않았을까요?

맏아들이 왜 탕자입니까?

동생은 찾지 않고 집안일만 했기 때문입니다.

만일 맏아들이 잃어버린 동생을 찾아 나섰다면 얼마나 좋았겠습니까? "아버지, 동생 때문에 괴로우시죠? 마음이 아프시죠? 그 일 때문에 잠도 못 주무시죠? 너무 걱정하지 마십시오. 제가 찾아오겠습니다. 땅 끝까지 가서라도 동생을 찾아올 테니 걱정 말고 뭐라도 잡수시면서 쉬십시오." 만일 이랬다면 아버지가 얼마나 행복하고 기뻤겠습니까?

집 나간 둘째 아들 생각에 너무나도 고통스러운 아버지의 마음은 조금도 헤아리지 못하고 맏아들은 집안일만 했습니다. 이런 맏아들을 바라보면서 아버지는 마음이 얼마나 아팠겠습니까?

영적인 탕자에서 영적인 효자로 거듭나기를 원하십니까?

그렇다면 교회 안의 일만 하지말고 교회 밖으로 나가십시오.

잃어버린 영혼들을 찾아서 전도하는 일에 앞장서십시오.

아버지의 관심과 눈물과 아픔은 죽어가는 영혼에게 집중되어 있는데 우리가 교회 안의 직분만 감당하느라 영혼 살리는 일, 전도하는 일을 게을리 한다면, 그래서 죽어가는 영혼들을 소홀히 여긴다면 하나님은 이러한 우리를 향해서도 똑같이 탕자라고 부르시고 야단치실 것입니다. 교회 안의 일만 하지 말고 밖에 나가서 영혼들을 초청하여 교회로 데려오는 일에 앞장서는 영적인 효자가 되십시오.

2) 적극적으로 환영하십시오

"그가 노하여 들어가고자 하지 아니하거늘 아버지가 나와서 권한대"(눅15:28)

집 나간 동생이 돌아왔습니다. 아버지는 이 일이 너무 기뻐서 살진 송아지를 잡고 온 동네 사람들을 불러 잔치를 하고 있습니다. 그런데 이 소식을 들은 맏아들이 화가 났습니다. 때문에 집에 들어가지도 않고 대문 밖에 서 있었습니다.

만일 맏아들이 이렇게 반응했다면 어땠겠습니까?

대문을 활짝 열고 뛰어 들어가면서 돌아온 동생을 얼싸안고 기쁘게 반겨 맞습니다.

"동생아! 살아서 돌아왔구나. 내가 너 때문에 얼마나 걱정했는지 아니? 조금만 더 빨리 오지."

이러한 형제의 모습을 아버지가 바라볼 때 얼마나 행복했겠습니까?

종들도 집안으로 들어왔습니다. 품꾼들도 집안으로 들어왔습니다. 그런데 맏아들이 보이지 않습니다. 그래서 종들에게 묻습니다.

- "내 맏아들은 어디 있느뇨?"
- "큰 아드님은 화가 나서 대문 밖에서 들어오지도 않고 계십니다."

이 말을 들은 아버지의 맘이 어떠했겠습니까?

집을 나간 둘째 아들보다 이렇게 행동하는 맏아들 때문에 더 마음이 아프고 괴롭지 않았겠습니까?

지금 누가 아버지의 마음을 더 아프게 하고 있습니까?

스스로 자신을 돌아보십시오.

맏아들의 모습입니까 아니면 둘째 아들의 모습입니까?

영적인 탕자입니까 아니면 불효자입니까?

교회에 새로 나온 사람들, 오랜만에 교회로 돌아온 사람들을 어떻게 대하십니까?

진심으로 뜨겁게 환영했습니까? 아니면 대충 쳐다보고 말았습니까?

혹시 적당히 눈인사만 하면서 환영하는 모양만 하지는 않았습니까?

새로운 사람들이 교회에 오는 것을 싫어하는 교인들도 있고, 교회를 멀리했다가 돌아오는 사람들이 싫어서 노골적인 눈초리로 쳐다보는 교인들도 있다고 합니다. 만일 그렇다면 영적인 탕자요 불효자입니다.

영적인 효자가 되기를 원하신다면 어떤 사람이 교회에 처음 나오든, 누가 교회로 돌아왔든 온 마음으로 뜨겁게 포옹하며 얼싸안고 기뻐 뛰며 맞이하십시오. 하나님은 이렇게 서로 사랑하는 지체들의 모습을 보실 때 행복하십니다.

3) 아버지의 마음을 이해하십시오

"아버지께 대답하여 이르되 내가 여러 해 아버지를 섬겨 명을 어김이 없거늘 내게는 염소 새끼라도 주어 나와 내 벗으로 즐기게 하신 일이 없더니"(눅 15:29)

맏아들은 아버지가 살진 송아지를 잡고 잔치를 벌이는 것이 불평스러웠습니다.
왜 그랬는지 아십니까?
아버지의 마음을 오해했기 때문입니다. 맏아들은 충성하고 순종함으로 효도한 자신보다 잘못하고 돌아온 동생을 아버지가 더 사랑하는 것으로 오해했습니다. 아버지의 사랑을 빼앗긴다고 착각했습니다.
맏아들이 오해한 것이 또 한 가지 있습니다. 동생은 이미 자기의 몫을 다 챙기지 않았습니까? 이제 남은 재산은 모두 자신의 것인데 동생이 돌아왔으니 혹시 아버지가 동생에게 이 재산의 일부를 나눠 줄까봐 염려했습니다. 맏아들 입장에서는 살진 송아지조차 자신의 것이었습니다. 그런데 아버지가 자신의 것으로 동생을 위해 잔치를 베풀고 있다고 생각한 것입니다. 이처럼 동생 때문에 자기의 것을 빼앗긴다고, 손해 본다고, 잃어버린다고 오해했습니다.
그런데 아버지가 뭐라고 말씀하십니까?

"아버지가 이르되 얘 너는 항상 나와 함께 있으니 내 것이 다 네 것이로되"(눅15:31)

아버지의 진심은 맏아들과 달랐습니다. 돌아온 둘째 아들을 위하여 잔치를 베풀지만 집에 있는 모든 것은 이미 모두 맏아들의 것이라고 말씀하십니다. 이것이 아버지의 진심이었습니다. 그런데 맏아들은 동생이 돌아왔기 때문에 아버지의 사랑을 빼앗긴다고, 자신의 재산을 손해 본다고 오해했습니다. 때문에 맏아들이 탕자이고 불효자인 것입니다.

사실 하나님께서 새가족이나 다른 교회에서 좋은 일꾼들을 보내주시면 목사님의 사랑을 빼앗길까봐, 내가 하던 일과 직분을 빼앗길까봐 시기하고 오해하는 교인들이 있습니다.

만일 그런 마음이 있다면 탕자이고 불효자입니다.

아버지의 마음을 오해하지 말고 이해하십시오.

갓난아기가 태어나면 모든 관심과 사랑이 온통 그 아이에게 집중되지 않습니까?

그렇다고 하여 그 관심과 사랑이 영원히 계속됩니까?

가출한 자녀가 집으로 돌아오면 한동안은 그 자녀에게 관심을 집중하고 더 큰 사랑으로 보살펴줘야 마땅하지 않겠습니까? 늘 함께 살던 자녀보다는 다시 돌아온 자녀에게 더 많은 관심과 사랑을 주는 것이 당연합니다. 그런데 부모가 그렇게 한다고 서운히 여긴다면 수준이 낮은 자녀 아니겠습니까?

4) 잘못을 들추지 말고 숨겨주십시오

"아버지의 살림을 창녀들과 함께 삼켜 버린 이 아들이 돌아오매 이를 위하여 살진 송아지를 잡으셨나이다"(눅15:30)

참으로 가슴 아픈 부분입니다. 둘째 아들이 그 많은 돈을 밖에서 허랑방탕하게 모두 써버리고 돌아온 사실은 누구보다 아버지가 잘 압니다. 맏아들이 말하지 않아도 아버지도 모두 아는 사실입니다. 그리고 둘째 아들의 이 과거는 아버지에게도 너무나 가슴 아픈 일입니다.

그런데 왜 구태여 맏아들은 다시 들추어서 말합니까?

왜 아버지의 마음에 한 번 더 못을 박습니까?

"아버지! 아버지의 재산을 다 창녀들과 함께 삼켜버린 둘째 아들이 왔는데 뭐가 좋다고 송아지까지 잡아가지고는 잔치를 벌이고 계시는 것입니까?" 맏아들은 이렇게 말함으로 아버지의 마음에 못을 박고 있습니다.

그렇게 했기 때문에 책망 받고 야단을 맞았던 것입니다.

새가족이나 오랜만에 교회로 돌아오는 성도들 뒤에서 이렇게 말하는 교인들이 있습니다.

"목사님, 저 사람은 ○○교회에 다녔던 사람인데 그때 이러저러한 사고를 쳤다고 합니다."

"목사님, 저 사람은 이혼한 사람이라고 하네요."

"목사님, 저 사람은 감옥에 들어갔다 나온 사람이라고 합니다."

"목사님, 저 사람이 우리 교회 떠날 때 어떻게 하고 떠났는지 목사님도 잘 아시잖아요?"

이렇다면 영적인 탕자요 불효자입니다.

과거를 묻지 않고 모두 덮어주고 숨겨주고 가려주는 사람이 진정한 영적인 효자입니다.

부모가 가장 기쁠 때가 언제입니까?

자녀들이 서로 화목하며 사이좋게 지낼 때입니다. 자녀들이 서로 격려해주고 칭찬해주고 사랑해주는 모습을 볼 때입니다. 그런데 간혹 자녀들끼리 투덕거리거나 맘에 상처가 되는 말로 쏘아붙이면서 말싸움을 할 때가 있습니다. 그런 모습을 볼 때 부모의 마음은 얼마나 아픕니까?

목회를 하다보면 성도들이 서로가 서로의 잘못을 지적하거나 입으로 전달할 때 얼마나 불쾌한지 모릅니다.

덮어주는 자가 효자입니다.

아버지는 마을 어귀까지 나가서 집 나간 아들이 돌아오기를 기다렸습니다. 지나가는 사람들 가운데 혹시 둘째 아들이 있는 것은 아닌지 눈을 크게 뜨고 살펴봤습니다. 이러한 아버지의 마음을 진실로 안다면 더 이상 교회에 머무르지 말고 교회 밖으로 나가십시오.

'이 사람이 하나님이 붙여주시고자 하는 영혼이 아닐까?'
'이 사람이 하나님의 준비된 영혼이 아닐까?'
'이 사람이 하나님이 보내주신 영혼이 아닐까?'

한 사람 한 사람 찾고 찾는 자들이 되어야 할 것입니다.

"이에 일어나서 아버지께로 돌아 가니라 아직도 거리가 먼데 아버지가 그를 보고 측은히 여겨 달려가 목을 안고 입을 맞추니"(눅 15:20)

아들이 아버지를 먼저 본 것이 아니라 아버지가 아들을 먼저 봤습니다. 아들이 아버지께 달려간 것이 아니라 아버지가 아들을 향해 달려갔습니다. 아들이 아버지를 얼싸안은 것이 아니라 아버지가 아들을 얼싸안고 입을 맞추었습니다.

오랫 동안 제대로 씻지 않은 아들입니다. 게다가 둘째 아들이 먹고 지내던 곳은 돼지우리입니다. 얼핏 생각해보아도 악취가 진동했을 것입니다.

그런데 아버지는 더럽다고 냄새난다고도 하지 않았습니다. 그대로 얼싸안았고 입을 맞추면서 이렇게 말씀하셨습니다.

"이 아들이 내 아들이라."

이것이 바로 아버지의 마음입니다.

우리의 마음이 아버지의 마음과 같을 때 하나님께서는 우리에게 영혼들을 붙여주실 것입니다.

"왜 인제 왔니?"

"지금까지 무슨 죄를 짓다가 왔니?"

"뭐하다 왔니?"

"그 많은 돈을 다 어디에 썼니?" 이렇게 말하는 것이 아니라, 있는 모습 그대로 얼싸안고 수용하고 받아들이는 아버지의 마음과 모습이 되기를 바랍니다.

교회에 처음 새신자가 오게 되면 그 일로 인하여 하늘에서는 얼마나 기쁜지 풍악을 울리며 천국 잔치를 벌인다고 말씀하십니다. 우리 눈에는 보이지 않지만 하나님은 너무 기쁘고 즐거워서 천사들의 노랫가락 소리가 울려 퍼지는 잔치를 벌이신다는 것입니다.

하나님은 이러한 아버지의 마음을 품은 자들에게 영혼을 붙여주시고 교회에게 더 많은 영혼을 살리는 비전을 이루도록 해주실 것입니다.

예루살렘 성전은 날마다 믿는 자의 수가 더해졌다고 말씀하십니다. 주마다 더해진 것이 아니라 날마다 더해졌다고 분명하게 말씀하십니다. 이처럼 날마다 믿는 자의 수가 더하여지는 교회가 살아있는 교회, 정상적인 교회입니다. 아무리 시간이 흘러도 도무지 전도가 되지 않는다면 정상적인 모습이라고는 보기 힘듭니다.

하나님은 때를 얻든지 얻지 못하든지 복음을 전하라고 분명히 말씀하셨습니다.

또 복음을 전하지 않으면 화가 있을 것이라고 말씀하셨습니다.

"내가 복음을 전할지라도 자랑할 것이 없음은 내가 부득불 할 일임이라 만일 복음을 전하지 아니하면 내게 화가 있을 것이로다"(고전 9:16)

하나님의 말씀을 경외함으로 하나님의 심장을 품고 영혼 살리는 일에 앞장서는 자들이 되기를 바랍니다.

4장

예수님의 마음

예수께서 모든 도시와 마을에 두루 다니사 그들의 회당에서 가르치시며 천국 복음을 전파하시며 모든 병과 모든 약한 것을 고치시니라 무리를 보시고 불쌍히 여기시니 이는 그들이 목자 없는 양과 같이 고생하며 기진함이라 이에 제자들에게 이르시되 추수할 것은 많되 일꾼이 적으니 그러므로 추수하는 주인에게 청하여 추수할 일꾼들을 보내 주소서 하라 하시니라

_마태복음 9:35-38

자식 때문에, 남편 때문에 돈 때문에 그만 울고 영혼을 위해서 우십시오. 왜 그렇게 해야 하는지 아십니까?

영혼 때문에 우는 것을 하나님이 가장 기뻐하시기 때문입니다. 뿐만 아니라 우리가 영혼을 위해서 울 때 주님께서는 우리들의 눈물을 닦아주시고 물질과 자녀의 문제까지도 풀어주시는 역사를 이루어주시기 때문입니다.

"너희는 먼저 그의 나라와 그의 의를 구하라 그리하면 이 모든 것을 너희에게 더하시리라"(마 6:33)

그런데 많은 사람들이 날마다 자녀 때문에 울고, 남편 때문에 울고, 돈 때문에 웁니다. 그러니 하나님께서 도와줄 것이 무엇이 있겠습니까? 더하여 복 주실 것이 무엇이 있겠습니까? 아버지 하나님의 눈물은 항상 믿지 않는 영혼들에게 있습니다.

믿지 않는 영혼들, 지옥에 가는 그들을 위해 울어보십시오. 그럴 때 주님께서도 우리들의 눈물을 닦아주시고, 우리들의 눈물을 거두어주시고, 우리들의 문제까지 해결해주실 것입니다.

집도 없이 떠돌아다니는 사람이 불쌍합니까, 아니면 집이 있는 안정적인 사람들이 불쌍합니까? 두 말 할 것도 없이 집 없이 떠돌아다니는 사람이 불쌍합니다. 때문에 부유하게 안정적으로 잘 사는 사람이 집 없이 떠돌아다니면서 사는 사람을 향하여 불쌍하다고 한다면 그것은 말이 되겠지만, 집도 없고 아무 것도 가진 것 없이 떠돌아다니는 사람이 안정적으로 잘 사는 사람을 보면서 불쌍하다고 말한다면 말이 되지 않을 일입니다.

그런데 말씀은 이러한 상식과 반대되는 현상이 벌어지고 있습니다. 집도 없이 날마다 떠돌아다니는 불쌍한 예수님께서 집도 있고 안정적으로 잘 사는 무리들을 바라보시면서 불쌍하다고 말씀하고 계십니다(36절 참조).

현실만 본다면 예수님이 훨씬 더 불쌍합니다. 그런데 불쌍한 예수님께서 불쌍하지도 않은 무리들을 보시면서 불쌍하다고 말씀하고 계시니 모순 아닙니까?

무리들은 따뜻한 집에서 편안하게 잠을 자지만 예수님은 거의 매일 들판이나 산에서 주무십니다. 누가 보더라도 예수님이 더 불쌍하십니다. 무리들은 풍족한 양식으로 밥을 지어서 먹지만 예수님은 날마다 이집 저 집을 떠돌아다니시면서 얻어먹습니다. 누가 보더라도 예수님이 더 불쌍합니다. 무리들의 옷은 깨끗하고 옷장에도 몇 벌의 옷이 더 있지만 예수님은 한 벌로 계속 전도여행을 다녀야 했기 때문에 더러울 수밖에 없습니다. 누가 보더라도 예수님이 더 불쌍합니다. 무리들은 항상 깨끗하게 씻을 수 있지만 예수님은 물이 귀한 시절에 온 천지를 두루 다니면서 들에서 산에서 누워 주무셨고 제대로 씻을 수도 없었습니다. 예수님은 더러운 것은 물론이고 몸에서 냄새도 났을 것입니다. 누가 보더라도 예수님이 훨씬 더 불쌍합니다.

그런데 예수님은 무리들을 향하여 불쌍하다고 말씀하십니다.

누가 더 고생하고 있으며 누가 더 기진맥진한 상태입니까?

예수님은 그들이 고생하고 기진했기 때문에 불쌍하다고 말씀하십니다. 하지만 사실 그들은 예수님을 따라다니다가 저녁이 되면 집으로 돌아갑니다. 그렇게 집에 돌아가면 얼마든지 편하게 쉴 수 있습니다. 예수님에 비하면 편한 잠도 잘 수 있고 먹을 것도 풍족합니다. 물론 당시 로마의 지배하에 있었기 때문에 억압과 지배의 고통은 받았을 것입니다. 그러나 그 또한 예수님께서 받으신 고통에 비한다면 아무 것도 아닙니다. 예수님이 훨씬 더 힘든 상황이었고 극심한 고통을 받으셨습니다.

생각해 보십시오.

예수님을 죽이려고 많은 무리들이 따라다녔고 예수님을 죽이려고 모함하는 사람들도 많았습니다. 이렇게 예수님은 죽음의 위기에 항상 노출되는 극심한 어려움 가운데 하루하루 지내야만 했습니다. 게다가 날마다 새벽 미명에 일어나서 늦은 밤까지 말씀을 가르치시고 복음 전파하셨으며, 병든 자들을 고치시고, 죽은 자도 살리시고, 귀신도 내쫓으셨으니 육체적으로 보더라도 거의 탈진상태가 되어서 하루를 마감하셨을 것입니다. 그러니 무리들에 비한다면 예수님이 당연히 훨씬 더 고생하셨고 기진맥진하셨습니다.

그런데 그럼에도 불구하고 예수님은 무리들을 향하여 그들이 더 고생한다고 더 기진하고 있다고 말씀하십니다. 때문에 그들이 불쌍하다고 말씀하십니다.

예수님은 무리들을 안쓰럽게 여기시고 민망히 여기셨습니다. 눈물을 흘리면서 바라보셨습니다. 무리들이 볼 때에는 예수님이 불쌍해 보였는데 말입니다. 이렇게 서로 불쌍하게 여기고 있습니다.

누가 더 불쌍하다고 생각하십니까?

몇 해 전, 집사님 한 분과 함께 은행을 갔다가 나오는 길이었습니다. 내가 화장실에서 조금 늦게 나왔더니 우리 교회 집사님이 골프 치러 가는 세분의 아주머니들을 물끄러미 보고 있는 것입니다. 우리 교회 집사님은 허름한 옷차림이었으며 그 집사님의 등에는 아이까지 업혀있어서 겉모습만 보더라도 힘들게 산다는 것이 역력한 행색이었습니다. 그런 반면 골프를 치러 가는 아주머니들의 옷차림은 화려하기 이를 데 없습니다. 제대로 갖춰 입은 골프복 차림이었고 손에는 골프채까지 들려 있었습니다. 누가 보더라도 부잣집 안주인 같은 모습이었습니다.

극단으로 다른 두 부류의 사람들이 그렇게 서로를 바라보는 장면이 내 눈에 보인 것입니다. 내가 집사님들을 툭 치면서 이렇게 말했습니다.

- "집사님 가요! 부럽죠?"

그런데 그 때 그 집사님의 말이 내게 큰 충격이 되었습니다.

- "목사님, 부럽기는요, 아니에요. 저는 지금 불쌍해서 보고 있었습니다."

그 아주머니들을 불쌍히 여기면서 보았다고 합니다.

어쩌면 골프복장 차림의 아주머니들 눈에도 우리 교회 집사님들이 불쌍해보였을지 모릅니다.

그렇다면 사실은 누가 더 불쌍합니까?

말씀을 통하여 이 물음에 답을 찾을 수 있기를 바랍니다.

전도를 잘하는 사람들의 눈에는 아무리 부유한 자라도 그에게 믿음이 없으면 불쌍하게 보이는 반면 전도를 못하는 사람들에게는 경제적으로 부유하기만 하면 믿음이 없는 자도 부러움의 대상으로 보입니다.

또한 전도를 잘하는 사람들의 눈에는 아무리 세상 지위가 높아도 그에게 믿음이 없으면 불쌍하게 보이지만 전도를 못하는 사람들에게는 세상 지위만 높으면 믿음이 없는 자도 부럽기 그지없는 대상으로 보입니다.

전도를 잘하는 사람들의 눈에는 아무리 세상에서 뛰어나고 훌륭한 자라도 믿음이 없으면 불쌍한 마음이 들지만 전도를 못하는 사람들에게는 세상적으로 훌륭하고 뛰어난 것만 있으면 그가 영원히 지옥에 갈 자일지라도 도리어 그들을 부러워합니다.

그렇다면 스스로를 점검해 보십시오.

만일 믿음이 있는지 없는지 이것이 먼저 보이는 것이 아니라 이 땅의 부유함, 세상의 지위, 세상에서의 뛰어나고 훌륭함이 시선과 마음을 사로잡는다면 문제입니다.

본문에서 예수님은 본인의 환경이 더 힘들고 고생스러움에도 불구하고 무리들을 향하여 불쌍하다고, 고생한다고 말씀하십니다.

왜 그렇게 말씀하셨습니까?

무리들에게는 세 가지가 없었기 때문입니다. 세상에서 모든 조건들을 갖추고 있을지라도 다음 세 가지가 없다면 불쌍한 자입니다. 교회를 다니는 교인일지라도 다음 세 가지가 없다면 불쌍한 사람입니다.

다음 세 가지가 없는 누군가가 있다면 아무리 좋은 조건을 가지고 있을지라도 마땅히 불쌍한 시선으로 바라보십시오. 그럴 수 있어야 합니다.

그렇다면 예수님은 그들에게 무엇이 없었기에 안타까워하시며 불쌍히 여기고 심지어 눈물까지 흘리셨겠습니까?

1. 목자 없는 양을 불쌍히 여기는 마음

"무리를 보시고 불쌍히 여기시니 이는 그들이 목자 없는 양과 같이 고생하며 기진함이라"(마 9:36)

목자 없는 양은 곧 죽게 됩니다.
목자 없는 양은 시체와도 마찬가지입니다.
목자 없는 양은 이미 끝난 인생입니다.
양은 공격 무기도 없고 방어 무기도 없는 유일한 동물입니다. 양의 신체는 감각기관도 방향감각도 없기 때문에 목자가 지켜 보호해주지 않으면 죽을 수밖에 없습니다. 목자가 길을 안내해주지 않으면 양은 이내 곧 들짐승의 밥이 되어버리거나 낭떠러지 같은 곳에서 떨어져서 죽고 말 것입니다. 때문에 목자 없는 양이 너무나도 불쌍한 것입니다. 예수님은 목자 없는 양이 얼마나 불쌍한지 누구보다 잘 아셨습니다. 예수님은 자신을 따라다니는 무리들이 마치 목자 없는 양과 같이 불쌍하게 보셨기 때문에 가슴을 치며 안타까우셨던 것입니다.

우리 주변에 목자 없는 양과 같은 자들이 얼마나 많습니까?

자신의 영혼을 책임져주고 인도해줄 자가 없는 사람들이 얼마나 많습니까?

세상에서 제일 불쌍한 사람이 누구입니까?

부모 없는 자식, 스승 없는 제자가 아닙니다. 바로 목자 없는 양 즉, 목자 없는 성도들입니다. 이들처럼 불쌍한 사람도 없습니다. 부모님이 없으면 수십 년 고생은 되겠지만 천국에 가면 됩니다. 그러나 목자 없는 양은 이 땅에서도 고생하지만 그 이후 영원한 고통까지 겪어야만 합니다. 때문에 목자 없는 양이 가장 불쌍합니다. 예수님은 무리들이 목자 없는 양이기 때문에 불쌍히 여기셨습니다.

2. 추수꾼 없는 곡식을 불쌍히 여기는 마음

"이에 자들에게 이르시되 추수할 것은 많되 일꾼이 적으니"(마 9:37)

곡식이 익어서 추수할 것은 많은데 추수할 일꾼이 적으면, 추수꾼이 없는 곡식은 땅에 떨어질 것입니다. 들쥐의 밥이 되기도 하고 사람들에게 짓밟힌 곡식들은 결국 아궁이에 들어가 불에 타는 신세가 되고 말 것입니다.

그렇기 때문에 추수꾼이 없는 곡식은 불쌍한 것입니다.

예수님은 무리들을 바라보실 때 마치 추수꾼이 없는 곡식 같아서 가슴이 아팠습니다. 저들은 다 익은 곡식과 같은데 그들을 거두어줄 전도자가 없었기 때문입니다. 그들 곁에 전도자가 없음이 예수님은 너무나도 가슴이 아팠습니다.

지금 우리 주변에 추수꾼이 없는 인생들이 얼마나 많습니까?

"너희는 넉 달이 지나야 추수할 때가 이르겠다 하지 아니하느냐 그러나 나는 너희에게 이르노니 너희 눈을 들어 밭을 보라 희어져 추수하게 되었도다"(요 4:35)

익은 곡식 거둘 자가 없는 이때에 누가 가서 거둘까
내가 어찌 게으르게 앉아 있을까 어서 가자 밭으로
보내 주소서 보내 주소서 제단 숯불 내 입술에 대니
어찌 주저할까 주여 나를 보내주소서
이렇게 외치면 우리는 추수할 일꾼이 되는 것입니다.

"내가 또 주의 목소리를 들으니 주께서 이르시되 내가 누구를 보내며 누가 우리를 위하여 갈꼬 하시니 그 때에 내가 이르되 내가 여기 있나이다 나를 보내소서 하였더니"(사 6:8)

"주여 오늘 나를 보내소서!"
"주여 우리를 보내소서!"
"주여 우리 교회를 쓰시옵소서!"
잃은 영혼을 찾아서 추수하고자 외칠 때 예수님이 찾으시는 추수꾼이 될 수 있습니다.

죽어가는 불쌍한 영혼들을 바라보고 담대하게 입을 벌려 복음을 전하는 예수님이 찾으시는 추수꾼이 되기를 바랍니다.

3. 치료자 없는 환자를 불쌍히 여기는 마음

"모든 병과 모든 약한 것을 고치시니라"(마 9:35)

예수님께서는 모든 병과 약한 자들을 고쳐주셨습니다. 그러나 예수님께서는 머지않은 시간에 그들을 떠나셔야만 했습니다. 여전히 질병과 고통 가운데 허덕이는 이 불쌍한 사람들을 바라보실 때 이들을 고쳐주고 치유할 자가 없음이 예수님은 너무나도 가슴이 아팠습니다.

'내가 떠나면 누가 저들의 질병을 고쳐줄까?'

'내가 떠나면 누가 저들의 아픔을 해결해줄까?'

예수님은 이들이 너무나도 불쌍해서 가슴을 치고 통곡하면서 아파하셨습니다.

스스로는 고칠 수 없고 누군가 고쳐줘야 하는데 그것을 치유해 줄자가 없음이 예수님에게는 너무나도 가슴 아픈 일이었던 것입니다.

폐암에 걸려 수십 개나 되는 암 덩어리를 꺼내기 위해 등어리 전체를 벌려서 폐까지 드러내는 대수술을 한 자매가 있습니다. 이와 같이 엄청나게 큰 수술을 했으니 얼마나 아팠겠습니까?

수술실에서 깨어난 자매는 이렇게 말했습니다.

"목사님, 얼마나 아픈지 차라리 죽는 것이 나을 것 같아요. '주님 차라리 저의 생명을 거두어 가세요'라고 기도 했어요. 저는 죽음이 다른 사람 이야기인 줄만 알았지 제가 이렇게 될 줄은 정말 몰랐습니다. 제게 이런 어려움이 닥칠지는 꿈에도 몰랐습니다."

병원을 옮겨가면서까지 힘든 수술을 두 번이나 했지만 병원에서 들은 말은 불가능하다는 것뿐이었습니다.

그런데 지금 그 자매의 몸은 암세포가 하나도 없이 깨끗합니다.

하나님께서 치유해주셨습니다.

놀라운 사실은 그 자매의 남편은 예수님을 믿지 않았는데 아내가 깨끗하게 낫게 되자 교회의 성도들에게 다음과 같은 문자를 보냈습니다.

"교회의 성도님들 덕분에 제 아내가 살았습니다."

우리들에게도 언제 이러한 죽음의 위기가 닥칠지 모릅니다. 때문에 항상 죽음을 준비하고 있어야 합니다. 병원에서 고치지 못한다고 하는 병으로 인하여 낙담한 자가 곁에 있다면 믿는 자들이 그를 위하여 함께 기도해주십시오.

예수님은 목자 없는 양을 보실 때 마음이 아프셨습니다.

예수님은 곡식은 익었지만 추수꾼이 없는 모습을 보실 때 안타까워 하셨습니다.

예수님은 치료자 없는 병자들을 보시면서 가슴이 아파 통곡하셨습니다.

이러한 하나님 아버지의 아들 예수 그리스도의 심정이 우리에게도 있기를 바랍니다.

4. 예수님의 세 가지 전도원리

1) 체계적으로 전도하라

예수님께서는 모든 도시와 마을에 두루 다니셨습니다(35절 참조). 예수님은 모든 도시와 모든 마을을 다 다니시면서 빠뜨리는 곳이 없이 복음을 전하시려고 애를 쓰셨습니다. 큰 도시가 되었든 작은 마을이 되었든 빠뜨림 없이 계획적으로 복음을 전하시고자 애쓰셨다는 것입니다.

> "새벽 아직도 밝기 전에 예수께서 일어나 나가 한적한 곳으로 가사 거기서 기도하시더니 시몬과 및 그와 함께 있는 자들이 예수의 뒤를 따라가 만나서 이르되 모든 사람이 주를 찾나이다 이르시되 우리가 다른 가까운 마을들로 가자 거기서도 전도하리니 내가 이를 위하여 왔노라 하시고 이에 온 갈릴리에 다니시며 그들의 여러 회당에서 전도하시고 또 귀신들을 내쫓으시더라"(막 1:35-39)

주님께서 이 땅에서 계실 수 있는 시간은 제한되어 있기 때문에 한 마을이 전도가 되면 곧 다른 마을로 전도하러 가셨습니다. 이처럼 예수님은 큰 마을 작은 마을, 큰 도시 작은 도시를 구분하지 않고 모든 사람들에게 복음의 전하시고자 신속하게 움직이셨습니다.

구청에 일하는 성도의 말에 의하면 거지나 장애인들이 도움을 받으러 많이 온다고 합니다. 하루는 직원이 너무 자주 오는 사람에게 얼마의 돈을 쥐어주면서 이렇게 말했다고 합니다.

"너무 자주 오시니까 일이 되지 않습니다."

그 때 거지가 이렇게 대답하더랍니다.

"걱정하지 마세요. 제가 알아서 적당히 조절해서 옵니다."

하물며 거지조차 계획을 세워서 구걸한다고 하는데 전도하는 사람들이 계획 없이 다니면 되겠습니까?

전도도 계획을 세워서 체계적으로 해야 합니다.

전도대상자의 입장에서 한번 생각해 보십시오. 한 사람이 쉼 없이 온다면 질리지 않겠습니까? 누구라도 싫을 것입니다. 때로는 어느 정도 일정 간격을 두고 전도할 때 전도대상자들도 궁금한 마음이 들고 기다리기도 할 것입니다. 예수님이 모든 자들에게 복음을 전하고자 두루 다니셨던 것처럼 전도가 잘 되지 않는 사람이 있다면 잠시 보류하고 다른 사람을 찾으십시오. 그렇게 하여 전도대상자로 하여금 궁금한 마음이 생기도록 잠시 보류하는 것도 전도의 한 방법이 될 수 있습니다. 아무리 전도해도 되지 않는 사람만 날마다 붙잡고 있지 말고 전도대상자의 폭을 넓혀서 체계적으로 전도할 필요가 있습니다.

단, 전도 결실이 없다고 쉽게 포기하지는 마십시오. 예수님도 영혼 구원하는 일은 포기하지 않으셨습니다.

2) 가르침과 복음 전파를 병행하라

예수님은 회당에서 가르치시며 천국 복음을 전파했습니다(마 9:35 참조).

회당에는 유대인들이 있었습니다. 그들에게는 잘못된 구약적인 지식, 율법적인 지식이 있었습니다. 그러한 잘못된 생각이 고쳐지고 깨우쳐지지 않는 한 그들은 예수님의 천국 복음을 받아들일 수가 없습니다. 받아들일 리가 없습니다. 아니, 받아들이고 싶어도 받아들여지지 않았습니다.

한 영혼을 전도하여 살리려면 무조건 복음만 전한다고 되는 것이 아닙니다. 반드시 깨우쳐주고 가르쳐줘야 합니다. 그렇다고 해서 무조건 가르치고 설득만 시킨다고 해서 올바른 전도가 되는 것이 아닙니다. 가르침과 복음전파가 병행될 때 올바른 전도가 됩니다. 이것이 예수님의 전도방법이었습니다.

예수님은 항상 가르치고 전도하시고, 또 전도하고 가르치셨습니다.

한 자매가 전도 되어 왔습니다. 참 예쁜 외모였는데 왠지 모르게 깐깐해 보이는 느낌이었습니다. 그래서 그 자매에게 이렇게 말했습니다.

"자매님, 궁금한 것이 있으면 모두 물어보십시오. 제가 대답해드리겠습니다. 기독교에 대한 신랄한 비판들에 대해서도 대답해드릴 수 있습니다. 스님한테 가서 한 달 동안 '기독교의 단점과 문제점'을 연구하여 이 정도라면 아무리 목사라도 대답하지 못할 것이라고 하는 것을 준비하여 제게 물어봐도 모두 대답해 드리겠습니다."

그런데 이 자매가 한 번도 어려운 질문을 하지 않는 것입니다. 오히려 신앙생활을 참 잘합니다. 고마운 마음에 그 자매에게 물었습니다.

- "아니 어떻게 그렇게 아무런 의심 없이 열심히 신앙생활을 하십니까?"

- "목사님께서 제게 어떤 질문이라도 다 해도 좋다고 말씀하셨죠? 그러면 뭐든지 대답해 주겠다던 말씀을 듣고 얼마나 충격 받았는지 모릅니다."

자신이 아는 지식 몇 가지만 가지고 그 틀에 갇혀서 '이것은 기독교가 모순이야.' '이것은 기독교가 잘못된 거야.' '이건 성경의 모순이야.' '이런 질문을 하면 아무리 목사라도 대답할 수 없어.'라고 생각하는 사람들이 많습니다. 이렇게 자기가 아는 몇 가지만 가지고 처음부터 기독교를 부정하고 복음 자체를 받아들이지 않으려고 하는 사람들이 있기 때문에 가르침과 복음전파를 병행해야 하는 것입니다.

어떤 분으로부터 전화로 다음과 같은 질문을 받은 적이 있습니다.

"지구의 나이는 50억만 년이 넘는데 성경은 그렇게 말하지 않습니다. 왜 그렇습니까?"

그 질문에 대하여 답을 해드렸더니 그제야 '아 그렇군요.'라고 속 시원해 했습니다. 자신들이 가지고 있는 옳지 않는 편견이 전부인 줄 알고 살아가는 사람들에게는 반드시 가르쳐주고 깨우쳐준 후에 복음을 전해야 합니다. 이처럼 전도할 때에도 가르침과 복음전파를 병행할 때 가장 효과적이라는 사실을 잊지 마십시오.

3) 필요를 채워주고 문제를 해결해주어라

예수님은 모든 병과 모든 약한 것을 고쳐주셨습니다. 환자들의 필요는 질병을 낫는 것이고 고통으로부터 벗어나는 것입니다. 예수님은 이 모든 것들을 해결해 주셨습니다. 예수님은 배고픈 자들에게는 오병이어의 기적을 통하여 먹여주셨습니다. 이처럼 예수님은 그들의 필요를 채워주셨습니다. 그들의 질병과 문제를 해결해주셨습니다. 예수님이 그렇게 하실 때 그들이 마음 문을 열고 예수님을 잘 믿고 따르게 된 것입니다.

전도를 잘하기를 원한다면 이 전도의 원리를 기억하십시오.

배고픈 자들에게는 먹을 것을 줘야 합니다.

공부를 못하는 자들에게는 공부를 가르쳐줘야 합니다.

아픈 자들에게는 병을 고쳐주어야 합니다.

그래야 전도할 수 있습니다. 이것이 전도의 원리입니다.

왜 우리가 하나님의 복을 받아야 합니까?

전도대상자들의 필요를 채워주고 전도하기 위해서입니다.

우리는 전도해야 하기 때문에 반드시 물질의 복을 받아야 합니다.

열심히 전도하는 한 성도가 제게 이런 말을 합니다.
"목사님, 제게 전도할 대상이 생겨서 전도하러 가려고 합니다. 그런데 돈이 없어서 머뭇거리고 있는 중입니다."
그 말을 듣는데 얼마나 가슴이 아픈지 모릅니다.
그래서 하나님께 기도했습니다.
"주님 어떻게 합니까? 전도를 하려고 하는데, 영혼 살리는 일을 하려고 하는데 수중에 돈이 없다고 합니다."
그 기도를 드린 지 얼마 지나지 않았을 때 다른 도시에서 몇 분으로부터 전화를 받았습니다. 매월 나에게 전도헌금을 보낼 터이니 그 돈으로 중단 없이 전도해달라는 내용이었습니다.
돈이 중요한 것이 아닙니다. 하나님께서 역사하셨다는 사실입니다. 하나님이 인정하셨다는 사실입니다. 이 모든 일들을 하나님이 보고 계셨다는 사실입니다. 하나님을 믿는다면 이와 같은 복음의 능력을 경험하면서 살아야 합니다. 줄 것이 없어서 전도하지 못한다고 하자 하나님께서 다른 누군가를 통하여서 줄 것을 채워주신다는 것을 경험하게 되었습니다. 복음을 위해서 살고 복음을 위해서 나아갈 때 그 일을 할 수 있도록 하나님께서 채워주심을 믿으십시오.
왜 신앙생활을 하면서도 이러한 하나님의 능력을 경험하지 못합니까? 내 가족만 위해서 살아가기 때문은 아닐까요?
믿지 않는 영혼들에게 나누며 도우며 전도하기 원한다고 기도하십시오. 그렇게 기도할 때 하나님은 누구를 통해서든 어떤 방법을 통해서든 반드시 채워주실 것입니다. 복음 전도를 하지 않기 때문에 이러한 하나님의 역사하심을 경험하지 못하는 것입니다. 한 번 복음전도를 해보겠다고 시도할 때 살아 계신 하나님께서 물질이 풍부한 자를 움직여서 그 필요를 채워주심으로 전도할 수 있도록 만드신다는 사실을 믿으십시오.

전도할 수 있도록 필요한 물질과 능력을 달라고 기도하십시오. 그렇게 전도대상자들의 필요를 채워주고 그들의 문제를 해결해주면서 전도할 수 있기를 바랍니다.

5. 예수님의 두 가지 특별부탁

1) 인정받는 일꾼이 되라

"추수할 것은 많되 일꾼이 적으니"(마 9:37)

그 당시 일꾼이 없었던 것이 아닙니다. 직분 자들은 많았습니다. 그런데 예수님의 눈에는 일꾼이 적다고 말씀하십니다.

왜 예수님은 그렇게 보셨습니까?

교회 안의 일만 하고 있고 교회 밖으로 나가서 전도하지 않았기 때문입니다. 예수님에게는 전도하지 않는 자는 일꾼으로 보이지 않기 때문에 일꾼이 적다고 말씀하신 것입니다.

전도하는 일에 집중한다면, 영혼 살리는 일에 집중한다면 주님은 우리를 일꾼이라고 인정하실 것입니다. 그러나 아무리 오래 교회를 다녔을지라도, 어떠한 직분으로 불릴지라도 전도하지 않는다면 예수님은 그 사람을 일꾼으로 인정하지 않으십니다. 전도하여 예수님으로부터 일꾼이라고 인정받는 자들이 되기를 바랍니다.

2) 추수할 일꾼을 보내달라고 기도하라

"추수할 일꾼들을 보내 주소서 하라"(마 9:38)

물론 내가 먼저 전도해야 합니다. 그리고 추수할 일꾼을 보내달라고도 기도해야 합니다. 추수할 일꾼을 보내달라고 기도하면 추수하고 싶어서 견딜 수 없는 전도자들을 보내 주십니다. 하나님께서는 추수할 일꾼들을, 추수하길 원하지만 일꾼이 없는 교회에 보내십니다. 하나님께서 교회에 추수할 일꾼들을 보내주시면 라이벌로 생각하여 시기하거나 미워하지 마십시오. 하나님께서 보내주신 동역자로 생각하고 함께 연합하여 복음의 사명을 잘 감당하십시오. 전도는 불쌍히 여기는 마음입니다. 영혼을 향한 불쌍히 여기는 마음만 있다면 전도할 수 있습니다.

목자 없는 양이 얼마나 불쌍합니까?
추수꾼 없는 영혼이 얼마나 불쌍합니까?
치료자 없는 병자가 얼마나 불쌍합니까?
그들을 향하여 불쌍한 마음을 품을 때 이미 그 사람은 전도의 자리에 서 있을 것입니다.

아무리 많은 사람을 만나고 그들에게 복음 전할지라도 교회로 인도되는 사람들은 극히 소수입니다. 전도는 그렇게 어렵고 힘든 일입니다. 때문에 날마다 영혼을 향한 불쌍한 마음을 가지고 전도하십시오.

특별히 전도하는 기간이 아닌 항상 전도에 힘쓰는 교회가 되기를 바랍니다.

그들이 몰라서 지옥에 간다면 아는 우리가 전해야 합니다.

예수님께서는 그들이 지옥에 가지 못하게 하시려고 십자가 지셨습니다. 그렇게 찢기고 상하면서까지 지옥문을 막으려고 하셨습니다.

지옥을 향하여 가는 그들에게 담대하게 입을 열어서 복음을 선포함으로 그 영혼들을 교회로 이끄는 전도자들이 되기를 바랍니다.

그래서 모든 교회들이 매 주일 새가족들로 넘쳐나길 간절히 바랍니다.

5장

두려워하는 마음

하나님 앞과 살아 있는 자와 죽은 자를 심판하실 그리스도 예수 앞에서 그가 나타나실 것과 그의 나라를 두고 엄히 명하노니 너는 말씀을 전파하라 때를 얻든지 못 얻든지 항상 힘쓰라 범사에 오래 참음과 가르침으로 경책하며 경계하며 권하라 때가 이르리니 사람이 바른 교훈을 받지 아니하며 귀가 가려워서 자기의 사욕을 따를 스승을 많이 두고 또 그 귀를 진리에서 돌이켜 허탄한 이야기를 따르리라 그러나 너는 모든 일에 신중하여 고난을 받으며 전도자의 일을 하며 네 직무를 다하라 전제와 같이 내가 벌써 부어지고 나의 떠날 시각이 가까웠도다 나는 선한 싸움을 싸우고 나의 달려갈 길을 마치고 믿음을 지켰으니 이제 후로는 나를 위하여 의의 면류관이 예비되었으므로 주 곧 의로우신 재판장이 그 날에 내게 주실 것이며 내게만 아니라 주의 나타나심을 사모하는 모든 자에게도니라 _디모데후서 4:1-8

감옥에 갇혀 죽을 때가 다다른 것을 알게 된 노종 바울은 어린 나이에 목사가 되어서 목회 한다고 죽을 고생을 하고 힘에 겨워서 포기할까 말까, 도망갈까 말까 갈등하고 고민하고 아파하고 있는 제자 젊은 목사 디모데에게 편지를 보내기 위하여 펜을 들었습니다. 본문 말씀은 어떤 의미에서 사도 바울 목사님이 제자 디모데 목사에게 편지의 양식으로 보낸 마지막 유언과도 같은 메시지입니다.

노종 사도 바울이 젊은 종 디모데에게 보낸 편지의 내용의 핵심은 이렇습니다.

"너는 말씀을 전파하라. 때를 얻든지 못 얻든지 항상 힘쓰라!"

중단 없이 전도하라, 시도 때도 없이 전도하라, 계속 전도하라, 쉬지 말고 전도하라고 말씀하십니다. 적당히 대충 전도하지 말고, 의무적으로 형식적으로 폼으로 전도하지 말고, 온 맘을 다하여 전심으로 진심으로 전력을 다하여 항상 전도하라고 말씀하십니다.

이 말씀대로 된다면야 얼마나 좋겠습니까? 하지만 실제로 시도 때도 없이 전도한다는 것이 쉽습니까? 어렵습니다. 게다가 디모데 목사는 시도 때도 없이 전도하기 힘든 상황이었습니다. 왜냐하면 교회 안에서 반드시 해야 하는 목회사역만으로도 정신이 없었기 때문입니다. 교회 안 사역 등 설교, 기도, 심방, 상담, 치유, 귀신 내쫓는 일, 양육 등 당장 해야 할 일들이 너무나도 많아서 감당하기 버거운 상태였습니다. 때문에 지쳐서 목회를 포기해야 할지 말아야 할지 생각하고 있는 디모데에게 사도 바울은 시도 때도 없이 전도하라고 말씀하고 있습니다.

교회 안의 일만 하더라도 너무 바쁜 디모데 목사님에게 주신 사도 바울의 메시지는 좋은 말씀임은 분명하지만 실제로는 할 수 없는 상황이기 때문에 어떤 의미에서 맞지 않는 말입니다.

시간도 여유도 없었습니다. 새벽기도부터 시작하여 밤늦게까지 해야 할 사역들이 얼마나 많은지 그 일만 감당하는 것만으로도 바쁘고 정신이 없어 허겁지겁하는 디모데에게 시도 때도 없이 나가서 전도하라 니 어찌 이 말씀에 순종하고 실천하겠습니까? 뿐만 아닙니다. 디모데 목사님이 섬기는 교회 안에는 이단들이 너무 많았습니다. 그 이단들과 싸우느라 지치고 피곤하고 기진맥진하여 이미 스트레스는 극에 달하게 쌓여 있었습니다. 또 디모데 목사는 나이가 어렸기 때문에 대적하고 도전해오는 사람들이 많았습니다. 그래서 그들과도 싸워야만 했습니다. 이 모든 사역을 감당하는 것만으로도 디모데 목사님은 이미 지쳐 쓰러질 것 같은 상태인데 어떻게 시도 때도 없이 나가서 전도한단 말입니까? 디모데 목사님이 시도 때도 없이 나가서 전도한다면 교회 안의 일은 누가 감당한단 말입니까?

"일주일에 한 번 나가서 전도하라."

"일주일에 두세 번 나가서 전도하라."

이 정도의 명령이라면 혹시 감당할 수 있을지도 모릅니다. 그런데 시도 때도 없이 나가서 전도하라고 하십니다. 이것은 디모데 목사님으로서는 도저히 받아들이기 힘든 메시지였습니다. 사도 바울 목사님이 '시도 때도 없이 날마다 나가서 전도하라'는 명령을 내게 하신다고 할지라도 저 역시 다 준행할 수 없을 것입니다. 교회 안 사역은 어떻게 합니까? 사실 일주일에 10명에게 복음을 전하는 것도 힘든 일입니다. 관계 맺기 시작한 세 명의 사람들과 일주일 동안 차 한 잔 마시는 일도 결코 쉽지 않습니다.

그런데 어떻게 시도 때도 없이 항상 복음을 전합니까? 말은 쉽지만 행동에 옮겨 실천하기는 불가능하게 생각되어질 수 있습니다.

그렇다면 이 말씀을 받은 디모데 목사님 입장에서 생각해 보십시오. 디모데에게 위로와 격려를 하며 쉬라고 말씀하시지 않고 항상 계속 말씀을 전하라고 오히려 일을 가중시키고 있습니다. 시도 때도 없이 말씀을 전하라고 하십니다.

그의 몸은 안 그래도 지쳐서 꼿꼿하게 굳어 움직이지 않습니다.

'하나님, 나 죽이려고 작정하셨습니까?'

'하나님, 나 쓰러져서 죽는 것을 보고 싶으신 것입니까?'

'그렇지 않아도 영적으로 육적으로 심적으로 힘들어하는 것을 누구보다 잘 아시는 하나님께서 어떻게 나에게 시도 때도 없이 날마다 항상 전도하라고 하십니까? 그러시면 난 어떻게 하란 말입니까?'

처음에는 불평하는 듯 했던 디모데가 결국 어떻게 반응했는지 아십니까?

사실 전도하라는 말은 목사님들도 싫어합니다. 중직자들 역시 전도하라는 말을 싫어합니다.

"교회 안에서 해야 할 일이 얼마나 많은지 아십니까? 행정 업무와 해야 할 사역들 때문에 얼마나 힘들고 지치는지 모릅니다. 그 일들을 모두 하려면 얼마나 많은 시간이 필요한데 또 어떻게 시간을 내서 전도까지 한단 말입니까? 그럼 돈은 언제 벌고 우리 가족은 뭘 먹고 삽니까?"

시도 때도 없이 전도하라는 말씀 앞에서 힘들지 않은 사람은 없습니다.

그런데 교회 안 사역이 아무리 많아 바쁠지라도 복음 전하는 사명을 잘 감당하며 수많은 영혼을 살리는 목사님들과 중직자들이 있다는 사실입니다.

그렇다면 그들은 그 많은 사역을 감당하면서 어떻게 전도까지 잘하는 것일까?

더욱 놀라운 사실은 전도를 잘하는 사람이 사역도 잘하고 전도를 잘하는 사람이 직분도 잘 감당합니다. 반대로 사역이 많아서 도무지 전도할 수 없다고 말하는 사람들, 직분 감당을 핑계대면서 도무지 전도를 하지 않는 사람들, 교회 안의 일을 하느라 전도할 수 없다고 말하는 사람들을 보면 사역도 직분 감당도 교회 안의 일도 잘하는 경우가 드뭅니다.

1. 시도 때도 없이 전도하라고 명령하신 세 가지 이유

하나님은 사도 바울을 통하여 사역을 감당하느라 지쳐 있는 디모데 목사님에게 시도 때도 없이 전도하라고 명령하십니다. 그렇지 않아도 탈진하고 지쳐서 포기할까 말까 고민 가운데 있는 디모데 목사님에게 시도 때도 없이 나가서 말씀을 전하라고, 전도하라고 명령하십니다. 그 이유는 세 가지입니다.

1) 사역과 직분에 관계없이 전도해야 하기 때문에

"너는 말씀을 전파하라 때를 얻든지 못 얻든지 항상 힘쓰라"(딤후 4:2)

여기에서 '너'는 디모데 목사님을 뜻합니다. 다시 말해서 디모데가 목사이지만 나가서 복음을 전해야 한다고 말씀하시는 것입니다.

"전도자의 일을 하며 네 직무를 다하라"(딤후 4:5)

전도와 직분을 다 잘해야 한다고, 목사의 직무도 잘 감당하면서 반드시 전도도 해야 한다고 말씀하십니다. 거꾸로 말하면 디모데 목사가 목회의 직분과 교회 안의 일을 감당하느라 나가서 복음을 전하는 전도를 하지 않았다는 뜻이 되기도 합니다.

"네가 목사라 교회 안의 직분도 잘 감당해야 하겠지만, 네가 해야 할 사역이 많은 것도 사실이지만 나가서 전도하라! 왜 교회 안의 일을 한다는 핑계를 대면서 전도를 하지 않는가? 왜 목사 직분을 감당한다는 미명 아래 전도를 하지 않는가? 네게 맡겨진 직분을 잘 감당하는 것도 사역이지만 나가서 전도하는 것 역시 네가 마땅히 감당해야 할 중요한 사명이다."

이 말씀을 듣기 전 디모데는 교회 안의 일을 해야 하기 때문에, 목사의 일을 감당해야 하기 때문에 복음을 전하지 않았습니다. 그러다 목사도 전도해야 한다는 말씀, 교회 안의 일을 줄여서라도 전도해야 한다는 말씀, 직분도 감당하면서 전도해야 한다는 충격적인 말씀을 듣고 깨달았습니다. 그렇게 깨달은 후 디모데 목사님은 나가서 전도하는 사람이 되었습니다.

전도는 사역과 직분에 관계없이 누구나 감당해야 하는 사명입니다. '누구나'에는 목사님도 포함됩니다. 때문에 목사도 전도해야 합니다. 중직자들도 전도해야 합니다. 평신도 전도해야 합니다. 새가족도 전도해야 합니다. 모든 그리스도인들에게 전도의 사명을 주셨습니다.

"그러므로 너희는 가서 모든 민족을 제자로 삼아 아버지와 아들과 성령의 이름으로 세례를 베풀고 내가 너희에게 분부한 모든 것을 가르쳐 지키게 하라 볼지어다 내가 세상 끝 날까지 너희와 항상 함께 있으리라 하시니라"(마 28:19, 20)

'모든 족속으로 제자를 삼아' 이 말은 모든 족속으로 하여금 예수 그리스도를 믿는 백성이 되게 하라고 명령하십니다. 이때 제자란 신자를 뜻합니다.

이처럼 모든 그리스도인들이 공통적으로 받은 사명이 곧 전도입니다. 교회 안에서 어떤 사명과 직분을 감당하든지 어떤 봉사와 충성을 하든지 관계없이 예수님을 믿는다면 누구든지 감당해야 할 사명이 바로 전도입니다. 자기의 직분도 잘 감당하면서 전도도 잘하는 사람이 반드시 있습니다.

하나님은 디모데에게 주신 메시지와 동일한 말씀을 우리에게도 하십니다. 목사는 목사의 직분도 잘 감당해야 하지만 전도도 잘해야 합니다. 중직자들 역시 맡겨진 사명을 잘 감당해야 하지만 그 못지않게 전도 잘해야 합니다. 평신도라면 믿음 생활을 잘해야 하고 교회에서 예배도 잘 드려야 합니다. 그러나 전도 역시 잘해야 합니다. 새가족에게도 역시 전도의 사명이 있음을 잊지 말아야 합니다.

예수님은 이 땅에 오셔서 병도 고치시고, 기적도 행하시고, 가난한 자들과 함께 있어주고, 배고픈 사람에게 먹여주시고, 무지한 자들을 가르쳐주셨습니다.

얼마나 많은 사역을 감당하셨습니까?

하지만 예수님 역시 전도 사명을 잊지 않았습니다. 나아가서 모든 사역을 전도 우선적으로 전도 중심적으로 감당하시지 않았습니까?

우리는 예수님의 제자들이기 때문에 예수님을 닮아야 합니다. 예수님을 닮기 원한다면 주어진 직분도 잘 감당하고 전도도 잘해야 합니다. 많은 사역을 하고 있음으로 자위하지 마십시오. 많은 봉사와 충성을 했다고 해서 그것을 핑계 삼아서 전도를 포기하지 마십시오. 많은 직분을 감당해야 함과 동시에 전도 역시 반드시 해야 하는 기본적인 사명임을 잊지 말아야 합니다.

2) 바쁘고 피곤해도 전도해야 하기 때문에

"때를 얻든지 못 얻든지 항상 힘쓰라"(딤후 4:2)

왜 하나님께서는 바울을 통하여 안 그래도 힘들어서 죽을 지경인 디모데에게 시도 때도 없이 전도까지 하라고 말씀하신 것은 바쁨과 피곤의 관계없이 전도해야 함을 깨우쳐주시기 위함입니다.

디모데 목사님은 바빴기 때문에 피곤했고 지쳤습니다. 사역이 너무 많아 힘들었기 때문에 조금의 여유도 없었습니다. 때문에 복음전하지 않아도, 전도하지 않아도 된다고 생각했습니다. 그런 디모데를 향하여 하나님이 명령하셨습니다.

"디모데야! 바쁘냐? 그래도 전도해야 된다."
"디모데야! 피곤 하느냐? 그래도 전도해야 된다."
"디모데야! 여유가 없느냐? 그래도 전도해야 된다."
"디모데야! 아프냐? 그래도 전도해야 된다."

복음 전도를 하지 않는 데에는 그 어떤 것도 핑계와 이유가 될 수 없습니다. 그런데 하나님의 말씀을 듣기 전 디모데 목사님은 목회 사역만 하더라도 바쁘고 정신이 하나도 없어 전도는 안 해도 된다고 생각하여 실제로 전도하지 않았습니다. 하지만 이 말씀을 듣는 순간 다시 깨닫게 되었습니다.

'아니로구나. 아무리 바쁘고 피곤하고 힘들어도, 여유가 없다고 하

더라도 전도는 생명을 걸고 사명감을 가지고 해야 하는 것이구나.'

그리고는 전도를 시작했습니다.

우리가 하는 일은 그것이 무엇이든 모두 부업입니다. 예수님은 믿는 사람에게 복음을 전하는 일을 주업으로 부여해 주셨습니다. 때문에 무슨 직장이든 모두 부업입니다. 그런데 놀라운 사실은 주님이 맡겨주신 주업을 잘 감당할 때 부업도 잘 된다는 것입니다. 먼저 주업에 집중해 보십시오. 그러면 사업이 잘 될 것입니다. 반대로 주업을 내팽개치고 부업에만 빠져있으면 부업이 잘되지 않습니다.

돈 버는 일, 세상 일, 공부 때문에 바쁘고 시간이 없고 피곤합니까?

그러나 복음을 전하는 주의 일에 앞장 서 보십시오. 하나님이 함께 하심으로 부업이 잘 되게 해주실 것입니다.

예수님을 보십시오. 그렇게 피곤하고, 지치고 힘듦에도 불구하고 끝까지 복음을 전하셨습니다. 심지어 십자가상에서 찢기고 상하여 정신이 혼미하고 죽을 지경인 상황, 아파서 감당할 수 없는 지경에도 우측에 있는 강도를 전도하셨습니다.

그런데 예수님을 믿는 우리가 복음 전하지 못할 이유가 무엇입니까? 얼마나 바쁘고 힘들기에 복음을 전하지 못한다고 핑계를 댑니까? 무슨 핑계든 뒤로 하고 시간이 있든지 없든지, 때를 얻든지 얻지 못하든지, 여유가 있든지 없든지, 시간을 쪼개고 시간을 내어서 복음을 전하기를 바랍니다.

3) 반응과 결과에 상관없이 전도해야 하기 때문에

"사람이 바른 교훈을 받지 아니하며 귀가 가려워서 자기의 사욕을 따를 스승을

많이 두고 또 그 귀를 진리에서 돌이켜 허탄한 이야기를 따르리라"(딤후 4:3, 4절)

디모데가 복음을 전하는데 사람들이 진리의 복음, 바른 복음을 받아들이지 않습니다. 아니 오히려 거부합니다. 그러나 이단 사상이나 잘못된 가르침은 잘 따라갑니다. 이에 실망한 디모데는 결과도 없고 열매도 없는 전도를 그만두려고 했습니다. 그 때 하나님께서 말씀하십니다.

"디모데야, 결과에 신경 쓰지 마라. 열매에 신경 쓰지 마라. 반응도 신경 쓰지 마라. 결과도 열매도 내 책임이다. 너의 책임은 전하는 것이다. 그러니 너는 항상 전하라."

이 명령을 듣기 전 디모데는 복음을 전해도 열매가 없고 결과가 없자 포기하려고 했습니다. 이단을 따라가고 사이비를 따라가는 자들 때문에 분노하여 복음을 전하지 않았습니다. 그러나 이 명령을 들은 후 그는 깨달았습니다.

'그렇구나. 전도는 내가 할 일이고 열매는 하나님이 하실 일이로구나. 열매와 결과와 반응에 관계없이 나는 전하기만 하면 되는 거로구나.'

그래서 계속 전하기 시작했습니다. 그렇게 계속 전하다 보니까 복음의 열매를 많이 맺게 된 것입니다.

누구나 한두 번 전도해봤을 것입니다. 그런데 잘 되지 않습니다. 간혹 와주는 사람들도 그렇게 몇 번 오더니 또 오지 않습니다. 결과가 없으니 전도하지 않습니다. 그러다 보니까 더욱 전도를 못하게 되는 것입니다. 그러나 전도의 대가들은 그럼에도 불구하고 지속적으로 끊임없이 결과나 반응에 관계없이 계속 전도합니다.

새로 나온 집사님으로부터 들은 간증입니다. 언니가 이단에 다니게 되었다고 합니다. 그런데 그만 어머니가 돌아가셔서 장례식을 치르게 되었는데 우리 교회에서도 조문객이 오지만 이단에서는 훨씬 더 많은 사람들이 오더랍니다. 그것도 젊은 사람들이 구름떼처럼 몰려와서 조문을 하더라는 것입니다. 이단을 믿는 사람들을 보고 있자니 마치 사단의 무리들이 오는 것 같더라고 합니다. 그러면서 그가 이런 고백을 합니다.

'어떻게 이단들은 저렇게 젊은 사람들을 많이 전도했을까?'

지금 우리나라도 적극적으로 전도하는 사람들을 보면 이단이 많습니다. 물론 교회가 전도하지 않는 것은 아니지만 형식적으로 보입니다. 일주일에 한 번 마지못해 하는 것처럼 보입니다. 그러다 보니 이렇게 많은 사람들이 마귀의 자식들이 되어 따라갑니다. 성경은 말세가 되면 이단의 사설을 따르는 사람들이 많아질 것이라고 분명하게 말씀하셨습니다. 그런데 지금 말세의 징조가 이곳저곳에서 일어나고 있습니다. 이런 곳에 많은 영혼들을 빼앗기고 있으니 얼마나 안타까운지 모릅니다.

그렇다면 우리가 일어나서 최소한 이단보다는 전도에 힘써야 하는 것 아닙니까? 결과에 관계없이 전도에 힘쓰십시오.

예수님이 전도했을 때 반응이 좋았습니까? 물론 예수님의 말씀을 듣고 믿는 사람들도 있었습니다. 그러나 예수님 곁에는 항상 시기하고 질투하고 비난하고 모함하고 심지어 돌을 던져 죽이려고 하는 무리들이 따라다녔습니다. 그렇다고 해서 예수님이 복음 전하는 일, 전도하기를 중단하셨습니까?

그럼에도 불구하고 예수님은 끊임없이 계속해서 복음을 증거 하셨습니다.

그렇다면, 예수님의 제자인 우리들도 결과에 신경 쓰지 말고 비록 열매가 없을지라도, 때를 얻든지 못 얻든지, 그들이 믿든지 믿지 않든지, 교회에 오든지 오지 않든지. 듣든지 듣지 않든지 상관없이 끝까지 항상 복음을 증거 해야 합니다.

2. 전도를 돕는 세 가지 말씀

하나님은 디모데가 시도 때도 없이 전도하는 일을 돕기 위하여 바울을 통하여 세 가지를 말씀해 주셨습니다.

1) 예수님의 재림 때가 다 되었다!

"심판하실 그리스도 예수 앞에서 그가 나타나실 것"(딤후 4:1)

이 말씀은 이러한 뜻입니다.
"디모데야, 예수님 재림하실 때가 다 되었다."
"디모데야, 예수님 다시 오실 때가 다 되었다."
"예수님이 다시 오시면 손을 내밀 것이다. 네가 살린 영혼 내놓아라. 네가 전도한 영혼 내놓아라. 네가 구한 영혼 내놓아라. 이렇게 손을 벌리실 것이다. 그 때 내놓을 영혼들이 네게 있느냐? 네가 전도한 영혼, 네가 책임진 영혼, 네가 구원으로 이끈 영혼, 네가 살리려고 애쓴 영혼이 있느냐? 내놓을 것이 과연 있느냐? 예수님이 다시 오실 때가 다 되었고 심판자 예수님이 재림하실 때가 다 되었는데 주님 손에 내놓을 영혼들이 과연 몇 명 있느냐? 그러므로 주님 오실 때가 멀지 않았으니 서둘러 때를 얻든지 얻지 못하든지 항상 전도하여라."

주님 다시 오실 때까지
나는 이 길을 가리라
좁은 문 좁은 길
나의 십자가 지고

이 좁은 문 좁은 길, 십자가 지는 길이 무엇인지 아십니까? 그것은 바로 복음 전도의 길이요, 영혼을 살리는 길입니다.

그런데 참으로 많은 사람들이 예수님을 믿는다고 하면서도 이 길을 걷지 않습니다. 예수님을 믿는다고 하면서도 이 길을 선택하지 않습니다. 대신 편하게 믿음생활하길 원하여 그저 교회만 왔다 갔다 하려고 합니다. 만일 그런 성도라면 반드시 기억하십시오. 그 길의 끝에는 주님이 없으실 수도 있습니다. 왜냐하면 좁은 문, 좁은 길 그 길 끝에서 주님이 나를 맞이하신다고 말씀하셨기 때문입니다.

주님이 오셔서 우리 각 사람에게도 전도의 열매를 내놓으라고 손을 내미실 것입니다. 그렇게 될 날이 멀지 않았습니다. 곧 주님의 재림이 다가옵니다. 담대하게 복음을 전하십시오.

2) 엄히 명령한다!

"엄히 명하노니"(딤후 1:1)

하나님은 전도에 대하여 엄히 명령하셨습니다. 경고했다는 것입니다. 즉, 전도는 경고의 메시지이지 부탁해서 될 일이 아닙니다. 사정하는 것은 더더욱 아닙니다.

'전도해보면 어떨까?' 하고 청유하시지도 않았습니다. 말 그대로 엄히 명령하셨습니다. 하나님께서 엄하게 명령하셨다면 마땅히 두려워하고 반드시 들어야 하는 것입니다. 하려면 하고 말려면 말라고 하는 것과 엄하게 경고하신 것은 다릅니다. 때문에 하나님이 엄히 명하셨다면 성도들은 반드시 지켜야 하는 것입니다.

"디모데야, 내가 엄중하게 명한다. 그러니 이것은 선택이 아니라 필수이다. 그러니 반드시 해라!" 이것은 하지 않으면 가만히 두지 않겠다는 것입니다.

"내가 복음을 전할지라도 자랑할 것이 없음은 내가 부득불 할 일임이라 만일 복음을 전하지 아니하면 내게 화가 있을 것이로다"(고전 9:16)

얼마나 엄한 경고의 메시지입니까? 하나님이 이렇게 말씀하셨는데 왜 듣지 않습니까? 많은 회사원들이 직장 상사가 이렇게 말하면 무서워합니다.

"한 번만 더 이 일을 하지 않으면 쫓아내겠습니다!"

많은 자녀들이 부모의 엄한 소리를 하면 무서워합니다.

"이런 일 한 번만 더 하면 집에서 내쫓을 줄 알아!"

선생님의 이런 말을 들으면 또 학생들은 벌벌 떱니다.

"한 번만 또 이렇게 하면 학교 퇴학시킬 줄 알아!"

그런데 왜 하나님 아버지께서 그토록 엄하게 하신 명령을 두려워하지 않습니까?

"가령 내가 악인에게 이르기를 악인아 너는 반드시 죽으리라 하였다 하자 네가 그 악인에게 말로 경고하여 그의 길에서 떠나게 하지 아니하면 그 악인은 자기 죄악으로 말미암아 죽으려니와 내가 그의 피를 네 손에서 찾으리라"(겔 33:8)

우리가 복음의 나팔을 불지 않아서, 우리가 전도하지 않아서 나의 가까운 친척, 나의 가까운 이웃, 나의 가까운 동료와 친구가 지옥을 가게 된다면 그들이 지옥에 가게 된 것에 대한 피 값과 그 죽음에 대한 것들을 내 손에서 찾겠다고 분명하게 말씀하십니다. 그렇다면 이보다 무섭고 엄한 경고의 메시지가 어디 있습니까?
"전도하려면 오지 마십시오."
"왜 자꾸만 나한테 와서 귀찮게 하십니까?"
"왜 내게 교회 가자고 하는 겁니까?"
이런 말들이 무섭고 두렵습니까?
"엄히 명하노니 화가 있을 것이리로다! 그 피를 네 손에서 찾으리라."
이러한 엄중한 하나님의 말씀은 하나님의 경고는 두렵지 않습니까?
저는 이 말씀의 경고가 참으로 두렵습니다. 때문에 누구를 만나든지 예수님에 대해서 이야기를 합니다. 꼭 전합니다. 그 말씀이 무섭기 때문입니다.

"베드로와 요한이 대답하여 이르되 하나님 앞에서 너희의 말을 듣는 것이 하나님의 말씀을 듣는 것보다 옳은가 판단하라 우리는 보고 들은 것을 말하지 아니할 수 없다 하니 관리들이 백성들 때문에 그들을 어떻게 처벌할지 방법을 찾지 못하고 다시 위협하여 놓아 주었으니 이는 모든 사람이 그 된 일을 보고 하나님께 영광을 돌림이라"(행 4:19-21)

감옥에 붙잡힌바 되었던 베드로와 요한을 내보낼 때 한 번만 더 예수님을 전하면 죽이겠다고 그들이 협박하고 위협했습니다. 그런데 그때 베드로와 요한은 외쳤습니다.

"하나님 앞에서 너희 말을 듣는 것과 하나님의 말씀을 듣는 것 이 두 가운데 어느 것이 옳은가 판단하라! 우리는 보고 들은 것을 말하지 아니할 수 없다!"

그렇게 당당히 선포한 후 그들은 감옥을 나오자마자 복음을 전했습니다. 자신들의 목을 자르겠다고 하는 그들의 경고보다 전도하라고 명령하신 하나님의 말씀이 더욱 두려웠기 때문입니다. 그들이 베드로의 육체를 감옥에 가둘 수 있고 목을 끊겠다고 생명을 위협할 수는 있지만 하나님은 영혼을 지옥에 가둘 수 있고 영원까지 영혼도 죽일 수 있으신 분입니다. 때문에 베드로는 생명을 걸고 복음 전하기를 선택했습니다.

'육체를 죽이는 그들의 명령을 두려워하지 않으리라. 내 영혼까지 지옥에 넣을 수 있는 하나님을 두려워하리라.'

"나한테 전도하지 마십시오."

"나한테 교회 이야기는 꺼내지도 마십시오."

이렇게 귀찮으니까 전도하지 말라고 하는 그들의 몇 마디 말이 두렵습니까? 아니면 하나님의 엄중한 경고의 메시지가 무섭습니까?

하나님께서 엄히 명하신 전도의 명령을 무서워하는 자가 되어야 합니다.

3) 죽을 때가 되면 후회한다!

"내가 벌써 부어지고 나의 떠날 시각이 가까웠도다"(딤후 4:6)

바울은 자신이 죽을 때가 다 되었음을 감지했습니다. 그런데 죽을 때가 다 되어서 보니 너무나도 후회스러운 일이 있습니다.

'한 명이라도 더 전도할 것을…'

이것이 후회가 되었기 때문에 디모데에게는 이것을 후회하지 않도록 살라고 말하고 있는 것입니다. 지금 피곤하고 바쁘다고 전도하지 않는데 정작 하나님 앞에 서는 날이 다가올 때 즉, 죽음이 코앞에 닥치면 후회하게 될 것이라고 말하고 있는 것입니다. 전도하는 것이 가장 큰 상이요 축복이요 열매이며 전도하지 않으면 죽을 때 후회할 것이라고 말씀하고 있는 것입니다. 그러니 젊고 힘이 있을 때 한 사람이라도 더 전도해야 한다고 말하고 있는 것입니다.

영화 '쉰들러 리스트'에서 쉰들러라는 사람은 독일군들이 유대인들을 학살할 때 자기의 돈을 투자해서 한 사람 한 사람을 구출합니다. 그렇게 자신의 전 재산을 투자해서 무려 1100명을 살려냅니다. 그가 살려준 사람들을 떠날 때 그들이 몰려와서 감사의 말을 전합니다. 그 때 쉰들러는 오열하며 통곡을 합니다.

"내가 타고 다니는 이 차, 이 차만 팔았더라면 열 명은 더 살렸을 터인데…"

자기 옷에 있던 금배지를 빼내면서 통곡합니다.

"이 금배지만 빼서 팔았더라면 두 명은 더 살릴 수 있었을 터인데…"

그 두 명을 더 살려내지 못한 것을 후회하며 땅바닥에 주저앉아 울며 통곡을 합니다.

많은 사람을 전도한 사람들이 죽을 때가 되면 한 사람이라도 더 전도하지 못한 것을 통곡합니다. 쉰들러가 그랬던 것처럼 말입니다.

우리가 얼마나 건강합니까?

우리에게 얼마나 많은 시간이 있습니까?

그렇다면 어떤 마음으로 전도해야 합니까?

하나님은 여러분들이 지옥 가는 것을 너무나도 싫어하셨기 때문에 "내가 재림할 때가 다 되었다. 급하다!" 외치셨습니다.

그렇게 우리에게 엄중하게 경고하시고 엄하게 명령하시면서 죽어가는 영혼들을 하루 빨리 전도하라고 말씀하십니다. 그 음성을 듣고 믿음생활을 잘 할 수 있기를 바랍니다.

죽은 영혼들을 향한 하나님의 눈물, 그들을 살리고 싶어서 예수 믿는 사람들에게 엄히 경고하고 명령하시는 하나님의 심정을 깨달아야 합니다. 죽어가는 영혼들을 심판하고 싶지 않으시기 때문에, 그들에게 벌을 내리고 싶지 않으시기 때문에, 그들이 지옥에 가는 것이 너무나도 마음 아프시기 때문에 애걸복걸 명령하시고 우리에게 엄중히 요구하시는 하나님의 심정을 깨닫고 주께로 돌아와 예수님을 믿는 역사가 일어나기를 바랍니다.

전도는 항상 선포하는 것입니다.

전도하지 못하는 사람들을 하다가 중단합니다. 반대로 전도를 잘하는 사람은 계속 항상 선포합니다. 그러니까 전도를 잘하는 것입니다.

사역에 관계없이 선포해야 하는 것이 전도입니다.

직분에 관계없이 선포해야 하는 것이 전도입니다.

바쁨에 관계없이 선포해야 하는 것이 전도입니다.
피곤함에 관계없이 선포해야 하는 것이 전도입니다.
반응에 관계없이 선포해야 하는 것이 전도입니다.
결과에 관계없이 선포해야 하는 것이 전도입니다.
열매에 관계없이 선포해야 하는 것이 전도입니다.
그렇게 전도할 수 있기를 바랍니다.

청년회에서 초청 잔치를 앞두고 눈물로 준비하면서 전도했던 적이 있습니다. 옆에서 봐도 얼마나 열심인지 밤 12시가 넘어 새벽 1시 반까지 계속 전도초청 잔치를 준비하였습니다. 그러니 제 입장에서는 걱정이 됩니다.

'저 청년들이 저렇게 연극을 준비하고 기도하는데 정작 나가서 전도하지 않으면 어떻게 할까? 이렇게 바쁘게 준비하는 것을 핑계 삼아서 전도하지 않으면 어떻게 할까? 이렇게 많은 시간 이 일에 투자를 하면서…'

그런데 그렇게 기도도 하고 준비도 했던 청년들이 신학기에 얼마나 많이 전도했는지 모릅니다. 초청되어 온 청년들이 우리 교회에서 청년들이 준비한 연극을 보면서 눈물을 흘렸습니다.

기도하면 준비가 되면 영혼을 보내주십니다.

그처럼 한 영혼을 전도하기 위해서 얼마나 울면서 전도하고 애타게 기다렸는지 모릅니다.

중요한 사실은 이렇게 복음을 전할 때 하나님께서도 복을 내려주십니다.

"이제 후로는 나를 위하여 의의 면류관이 예비되었으므로"(딤후 4:8)

생명을 걸고 전도하는 자에게 주어지는 의의 면류관입니다. 바울도 받은 면류관입니다. 디모데도 바울의 말씀을 듣고 실천함으로 면류관을 받았습니다. 우리 역시 이제부터는 때를 얻든지 얻지 못하든지 시도 때도 없이 전도해서 면류관을 받아 누리기를 바랍니다.

6장

선한 목자의 마음

모든 세리와 죄인들이 말씀을 들으러 가까이 나아오니 바리새인과 서기관들이 수군거려 이르되 이 사람이 죄인을 영접하고 음식을 같이 먹는다 하더라 예수께서 그들에게 이 비유로 이르시되 너희 중에 어떤 사람이 양 백 마리가 있는데 그 중의 하나를 잃으면 아흔아홉 마리를 들에 두고 그 잃은 것을 찾아내기까지 찾아다니지 아니하겠느냐 또 찾아낸즉 즐거워 어깨에 메고 집에 와서 그 벗과 이웃을 불러 모으고 말하되 나와 함께 즐기자 나의 잃은 양을 찾아내었노라 하리라 내가 너희에게 이르노니 이와 같이 죄인 한 사람이 회개하면 하늘에서는 회개할 것 없는 의인 아흔아홉으로 말미암아 기뻐하는 것보다 더하리라 _누가복음 15:1-7

눈이 시리도록 푸른 풀밭에 포동포동 살이 찐 양떼들이 아주 맛나게 풀을 뜯어먹고 있었습니다. 그리고 그 귀엽고 아름다운 양떼들을 바라보는 목자의 입가에는 미소가 감돌고 그의 입에서 여유 있는 휘파람 소리가 흘러나오고 있었습니다.

어느덧 저녁때가 되었고 해가 서산으로 넘어 가 저녁노을이 붉게 일기 시작했습니다. 이제 집으로 돌아가야 할 시간입니다. 목자는 양들을 불렀습니다. 목자는 한 마리 두 마리 양떼들의 숫자를 헤아리기 시작했습니다. 그런데 양들의 숫자를 헤아리던 이 목자의 표정이 점점 심각해지고 있습니다. 왜냐하면 아무리 헤아려보아도 한 마리가 모자랐기 때문입니다.

'이상하다, 한 마리가 없는 것 같네. 내가 잘못 헤아렸나? 다시 헤아려볼까?'

혼자 뭐라고 중얼거리면서 양의 숫자를 세고 또 세어봅니다. 그의 표정은 굳어 있었습니다. 긴장감과 걱정으로 가득 찬 얼굴입니다. 세고 또 세던 이 목자는 그만 땅바닥에 털썩 주저앉아 가슴을 치기 시작합니다.

왜냐하면 분명히 백 마리 양을 몰고 나왔는데 99마리밖에 없는 것입니다. 세고 또 세도 한 마리가 부족합니다. 한 마리가 보이지 않습니다.

이 목자는 벌떡 일어납니다. 그리고는 99마리 양들을 위험한 벌판에 내버려두고 한 마리 잃은 양을 찾기 위하여 산 쪽을 향하여 미친 듯이, 쏜 살같이 뛰어갑니다. 이 목자는 99마리의 양을 들판의 위기 속에 방치해두고 잃어버린 한 마리 양을 찾아 가고 있습니다.

물론 보이지 않는 한 마리 양이 중요한 건 사실입니다. 그렇다고 해서 99마리 양을 들판에 버려두고 갈 때 늑대와 이리가 덮치면 다 죽습니다. 그렇게 되면 더 많은 손해를 볼 수도 있습니다. 그럼에도 불구하고 이 목자는 들판에 99마리의 양을 그냥 두고 한 마리 양을 찾아 나섰다고 성경은 분명하게 말씀하고 있습니다.

목자는 지금 잘못된 행동을 하고 있습니다. 누가 보더라도 무식하고 어리석은 행동입니다. 한 마리도 중요하지만 점점 어두워지고 있는데

99마리의 양떼를 지키는 것이 더 중요한 것 아닙니까? 무슨 일이 있다고 하더라도 이 목자는 한 마리 양을 찾겠다고 99마리의 양을 버리지는 말았어야 합니다.

그 양이 어떤 양입니까? 목자의 말을 듣지 않은 양입니다. 그렇게 속상하게 빗나가서 엉뚱한 데 있는 빗나간 양이란 말입니다. 그러니 고생을 좀 해봐야 다시는 그렇게 빗나가지 않을 것 아닙니까? 그러니 내버려두어야 합니다. 그런데 왜 찾아갑니까? 목자의 품을 떠나서 함부로 행동하는 그 양이 어떤 고통과 아픔을 겪는지 다른 양들에게 본보기로 보여줄 필요도 있었을 것입니다. 찾아가서 찾아올 필요가 하등에 이유가 없는 것입니다. 뿐만 아니라 한 마리 그 양도 중요하고 아깝고 소중하지만 그 사이에 늑대나 이리가 와서 들판에 버려진 99마리 양들을 물기라도 한다면 더 큰 손해와 더 큰 손실을 보게 되는데 어떻게 99마리를 밤이 되어가고 있음에도 불구하고 들에 방치하고 갈 수 있냐는 말입니다. 말도 안 되는 일입니다. 이렇게 말이 되지도 않고 있을 수도 없는 일이 일어나고 있는 것입니다.

또한 목자 혼자 밤에 험산준령을 헤매게 되면 양을 구하다가 목자가 위기에 닥칠 수 있고 낭떠러지에 떨어지거나 들짐승으로 인해 어려움을 겪을 수도 있습니다.

이런 여러 가지 경우를 볼 때 절대로 이 목자는 99마리의 양을 들에 두고 한 마리 양을 찾겠다고 나서면 안 되는 일이란 말입니다.

만일 사람을 속히 불러서 자기 대신 이 99마리의 양을 돌보아달라고 대책을 세운 다음에 양을 찾으러 갔다면 이해가 됩니다. 아니면 자기 혼자 가지 않고 불을 가지고 오라고 한 후 사람들과 함께 동원해서 함께 잃어버린 양을 찾으러 갔다면 또 그것도 이해가 될 일이기도 합니다. 그런데 지금 이 목자는 99마리는 방치해 두고 자기 혼자서 그 위험한 산에 불도 없이 간다는 것은 정말 위험천만한 일이고 또 어리석은 판단이란 말입니다.

한 마리 양만 불쌍한 것이 아니라 지금 상황에서는 두려워 떨고 있는 99마리의 양도 불쌍합니다. 이 99마리의 양이 얼마나 억울하고 얼마나 속이 상하겠습니까?

'우리는 말 잘 듣고 목자가 하라는 대로 그대로 순종했는데 우리를 이렇게 내버려두고 목자의 말도 듣지 않고 속만 썩이고 아무 데나 가버린 그 양 한 마리를 찾기 위해서 우리를 버리고 위기에 방치해두다니.'

99마리의 양은 속상함과 분노가 솟구쳐 오릅니다.

"목자님! 우리를 이렇게 무시해도 됩니까?"

"목자님! 말 잘 듣는 우리를 이렇게 방치해도 되는 것입니까?"

"목자님! 말도 듣지 않고 왔다 갔다 하면서 속상하게 하는 그 양 한 마리를 찾기 위해서 우리를 내팽개치고 우리를 외면하고 우리를 위기에 방치해두고 가는 것이 잘한 일이란 말입니까? 그렇다면 우리를 사랑한다고 하는 그 말이 사실입니까? 우리는 도대체 뭡니까?"

항변하고 불평하기 시작하는 것입니다.

그런데 왜 이 목자는 99마리의 양을 위기에 방치해 두고서까지 한 마리 양을 찾고자 나섰을까요?

교회의 생활을 하다 보면 목사님, 초원장, 목자들이 여러분들을 사랑해주고 관심 가져주고 신경을 써주다가 어느 순간 관심도 갖지 않는 것 같고 연락도 하지 않고 사랑도 하지 않는 것처럼 느껴질 때가 있을 것입니다.

그리고 우리 목회자들이나 중직자들이 새가족들이나 아니면 교회에 영 나오지 않다가 나오게 된 사람들에게 집중하고 있는 것처럼 보일 때가 있습니다. 그들에게 더 큰 관심을 가지고 사랑을 표현하게 될 때 기존의 성도들이 섭섭하고 속상할 때가 있을 것입니다.

'나도 한번 빗나갔다 돌아올까?'

'나도 한번 속 좀 상하게 해드려 볼까?'

잘하는 나는, 성실한 나는, 생명 걸고 충실한 나는 사랑도 안 해주고 별 관심도 없는 것 같고 속 썩이고 말도 듣지 않고 왔다 갔다 하는 사람에 대해서는 그렇게 많은 관심을 보여주니 자기도 한번 빗나가보고 싶은 마음이 들 수도 있다는 것입니다. 그래서 속 좀 상하게 하면 나도 한번 사랑해 주겠지 하고 생각해본 사람들도 있을 것입니다.

사실 그렇게 생각이 될 수도 있습니다. 속이 상하고 섭섭할 수도 있을 수 있습니다. 그런데 왜 목회자나 중직자들은 새가족이나 떠났다 온 사람들에 대해서 더 관심을 갖고 사랑을 하고 집중을 할까요? 그 이유는 전도를 잘하는 사람은 우리에 있는 양들을 찾기보다 우리 밖에 있는 양들을 찾아가며 품 안에 있는 사람에게 관심을 갖기보다는 품 밖에 있는 잃어버린 양을 향하여 관심을 갖으며 교회 안의 사람을 사랑하기보다는 교회 밖의 사람을 사랑하며 신앙생활을 잘하는 사람에게 관심을 갖기보다는 신앙생활을 못하거나 하지 못하는 사람들에 대해서 관심이 더 많습니다. 그런데 전도를 못하는 사람은 교회 안의 사람을 사랑한다고 하는 이유로 교회 밖의 불신 영혼들을 사랑하지 않습니다.

그렇다면 여러분들은 전도를 잘하는 사람에 속합니까, 아니면 전도를 못하는 사람에 속합니까? 말씀을 통해서 우리 모두 전도를 잘하는 사람들로 거듭날 수 있기를 바랍니다.

1. 위기에 처한 잃은 양 찾는 일이 급선무인 선한 목자

왜 목자는 말 잘 듣고 성실한 99마리의 양들을 위기에 내버려둔 채 잃어버린 한 마리 양을 찾아 나섰을까요? 그 이유는 위기에 처한 잃어버린 양을 찾는 것이 급선무이기 때문입니다.

지금 현재 99마리의 양은 잃어버리지 않았습니다. 그 한 마리 양은 낭떠러지 절벽의 위기에 있는지 아니면 들짐승의 이빨 앞에 있는지 아니면 죽었는지 살았는지 조차 알 수 없습니다. 그러한 위기 가운데 잃어버린 한 마리 양이 처해 있다는 말입니다. 때문에 잃어버린 양이 급선무라는 것입니다. 급하게 우선적으로 먼저 해야 될 일이라 이 말입니다. 지금 99마리의 양 보다는 한 마리 양이 더 다급하고 위험합니다. 때문에 우선적으로 급하게 그 양을 찾아간 것입니다.

"아흔아홉 마리를 들에 두고 그 잃은 것을 찾아내기까지 찾아다니지 아니하겠느냐"(눅 15:4)

99마리의 양에게도 목자는 똑같이 사랑합니다. 모든 일은 다 순서가 있기 때문에 급한 우선적인 일을 먼저 하는 것이 당연합니다. 지금 할 일이 있는가 하면 나중에 할 일이 있습니다. 지금 우리 집에 불이 났다면 그 불을 꺼야지 다른 일을 하면 되겠습니까?

본문의 말씀이 어떻게 출발했는지 아십니까?

예수님께서 이 땅에 오셔서 죄인들만 찾아가셨습니다. 특히 세리와 죄인들을 찾아갔습니다. 그리고 그들과 함께 먹고 마셨습니다. 그 당시에 지도자였던 바리새인들과 서기관들은 죄인들과 세리들을 향하여

아주 부정적이었습니다. 저주를 받은 지옥 가는 인간으로 생각하고 취급도 하지 않고 쳐다보지도 않고 찾아가지도 않았습니다. 그런데 예수님께서는 그들을 찾아가셨습니다. 예수님을 향해서 죄인들을 만나고 먹고 마신다고 비난하고 욕을 했습니다. 그 비난의 소리를 듣는 순간 예수님이 잃어버린 양을 찾는 이 목자의 비유를 딱 꺼내어 설교를 하신 것입니다.

목자는 예수님을 뜻합니다. 그리고 본문에 나타난 99마리의 양은 바리새인과 서기관을 뜻합니다. 본문에서 말씀하시고자 하는 이 잃어버린 양은 세리와 죄인들입니다. 그 당시 천대받았던 사람들입니다. 예수님께서 바리새인 서기관들에게 말합니다.

"너희들은 지금 우리 안에 있지 않느냐? 너희들은 지금 안전지대에 있지 않느냐? 너희들이 무시하고 저주하고 있는 그 창녀들, 죄인들, 세리들은 잃어버린 양들이 아니냐? 그들은 저대로 내버려두면 살 수가 없다. 그들의 영혼은 지금 죽어 있다. 그렇게 영원히 죽어야 하는 위기 가운데 처해 있다. 때문에 내가 급한 마음에 그들을 찾아가고 만나는 것이며 그들 역시 나를 찾아오는 것이다."

기존 신자들도 소중합니다. 모든 목사님들이 똑같이 사랑합니다. 그런데 여러분들은 예수님을 믿음으로 구원받지 않았습니까? 하나님의 자녀가 되지 않았습니까? 그러나 아직도 사단의 이빨 앞에 놓인 양들이 얼마나 많습니까? 그들은 지금 죽는 줄도 모르고 있습니다. 위험한 줄도 모르고 아니, 그렇게 살면 자유로울 줄 알고 있습니다. 주님을 떠나면 행복할 줄 알고 있고 그렇게 사는 것이 더 편한 것인 줄로 알고 있습니다. 그래서 주님을 벗어나 있습니다. 그렇게 위기 속에 처해 있습니다. 그렇게 그들이 더 급하니까 그들을 더 사랑하고 그들이 위험하니까 그들에게 더 관심을 갖는 것입니다. 그것을 알고 이해하고 수용할 수 있기를 바랍니다.

교회 안에 있는 성도들을 양육하고 훈련하고 가르치는 일, 소중하고 중요하고 해야 하는 일입니다. 그러나 더 중요하고 더 급한 일은 지옥 가는 영혼들을 전도하고 잃어버린 영혼들을 찾아오는 것입니다.

성도들이 교회 안에서 봉사하고 헌신하고 충성하는 일도 중요합니다. 맡은 직분을 잘 감당하는 것 역시 참으로 중요한 일입니다. 그러나 그것보다 더 중요하고 급하고 우선적으로 해야 할 일이 있습니다. 그것은 예수님을 믿지 않고 사탄의 이빨 앞에 삼킴을 당하는 그래서 지옥으로 달려가는 그 불쌍한 영혼들을 찾아내고 그들을 구하는 일입니다. 그 일이 우리가 먼저 우선적으로 해야 할 일입니다. 그것을 기억하십시오.

복음을 전하는 일이 얼마나 빨리 해야 하는 긴급하고도 긴박한 일인지 모릅니다.

어떤 목사님이 목회자 세미나를 인도하러 가는 길이었습니다. 고속도로에서 차에 가스를 넣어주는 사람에게 복음을 전하라고 하시는 성령님의 감동이 왔지만 너무 바쁘고 급해서 그냥 갔습니다. 그리고는 이 목사님은 생각했습니다.

'돌아오는 길에 전도하리라.'

3일 세미나를 마치고 돌아오는 길에 그 집에 들어갔습니다. 그런데 3일 전 자기 차에 가스를 넣어주던 사람이 보이지 않습니다. 그래서 사장에게 물었습니다.

- "전에 이곳에서 가스를 넣어주던 그 청년이 어디 갔나요?"

그때 사장이 놀라운 말을 합니다.

- "어제 교통사고가 나서 죽었습니다."

왜 성령님께서 그런 감동을 주셨겠습니까? 지금 전하라는 것입니다. 지금 전하지 않으면 그 영혼을 잃어버릴 수 있다는 것입니다. 『천국 혼자 갈 수 없잖아요』 책을 쓰신 김길복 권사님이 계십니다. 그 분이 전도를 하시다 쇼크를 받은 적이 있다고 하십니다. 전도하려고 애를 쓴 한 집이 있다고 합니다. 그런데 결국 전도를 하지 못했습니다. 그리고 얼마 후 그 집에 가보니 그 사람이 죽었더라고 합니다. 그것이 그 사람에게 쇼크가 되었습니다. 그래서 복음은 빨리 전해야 한다, 복음은 미루면 안 된다, 복음은 급하다, 복음은 급선무다 생각을 하게 되었다고 합니다. 그렇게 긴박감을 가지고 복음을 전해야 하겠다고 생각을 하여 2천 명이나 되는 사람들에게 복음을 전할 수 있게 된 것입니다.

우리 교회 성도 가운데에도 그런 분이 계십니다. 초청 잔치에 전도를 하기 위해서 이름을 적어서 냈습니다. 태신자로 적어서 냈습니다. 그런데 초청 잔치하기 며칠 전에 그 사람이 갑자기 죽게 되었습니다. 전도하려고 이름을 적어내고는 기도까지 했는데 그 사람이 갑자기 죽었다는 말입니다. 그 일을 당하고는 울면서 저에게 전화를 했습니다.

"목사님, 그 사람이 죽었어요. 제가 조금 더 빨리 전도했어야 하는데…"

전도는 미루어서 될 일이 아닙니다. 미루지 마십시오. 급합니다.

무엇보다 급한 일이 전도입니다. 돈 버는 것보다, 부모에게 효도하는 것보다 더욱 급한 급선무가 지금 영혼을 초청하는 것입니다.

예수님은 본문 말씀을 통해서 '99마리의 양들에게 향한 선한 목자의 마음은 이것 이란다' 하는 선한 목자의 마음의 자세에 대하여 네 가지로 바리새인과 서기관들에게 말씀하십니다.

2. 선한 목자의 네 가지 마음

1) 찾을 때까지 포기하지 않는 마음

"그 잃은 것을 찾아내기까지 찾아다니지 아니하겠느냐"(눅 15:4)

목자는 잃은 양을 찾으러 가다가 돌부리에 걸려 무릎이 깨지고 가시에 찔려 상처투성이가 됩니다. 점점 어두워져서 어디로 가야 할지도 모릅니다. 목자 자신도 낭떠러지에 떨어질지 아니면 들짐승의 밥이 될지 모르는 상황입니다. 그 수많은 위기와 고통과 아픔이 있지만 이 선한 목자는 포기하지 않습니다. 중단하지 않습니다. 그리고 이 잃어버린 양을 찾을 때까지 끝까지 찾아다니는 것입니다. 밤을 새워서라도 말입니다. 이러한 선한 목자의 심정이 우리에게 있다면 우리가 전도하다가 포기하는 일은 없을 것입니다.

그런데 많은 전도자들이 한두 번 전도하다 되지 않으면 포기합니다. 그래서는 안 됩니다. 찾을 때까지 믿을 때까지 끝까지 해내는 끈기가 우리에게는 부족합니다. 왜냐면 우리에게는 선한 목자의 마음이 없기 때문입니다. 선한 목자의 마음은 끝까지 찾을 때까지 포기하지 않고 중단하지 않고 계속 전하는 것입니다. 그 선한 목자의 마음을 소유하고 태신자를 정했으면 그들이 교회에 올 때까지, 그리고 그들이 믿음의 사람이 될 때까지 포기하지 아니하고 찾아나서는 참된 목자들이 되기를 간절히 바랍니다.

저도 원래는 불교 신자였습니다. 절은 많이 가지 않았지만 점치는 데는 많이 따라다녀 봤습니다. 그런데 예수님을 믿는 사촌 형님 한 분이 끝까지 저를 찾아왔습니다. 저는 도망가고 외면하고 또 도망가고 그랬습니다. 그런데 이 형님이 참으로 독합니다. 상식적으로 예배가 시작되면 오기 힘든 것 아닙니까? 그래서 예배시작 시간이 지나면 사촌 형이 오지 못하는 것을 알고 동네 친구들과 밖에서 축구를 합니다. 그때 사촌형님은 자전거를 타고 와서는 제 앞에 탁 섭니다. 저희 부모님이 계실 때는 얼마든지 형님을 이길 수 있지만 부모님이 계시지 않으면 저는 완전히 고양이 앞에 쥐와 같습니다. 그래서 할 수 없이 교회로 끌려갑니다.

그렇게 형님이 끝까지 나를 포기하지 않고 끝까지 나를 찾아와 교회로 데리고 갔기 때문에 내가 예수님을 믿고 구원을 받았고 이렇게 지금은 목사가 된 것입니다.

기억하십시오. 지금 여러분이 성도로 교회 생활을 하고 있지만 여러분을 구하기 위해서 끈질기게 여러분들을 찾아온 사람들이 있었던 것입니다. 여러분들이 무시하고 외면하고 욕하고 거절하고 짜증내고 분노했지만 여러분을 포기하지 않고 끝까지 찾아가고 중단 없이 찾아간 사람이 있었기 때문에 구원을 받게 된 것입니다. 그러니 우리들도 태신자들을 찾아낼 때까지, 구할 때까지, 그리고 교회에 들어올 때까지 끝까지 찾아갈 수 있어야 합니다.

우리 교회는 이 땅에 불신자가 있는 한 영원한 개척교회 입니다. 저는 개척교회 목사입니다. 잃어버린 영혼이 있는 한, 찾아야 할 영혼이 있는 한 우리 교회는 끝까지 영혼 살리는 교회의 사명을 가지고 개척교회의 자세로 영혼을 초청하고 찾아 나서야 할 것입니다. 이런 목자의 마음으로 전도하러 나간다면 얼마든지 많은 영혼들을 전도할 수 있습니다.

2) 잃은 양을 찾기 위해서라면 많은 것도 버릴 수 있는 마음

본문 4절 말씀을 보십시오. 목자가 99마리의 양을 들에 두었다고 하는 것은, 99마리의 양을 잠시 위기에 몰아넣었다고 하는 것은 일종의 포기와도 같습니다. 생각해 보십시오. 이 99마리의 양이 다 죽는다고 가정해본다면 그 경제적 손실이 얼마나 크겠습니까? 그러니 돈을 버린 것입니다. 돈을 포기한 것이란 말입니다.

게다가 자기 혼자 산에 뛰어올라간다고 하는 것은 그의 목숨이 위험할 수도 있습니다. 그런데 사실 목자에게도 가족이 있습니다. 그의 아내와 그의 자녀들을 다 버린 것이나 마찬가지입니다. 자기 몸, 자기 시간, 자기의 생명까지 위험에 처할지 모르는데 지금 양을 찾아 나서고 있는 것입니다. 이 목자가 그 밤에 험산준령 그 계곡을 찾아 나선다고 하는 것은 수많은 것을 버리고 수많은 것을 포기했다고 하는 전제가 있는 것입니다.

사실 목자가 이것저것 다 생각했다면 갈 수 없었을 것입니다. 이것이 전도에서 얼마나 중요한 일인지 모릅니다. 우리가 전도를 하고자 한다면 내 것을 버리고, 내 것을 투자하지 않으면 되지 않는다는 이 말입니다. 내 시간, 내 물질, 내 몸, 내 자존심, 내 얼굴 이 모든 것들을 버리고 투자해야 합니다. 내 직장과 내 사업도 좀 버려야 합니다. 그래야만 그 시간에 전도를 할 수 있고 죽어가는 영혼들을 살릴 수 있다는 말입니다.

예수님을 기억하십시오. 우리를 살리시기 위해서 물과 피를 다 흘리셨습니다. 하늘 보좌도 버리셨고 하나님의 아들이라고 하는 신분도 버리셨습니다. 그렇게 모든 것을 우리를 위해서 버리시고 투자하셨습니다. 그래서 우리들을 살리셨습니다.

우리에게 주님처럼 모든 것을 버리라고 말씀하시는 것은 아닙니다.

그저 조금만 버리고 조금만 투자하더라도 우리를 통해서 수많은 영혼들이 살아날 수 있습니다.

3) 잃은 양 찾는 것이 가장 기쁘고 즐거운 마음

"또 찾아낸즉 즐거워 어깨에 메고 집에 와서 그 벗과 이웃을 불러 모으고 말하되 나와 함께 즐기자 나의 잃은 양을 찾아내었노라 하리라"(눅 15:5, 6)

목자는 영혼을 찾는 것, 양을 찾는 것이 얼마나 크고 기쁘고 즐거운 일인지 알았다는 말입니다. 때문에 기쁘고 즐거워서 어찌할 바를 몰라 온 동네 사람들을 불러서 함께 기뻐하자고 하면서 잔치까지 벌였습니다.

영혼을 살리는 것이 얼마나 기쁘고 즐겁고 행복한지 경험해 보셨습니까? 처음에는 영혼 살리는 것이 부담스럽고 불편하고 귀찮고 때로는 겁이 나기도 합니다.

한번 해 보십시오. 전도하러 나갔다가 오면 하루 종일 기분이 좋습니다. 하루 종일 신이 납니다. 그래서 보면 전도는 하는 사람만 합니다. 왜냐하면 영혼 살리는 것이 얼마나 기쁘고 즐거운지 맛을 보았기 때문입니다.

돈을 벌어본 맛을 본 사람이 돈을 벌러 다닙니다. 음식의 맛을 아는 사람이 그 음식을 찾아서 다닌단 말입니다. 그런데 영혼 살리는 것보다 더 기쁘고 행복한 일이 세상에 있을까요?

새가족 수료식을 할 때마다 드는 마음이 있습니다. 그들이 주님을 만난 기쁨과 감격 속에 눈물 흘리는 모습을 볼 때 얼마나 기쁘고 즐겁고 행복한지 모릅니다. 이것이 제게는 가장 기쁘고 즐거운 일입니다. 우리 교회의 비전은 대구에서 가장 많은 영혼을 살리는 교회가 되는 것입니다. 저는 이 일이야말로 가장 소중하고 기쁘고 즐거운 일이라고 생각합니다. 영혼 살리는 일은 돈을 버는 일보다, 공부를 잘하는 일보다, 좋은 직장에 취직하는 일보다 더 기쁘고 즐거운 일입니다. 영혼을 살리면 하나님 앞에서 자랑스럽고 목사님 앞에서도 당당해 집니다. 그만큼 전도는 기쁘고 즐겁고 행복한 일입니다.

성도들이 전도하고 나면 제게 와서 아주 자신 있게 큰 소리로 전도했다고 자랑을 합니다. 그때 보면 세상에서 제일 기쁘고 즐거운 일이 그것임을 다시 한 번 더 확인하게 됩니다. 그런데 중요한 사실은 그 자랑은 이 땅에서 끝나는 게 아니더란 것입니다. 천국에 가서도 하나님 앞에서 자랑하게 될 것입니다.

하나님 앞에 섰을 때 무엇을 자랑하시겠습니까?

"하나님, 제가 돈을 아주 많이 벌었습니다."

그 때 하나님께서 뭐라고 하시겠습니까?

"누가 너보고 돈만 많이 벌라고 했느냐? 전도하라고 물질을 줬건만 그 돈으로 전도했느냐?"

그 때 하나님 앞에서 뭐라고 대답하겠습니까?

때문에 우리에게는 세 번째 목자의 마음이 있어야 합니다.

'영혼 살리는 것이 가장 즐겁고, 가장 기쁘고, 가장 행복한 것이로구나.' 이런 마음이 있어야 한다는 말입니다.

우리가 혹시 이런 전도자의 마음에 대한 맛을 보지 못했다고 할지라도 그것이 사실이고 성경이 말씀하시는 진리이고 경험자들의 고백이므로 일단 믿고 시도해보기를 바랍니다.

때때로 영혼 초청 잔치를 할 때 보면 전도를 많이 한 사람은 얼마나 기운이 차고 당당한지 모릅니다. 그런데 그렇지 못한 사람은 기가 팍 죽어 있습니다. 그런데 이 땅 교회에서가 문제가 아닙니다. 하늘나라 하나님 앞에 가보십시오. 하나님이 이 땅에 살면서 뭐 하다 왔느냐고 물으면 과연 뭐라 대답하시겠습니까?

그럼 이런저런 교회 안에서의 사역한 것을 쭉 늘어놓겠습니까? 그렇다면 그 때 주님은 이렇게 말씀하실 것입니다.

"내가 언제 그 일만 하라고 했느냐? 전도의 일을 하면서 네 직무를 다하라고 하지 않았느냐?"

가장 귀하고 우선되어야 하는 사명을 잘 감당하기를 바랍니다.

4) 찾은 양을 어깨에 메는 마음

"또 찾아낸즉 즐거워 어깨에 메고"

굉장히 중요한 말씀입니다. 이 말씀의 뜻은 혼을 내지 않았다고 하는 것입니다. 왜 엉뚱한 데 갔냐고 야단치지 않았습니다. 다리몽둥이를 부러뜨리지도 않았습니다. 그냥 그대로 그 양을 어깨에 메었습니다. 그리고는 잃은 양을 찾았다고 콧노래 부르면서 돌아옵니다.

이처럼 교회에 새가족이 돌아오면, 떠났던 자들이 돌아오게 되면 우리의 어깨에 메어야 할 것입니다. 그런데 많은 교회들이 새가족이 교회에 등록하거나 오랜만에 교회에 돌아오는 성도들을 보면 어깨에 메기보다는 다른 태도로 대할 때가 얼마나 많은지 모릅니다. 때로는 발로 밟는 듯한 인상을 주기도 합니다. 기억하십시오. 새가족은 왕입니다. 잃어버린 영혼들도 마찬가지로 왕입니다. 때문에 어깨에 메어야 합니다. 그런 교회에 하나님께서도 많은 영혼들을 보내주실 것입니다.

우리 예수님께서 우리의 모든 죄를 대신 지시고 십자가를 어깨에 메시고 골고다 언덕길을 오르셨습니다. 그 십자가로 인하여 우리 예수님 어깨가 멍이 들었습니다. 다 뭉개졌습니다. 피투성이가 되셨습니다. 왜 그렇게 하셔야 했습니까? 우리의 죄를 짊어지기 위해서입니다.

"우리는 다 양 같아서 그릇 행하여 각기 제 길로 갔거늘 여호와께서는 우리 모두의 죄악을 그에게 담당시키셨도다"(사 53:6)

예수님의 어깨에 우리의 무거운 짐을 다 짊어지게 했습니다. 때문에 예수님의 어깨는 우리의 죄로 인하여 그렇게 무너지게 된 것입니다.

이제는 우리의 차례입니다. 우리가 영혼을 사랑하고 영혼을 초청하기 위해서 애써야 하고 그 영혼들을 우리의 어깨에 들쳐 메야 할 것입니다. 사람들이 교회에 갔는데 그들을 존귀히 여겨주고 어깨에 메어주고 잘 대우해주고 사랑해주면 그 교회에 정착할 수 있지만 자꾸 이상한 눈빛으로 쳐다보고 작은 일도 크게 만들어 비난하고 때로는 의견을 무시한다면 어떻게 그들이 그 교회에 정착하겠습니까?

앞으로 어떤 성도가 교회에 발을 딛게 되더라고 그들을 무시하거나 자존심 상하게 하지 말고 그들을 어깨에 멜 수 있게 되기를 바랍니다.

이 선한 목자가 양을 찾았을 때 제일 기쁜 자는 양입니다. 양의 입장에서는 목자를 떠나면 자유 할 줄 알고 행복할 줄 알고 좋을 줄 알았습니다. 목자의 간섭이 싫었습니다.

"더 이상 가지 마!"

"그건 먹으면 안 돼."

"여기 가만히 있어."

계속 테두리를 정하고 제약하고 통제하므로 귀찮고 화가 납니다. 그냥 마음대로 살아보고 싶습니다. 정말 자유롭게 살고 싶습니다. 그래서 떠나본 것입니다. 그런데 막상 떠나보니 밤이 되면 추워서 얼어 죽을 판입니다. 게다가 이상한 짐승 소리가 자꾸만 다가오는 것 같습니다. 그래서 어딘가 피하고 싶은데 하도 무서우니 발이 떨어지지 않습니다. 몸은 그렇게 마비가 되었고 앞은 캄캄한 것이 마치 절벽 같습니다. 그제야 그 자리에서 가슴을 치면서 통곡하고 후회하는 것입니다.

'목자의 품을 내가 왜 떠났던고.'
'목자에게 내가 왜 불순종했던고.'
'목자가 나를 찾아만 준다면 다시는 목자를 떠나지 않으리라.'

세상 가운데 예수님을 믿지 않는 사람들이 뭐라고 말합니까? 교회에 가면 헌금해야 한다고 합니다. 자꾸만 번거롭게 한다고 화를 내며 귀찮다고 합니다. 그러니 그 틀 안에 들어갈 필요가 없다고 말합니다. 자유롭게 사는 것이 최고라고 말합니다. 심지어 예수 믿는 사람들은 미친 것이라고 거침없는 비난을 쏟아냅니다. 뭣 하러 교회에 가서 저렇게 시간도 빼앗기고 물질도 빼앗기느냐고 핀잔을 줍니다. 일요일이면 마음대로 놀러가지도 못한다고 하면서 편하게 살지 왜 그렇게 사느냐고 말합니다.

주님을 떠나서 사는 사람들은 그렇게 말을 합니다. 그렇다면 그들이 정말로 행복하고 자유롭습니까? 천만의 말씀입니다. 불행합니다. 아파합니다. 괴로운 것이 천지 사방에 널렸습니다. 아버지 집에 돌아오지 않으면 그 누구도 행복할 수 없습니다. 사탄의 입에 삼킴을 당할 뿐이고 더 큰 고통과 더 큰 아픔 속에 가슴을 치며 통곡하는 날이 올 것입니다.

'아버지 집이 좋았다.'

'교회 다닐 때가 좋았다.'

'주님 품안이 좋았다.'

그런 날이 곧 올 것입니다. 그러니 다시는 주님 품을 떠나지 말고 나아가 떠난 사람들을 찾아오는 귀한 성도들이 되십시오.

두 번째로 좋았던 사람은 목자입니다. 목자가 너무 좋아 신이 났습니다. 이 목자는 그 무거운 양을 어깨에 메었음에도 하나도 무겁지 않습니다. 그저 양에게 고마울 뿐입니다. 이 양이 죽었으면 어떻게 하나 맘을 졸였는데 살아있으니 그저 죽지 않고 살아있어 주는 것만으로도 더없이 고맙습니다.

"내가 딴 짓 하지 않았더라면, 내가 딴전피우지 않았더라면 너를 놓치지 않았을 것인데… 고생했지? 내가 너를 잘 지켜줄게. 네가 떠나간 것은 내 책임이다. 다시는 네게서 눈을 떼지 않을게. 다시는 너를 놓치지 않을게. 다시는 너를 영원히 떠나보내지 않을 것이다." 양에게 이렇게 속삭이며 너무 좋아합니다.

그런데 알고 보니 이 둘 보다 더 기뻐하고 행복한 분이 있습니다. 바로 하나님 아버지이십니다. 하나님 아버지는 얼마나 기쁘신지 잔치를 벌이게 합니다. 천사들에게 풍악을 울리고 노래하게 하십니다. 하늘의 기쁨, 하늘의 축제, 하늘의 잔치가 열리게 됩니다. 이 놀라운 기쁨이 우리에게 일어나고 하늘에서도 일어나게 되기를 바랍니다.

그렇게 되기 위해서는 우리가 주중에 만날 사람을 먼저 정해야 합니다. 그를 만나서 관계를 맺으십시오. 차를 대접하시고 식사를 함께 하십시오. 그렇게 좋은 관계를 맺어서 교회로 초청할 수 있기를 바랍니다.

7장

버리는 마음

베드로가 여짜와 이르되 보소서 우리가 모든 것을 버리고 주를 따랐나이다 예수께서 이르시되 내가 진실로 너희에게 이르노니 나와 복음을 위하여 집이나 형제나 자매나 어머니나 아버지나 자식이나 전토를 버린 자는 현세에 있어 집과 형제와 자매와 어머니와 자식과 전토를 백 배나 받되 박해를 겸하여 받고 내세에 영생을 받지 못할 자가 없느니라 그러나 먼저 된 자로서 나중 되고 나중 된 자로서 먼저 될 자가 많으니라 _마가복음 10:28-31

예수께서 말씀하시기를 말세가 되면 이단 사이비 종교가 득세할 것이라 하셨습니다. 그런데 이 말씀에 비추어 볼 때 요즘 얼마나 이단과 사이비가 득세를 하고 활개를 치고 있습니까? 그러니 말세가 맞구나 하는 생각이 됩니다.

예수님을 믿는 사람이나 믿지 않는 사람들이나 구분할 것 없이 이단이나 사이비에 빠지는 것을 굉장히 걱정하는 이유가 있습니다. 왜냐하면 이단이나 사이비에 빠지게 되면 가족을 버립니다. 그렇게도 사랑하던 배우자를 버리고 자식을 버리고 부모님을 버립니다. 집을 버리고 떠나버리는 광신자 집단이 되어버립니다. 이처럼 이단에 빠지는 것이 얼마나 무서운 일인지 모릅니다. 건전하고 전통적인 교회에 다니는 것이 얼마나 큰 축복인지 모릅니다. 이단에 빠지는 자의 특징은 가정을 무너지게 하고 파괴하므로 두려운 것입니다. 가정을 세우고 가정이 하나 되게 하고 가족 간을 사랑하게 하는 것 역시 하나님의 역사이십니다. 반대로 가정을 무너뜨리고 가정을 파괴하고 가족 간의 관계를 깨뜨리는 것, 이것을 조성하는 것이라면 이는 분명히 사단의 역사입니다.

그런데 참으로 이해할 수 없는 메시지가 본문에 등장하게 됩니다. 다른 그 누구도 아닌 우리 예수님께서 가족을 버리라고 말씀하고 계십니다.

"집이나 형제나 자매나 어머니나 아버지나 자식이나 전토를 버린 자는 현세에 있어 집과 형제와 자매와 어머니와 자식과 전토를 백 배나 받되"

집이나 형제나 자매나 부모나 자식을 버리게 되면 백 배의 복을 받는다고 말씀하고 있습니다. 성경의 정신, 예수님의 메시지의 핵심은 가족을 사랑하고, 가정을 지키는 것이 원래의 진심입니다. 왜냐하면 가족을 만드신 분이 다름 아닌 하나님이시기 때문에 그렇습니다. 그런데 그러한 예수님께서 이해할 수 없는 말씀을 하시는 것처럼 보입니다. 예수님이 가족을 버리라고 말씀하십니다. 저는 이 말씀을 읽는 순간 가슴에 딱 뭔가 막히는 듯한 느낌이 들었습니다. 목사인 제가 보더라도 그러했습니다. 왜 그렇습니까? 버릴 것을 버리라고 말씀하신다면 버리는 것은 쉽습니다. 그런데 지금 말씀하시는 것이 쉽게 버릴 수 있는 것이 아닙니다. 아니 어떻게 내 사랑하는 자식을 버리고 아내를 버리고 부모님을 버린단 말입니까?

그런데 지금 주님께서는 버릴 수 없는 것을 버리라고 말씀하고 계십니다. 이 말씀 가운데에도 집을 버리라거나 전토를 버리라는 말씀은 순종할 수 있을 것 같습니다. 어렵지만 할 수 있을 것 같습니다. 그런데 부모, 형제, 자식을 버리라고 말씀하시니 이것은 도저히 할 수 없는 것 아닙니까? 죽었다가 깨어나도 할 수 없는 일 아닙니까? 홀로 되신 우리 어머니를 제가 어떻게 버립니까? 게다가 자식들을 어떻게 버립니까? 정말 버릴 수 없습니다. 그렇다면 목사인 저도 되지 않은 일을 어떻게 평신도인 성도님들이 가능하겠습니까?

그런데 예수님께서 버리라고 말씀하십니다. 저는 그 말씀을 수용은 고사하고 도대체 이해조차 되지 않는 말씀입니다.

그런데 이 말씀을 붙잡고 사이비와 이단이 어떻게 사용하는지 적용하는지 아십니까? 정말 가족을 버립니다. 부모님을 버립니다. 자식도 버립니다. 그리고는 그렇게 집을 뛰쳐나갑니다. 그런 자신들이 가장 믿음이 좋다고 하면서 큰소리를 칩니다.

"우리는 말씀을 지켜서 부모님을 버리고 형제도 버렸다! 자식도 버리고 집도 뛰쳐나왔다! 우리는 이런 말씀에도 순종했다. 그러니 우리만큼 믿음이 좋은 사람들이 또 어디 있느냐?"

그들은 가장 어려운 말씀을 지켰다고 해서 존경을 받고 높임을 받고 있기도 합니다. 많은 사람들은 그런 그들을 향하여 박수치고 찬양을 합니다.

그렇다면 이 말씀이 문자 그대로 가족을 내버리라는 말씀이라고 생각하십니까?

이 말씀은 가족과 원수지라는 말씀도 아니고, 가족을 내다 버리라는 말씀도 아닙니다. 가족과의 관계를 끊으라는 말씀이 아닙니다. 가족을 버리고 뛰쳐나오라는 말씀은 더더욱 아닙니다.

그렇다면 이 말씀의 진짜 의미는 무엇일까요?

우리가 주의 일을 하고, 복음의 일을 감당하다 보면 부모에게 효도할 시간이 제한될 수 있고, 부모를 찾아뵙는 시간이 줄어들 수 있습니다. 그것이 바로 주님을 위해서 복음을 위해서 부모를 버린 것이라는 의미입니다.

우리가 주의 일을 열심히 하고 복음 전하는 일을 열심히 하다 보면 내 자식을 챙기는 일들을 물론 잘해야 하지만 그 일들에 조금 소홀해지기도 하고 등한히 여겨질 때가 있다는 말입니다. 바로 그것이 주님을 위해서, 복음을 위해서 자식을 버린 것이라는 의미가 된다는 말씀입니다. 우리가 주의 일을 하고 복음에 앞장을 서게 되다 보면 때로는 가족이나 친척의 모임이 주일에 갖게 되면 갈 수 없는 상황이 생기기도 합니다. 물론 주중에 모일 때에는 잘 참석해야 합니다. 그렇지만 주일이나, 주의 일을 할 때, 복음을 전해야 할 때 겹치거나 선택을 해야 할 때가 되었다면 주의 일 때문에 그 일에 참석하지 못할 때가 얼마든지 있습니다. 그것이 본문에서 말씀하시는 형제와 자매를 버린 것이란 말씀입니다.

우리가 주의 일을 열심히 하다 보면 내 몸이 피곤할 수 있습니다. 그렇게 내 몸이 피곤한데도 내 몸을 돌보지 아니하고 주의 일에 앞장을 섰다면 그것은 어떤 의미에서는 내 몸을 내가 버린 격이 됩니다. 내가 그렇게 바쁜데 주의 일 때문에 복음 전도하는 일 때문에 내 시간을 투자했다면 그것은 내 시간을 버린 것이 된다는 말입니다.

전도하고 복음을 전하다 보면 때로는 부끄러움을 당할 수 있고 욕을 먹을 수도 있지만 체면을 무릅쓰고 복음을 전하러 나갔습니까? 그것이 내 얼굴과 체면을 버린 것이란 말씀입니다.

내가 쓸 돈도 턱없이 부족한데 주님을 위해서 복음을 전하는 일에 내게 있는 돈을 투자했다면 내 물질을 주님을 위해서 복음을 위해서 버린 것이 됩니다.

즉, 여기에서 버리란 말씀은 내다 버리라거나, 원수를 지라거나, 관계를 끊어버리라는 말씀은 아닌 것입니다.

주님을 위해서 복음을 위해서 버릴 수 있는 절호의 찬스가 있습니다. 교회마다 전도 초청 잔치를 할 때가 있을 것입니다. 죽어가는 영혼들, 복음을 위해 그 영혼을 살리기 위해서 그 기간만큼은 그 일을 위해서 부모나 가족을 잠시 다음 차선으로 미룰 수 있기를 바랍니다. 자식을 돌보고 자식을 위해 투자하는 것들을 잠시 등한히 여길 수 있기를 바랍니다. 형제자매 만나는 일도 이 일을 위해서 정해진 시간만큼은 잠시 미룰 수 있기를 바랍니다. 여러분의 시간과 물질, 몸을 복음을 위해 주님을 위해 투자하는 지혜로운 자가 되기를 바랍니다.

그럴 때 하나님께서 우리에게 영혼을 붙여주실 것이며, 우리들도 영혼을 추수하는 기쁨을 맛볼 수 있게 될 것입니다. 주님을 위해서 복음을 위해서 내 것을 버리는 일이 힘든 것 같지만 그 것 만큼이나 가치 있고 보람 있고 행복한 일은 세상에 없습니다.

오늘날 많은 성도들이 가정과 가족밖에 모릅니다. 그래서 내 가정과 가족을 위해서라면 주의 일도 버립니다. 그렇게 복음을 전파하는 일을 버리고 포기해버리고 맙니다. 그러나 과거의 우리의 믿음의 선배들은 그렇게 하지 않았습니다. 복음을 위하여, 주의 일을 위하여 내 가정이나 내 가족의 일을 때로는 등한히 여기고 포기하고 희생했습니다. 그래서 한국의 교회들이 이렇게 백 배로 복을 받고 잘 살게 된 것입니다. 한국 교회로 인하여 우리나라 전체가 잘 살게 된 것입니다.

만일 우리 믿음의 선배님들이 예수님을 믿고 나서도 내 가족만 신경을 쓰고 내 가정의 일만 놓고 신경을 쓰다가 주님을 위해 복음을 위해 나가지 않았다면 우리는 지금 예수 믿지 못했을 수도 있고 구원 받지 못했을 수도 있습니다. 우리나라가 이렇게 백 배의 복을 받고 잘 살 수 없었을 것이란 말입니다.

저는 가정 사역자들을 존경하고 또 그러한 사역을 하는 사람들을 개인적으로는 참으로 좋아하지만 또 어떤 측면에서는 불쾌하게 생각하고 바람직하지 못하다고 생각하는 측면도 있습니다. 왜냐하면 너무 가족을 위해서 가정을 위해서 살라고 강조하다 보니까 주를 위해서, 복음을 위해서 버려야 한다고 하는 그러한 설교가 제한되고 약화되기 때문입니다.

그런데 우리가 알아야 할 것은 그러한 곳에는 하나님의 복이 제한된다고 하는 사실입니다.

복음을 위해서 주님을 증거 하는 일을 위해서 우리의 부모도, 자식도, 때로는 형제와 자매도 잠시 어느 정도는 차선으로 미룰 수 있는 우리가 되기를 바랍니다.

그런데 지금 주님이 "나와 복음을 위하여 집이나 형제나 자매나 어머니나 아버지나 자식이나 전토를 버린 자는 현세에 있어 집과 형제와 자매와 어머니와 자식과 전토를 백 배나 받되"라고 말씀하십니다.

이 말씀도 이해가 되지 않습니다. 내가 집을 한 채 드린다면 백 채가 되어야 합니다. 그러니 얼마나 좋습니까? 내가 하나님께 땅을 백 평 드렸더니 하나님께서 만 평으로 갚아주셨다면 얼마나 좋은 일입니까? 감사한 일입니다.

그런데 부모님을 백 명으로 갚아준다는 것이 말이 됩니까? 형제를 백 명으로 갚아준다는 것이 말이 됩니까? 자식이 백 명이 된다는 것이 말이 됩니까? 사실 이런 것은 축복이 아니라 어떤 의미에서는 저주가 되기도 합니다. 어머니 한 분 모시기가 얼마나 힘든지 모릅니다. 세 자녀를 키우는 일도 힘에 버겁습니다. 그런데 만일 부모가 백 명이고 자식이 백 명이라고 가정해 보십시오. 효도하고 자식 키우는 일에 내 인생을 모두 쓴다고 해도 불가능한 일이 될 것입니다. 평생 그렇게 고생을 하다가 내 인생이 끝나고 말 것입니다.

"하나님, 내 주님을 위해서 버릴 마음이 없습니다. 헌신하지 않겠습니다. 부모님을 백 명 주시고 자식을 백 명 준다면 내가 그것을 다 어찌 감당합니까? 내 평생 고생만 하다가 끝이 날 것입니다. 그럼 평생 고생하자고 전도하란 말입니까?"

그 때 하나님께서 이렇게 말씀하시는 것 같습니다.

"황 목사야! 그것도 그 말이 아니다."

"그럼 무슨 말씀입니까?"

"이 말이니 잘 들어라. 네가 나를 위해 복음을 위해서 충성하느라고 네 부모에게 불효하고 덜 찾아뵙고 희생을 시켰다면 내가 네게 백 배의 복을 주어서 그 부모님에게 백 배로 효도할 수 있도록 갚아줄 것이며 네가 나와 복음을 위해서 형제자매들의 모임에 덜 가게 되고 결과적으로 그들을 소홀히 하는 것처럼 여겨지고 등한시 한 것처럼 여겨졌다면 내가 네게 백 배의 복을 주어서 그 형제들에게 백 배로 갚아줄 수 있도록 내가 네게 복을 줄 것이며 네가 나를 위해서 그리고 복음을 위해서 헌신하고 충성하다가 열심을 내다가 자식을 소홀히 하고 등한히 여기게 한 것이 있다면 내가 네게 백 배로 줄 뿐만 아니라 그 자식이 백 배로 잘 될 수 있도록 내가 채워주고 축복할 것이다. 그렇게 내가 갚아줄 것이다. 또한 네가 나와 내 복음을 위해서 너의 물질을 투자했다면 내가 물질을 백 배로 갚아줄 것이며 네가 나와 내 복음을 위해서 너의 시간을 그렇게 투자했다고 한다면 네가 백 배의 시간의 여유가 있는 사람으로 시간의 축복을 내가 네게 부어줄 것이며 네가 나와 내 복음을 위해서 네 얼굴과 체면과 체통을 무릅쓰고 부끄럽고 창피한 것을 무릅쓰고 복음을 전했다면 내가 네 얼굴을 높일 것이며 네 인기와 명예가 백 배나 더 높아지도록 할 것이다."

이 말을 깨닫고 나니 복음을 위해서는 과감하게 버릴 수 있게 되었습니다.

1. 백 배로 갚아주시는 주님을 믿으므로 버림

자식에게 백 배의 복을 받게 하기를 원하십니까? 그렇다면 주의 일 때문에, 복음 때문에 자식 챙기는 것을 잠시 미루시길 바랍니다. 물론 평상시에는 잘 챙기고 잘 해주어야 합니다. 그러나 주의 일과 겹칠 때에는 그 일을 위해서 자식을 희생시키고 헌신시킬 수 있는 우리가 되어 자녀들에게 백 배의 복을 받게 만드는 지혜로운 부모가 될 수 있기를 바랍니다.

여기 예수님을 믿는 가족들 가운데 열심히 주를 위해서 믿음 생활을 하기 위해서 복음을 위해서 희생하는 가족들이 있을 것입니다. 그럴 때 믿음이 조금 적거나 제한된 성도들은 섭섭할 수 있습니다. 가족과 함께 할 시간을 많이 주지 않고 자꾸 영적인 일과 복음 전도의 일에, 주의 일에 시간을 빼앗기다 보니 섭섭할 수 있을 것입니다. 그래서 삐져서 잔소리하고 호통을 칠 때가 있을 것입니다.

그러지 마십시오. 그러한 여러분의 배우자와 자녀들이 복음을 위해서 주님을 위해서 시간을 희생하고 투자하기 때문에 여러분의 집에는 백 배의 축복을 받게 될 것입니다. 가족의 행복을 파괴시키는 것이 아니라, 가정의 아름다움을 깨뜨리는 것이 아니라 가족의 진정한 백 배의 복을 만드는 일을 하는 사람으로 인정을 하고 도리어 높여주고 칭찬하고 뒤에서 밀어줄 수 있기를 바랍니다.

이 일은 예수님을 믿지 않는 불신자들이 들었으면 좋겠습니다. 가족들 가운데 주의 일을 하고 복음을 전하는 일을 한다고 나가면 교회에 가지 않는 사람은 외롭고 쓸쓸합니다. 그리고 주일에 혼자 남겨진 것 같을 것입니다. 그렇다고 해서 섭섭하게 생각하지 마십시오. 그 가족들이 복음을 위해서 주의 일 때문에 주일에 남은 가족을 잠시 버리는 것 때문에 여러분의 가정에는 백 배의 복을 심는 것이고 백 배의 복을 반드시 받게 될 것입니다. 그것을 알고 가족 가운데 주님을 위해서 복음을 위해서 나간다면 잘하고 오라고 지원해주고 밀어줄 수 있는 가족들이 되기를 바랍니다.

실제로 미국의 선교사들이 자신의 모든 것들을 버리고 미개한 조선 땅에 와서 희생과 헌신을 하면서 복음을 뿌렸더니 그들은 백 배의 복을 받았습니다. 우리 믿음의 선배님들이, 초기에 예수님을 믿었던 사람들이 정말로 주를 위해서 복음을 위해서 만주벌판으로 순회전도를 하면서 자신을 투자했습니다. 그렇게 하다 보니 가족들을 돌보는 일을 조금 소홀하게 되었지만 복음을 들고 나갔습니다. 그래서 한국이 백 배로 잘 사는 나라가 된 것입니다.

여러분들이 이제 주님과 복음을 위해서 뭔가 희생하고 헌신하고 드리게 될 때 그들에게 피해를 주거나 손해를 끼치게 되는 것이 아니라 그들이 주님 때문에 희생하고 헌신을 당했기 때문에 하나님이 그들에게 백 배의 복으로 갚아준다고 하는 사실을 믿으십시오.

성경은 그렇게 백 배의 복을 받는 비결에 대하여 우리에게 말씀하셨습니다. 주님과 복음을 위해서 희생하라고 그러면 백 배로 갚아주겠다고 하신 말씀은 이미 답을 다 알려주시고 치르는 시험과 같습니다. 학교에서 선생님께서 답을 다 알려주시고 시험을 봤는데 그 사람이 혹 영점을 받았다면 종아리 맞아야 마땅할 것입니다. 마찬가지로 예수님께서도 우리에게 백 배의 복을 받는 비결을 이미 다 알려주셨습니다. 그런데 오늘날 안타깝게도 백 배의 복을 받는 사람은 1-2퍼센트도 되지 않습니다. 98-99퍼센트의 사람들은 한 배 혹은 두 배의 복 받는 것으로 끝나고 맙니다. 많은 사람들은 직장생활을 하고 월급을 받고 노후에 연금 받고 생활하는 것을 복으로 알고 있습니다. 하지만 그것은 복이 아닙니다. 그 정도는 하나님이 주시는 복이 아니란 말입니다. 주님 앞에 섰을 때 이렇게 말씀하실 것입니다.

"내가 백 배의 복을 받는 비결의 답을 이미 다 알려줬는데 왜 너는 그 정도의 복 밖에 받지 못하고 왔느냐? 그것은 네가 만들어낸 복이지 내가 네게 준 복은 아니다! 네가 노력해서 얻어낸 것이지 내가 준 복은 아니다! 내가 준 복은 그 정도가 아니다. 나는 네게 백 배의 복주기를 원했다."

사람이 준 복도 아니고 자신의 노력으로 얻어진 복도 아니고 하나님으로부터 부어진 복이란 말입니다. 위로부터 내려온 복입니다. 이 백배의 복을 받기 원하십니까? 그렇다면 믿지 않은 사람들을 교회로 인도하십시오. 영혼을 초청하기 위해서 많은 것을 버리고 희생하고 투자해서 영혼을 찾아 나서기를 바랍니다. 그 때 하나님께서 그런 자의 가정에, 인생에 백 배의 복을 내려주실 것입니다.

만일 우리가 주님을 위해서 주님의 복음을 위해서 물질을 투자했다면, 주님 때문에 시간을 투자했다면, 주님 때문에 몸을 투자했다면, 주님 때문에 자녀와 부모와 형제를 희생했다면 하나님께서 백 배로 갚아주시고 그들에게도 백 배의 복으로 갚아주실 것을 믿으십시오. 그 복을 다 받고 또 누리기 위해서 영혼을 위해서 찾아 나서는, 영혼을 위해서 많은 것을 버리고 투자하고 희생하고 헌신하는 지혜로운 자가 될 수 있기를 바랍니다.

또 한 가지의 비밀을 말하려고 합니다.

"…나와 복음을 위하여…"(막 10:29)

나와 복음을 위하여 버린 자라고 분명하게 말씀하십니다. 이단과 사이비에 빠진 사람들은 분명히 알아야 합니다. 이단과 사이비 교주들을 위해서 버리고 투자하는 자들에게 백 배의 복을 주신다고 말씀하신 적이 없단 말입니다. 예수 그리스도와 예수 그리스도의 피 묻은 복음을 증거 하는 자들에게 그 백 배의 복을 주신다고 말입니다. 그러한 증거를 위해서 버리고 희생하고 투자한 자들을 주님이 백 배로 갚아주신다고 했다는 말입니다. 이단 종교와 사이비 종교를 위해서 그들이 버린 시간과 몸과 헌신과 충성은 헛수고이고 허사입니다.

뿐만 아니라 지옥 형벌에 던져질 수밖에 없습니다. 성경 어디에도 그 이단 종교와 사이비 종교의 교주를 위해서 버린 자에게 백 배를 준다고 쓰인 곳은 단 한 곳도 없습니다. 오직 예수 그리스도와 복음을 위해서 버린 자에게만 백 배로 갚아주신다고 약속하셨습니다. 때문에 이단에 빠지고 사이비에 빠진 인생은 불쌍한 것입니다. 거기에 빠진 인생은 끝난 인생이나 마찬가지입니다.

김정일을 위해서 희생을 한다 한들 모두 헛수고입니다. 이단 교주를 위해서 희생하고 버린 것도 아무런 의미가 없습니다. 헛수고입니다. 오직 주님과 복음을 위해서 희생하고 투자한 것만 영원한 가치로 남을 것이고 이 땅에서 백 배의 복으로 갚아주신다고 약속하셨습니다.

사이비 이단에 빠진 사람들의 말로를 보십시오. 한 사람도 예외 없이 거지입니다. 다 빼앗기고 얼마나 비참한지 모릅니다. 얼마나 어리석은지 모릅니다.

주님과 복음을 위해서 희생하고 투자한 자에게 이 땅에서 백 배의 복을 주신다고 말씀하셨습니다.

2. 영생의 복을 약속하신 주님을 믿으므로 버림

"내세에 영생을 받지 못할 자가 없느니라"

이 말씀을 읽을 때에도 뭔가 막힌 것 같고 잘 이해가 되지 않았습니다. 왜냐하면 예수님을 믿으면 구원을 받고 영생을 얻는 것 아닙니까? 그런데 본문은 이렇게 말씀을 하고 계십니다.

"즉 나와 내 복음을 위해서 버리고 희생하고 투자하면 내세에 영생을 받지 못할 자가 없다."

이 말씀은 사실은 상당히 심각한 신학적인 문제를 야기할 수도 있는 말씀입니다. 예수님을 믿으면 무조건 영생이어야 맞는데 뭔가 복음을 위해서 버리고 희생을 해야지만 영생을 얻을 수 있다고 하는 오해의 소지가 있기 때문입니다. 그런데 다른 말씀도 아니고 주님이 직접 하신 말씀이니 가볍게 여길 수도 없고 소홀이 여길 수도 없는 새겨들어야 하는 말씀입니다.

이 말씀은 주님과 복음을 위해서 살지 않으면 내세에 영생을 받지 못할 수도 있다고 하는 주님의 메시지입니다. 신학적인 문제가 아니라 성경을 그대로 주님의 말씀으로 볼 때 이 말씀은 우리가 심각하게 여겨야 합니다. 하나님께서 바울을 통해서 이런 말씀을 하십니다.

"또 참으로 나와 멍에를 같이한 네게 구하노니 복음에 나와 함께 힘쓰던 저 여인들을 돕고 또한 글레멘드와 그 외에 나의 동역자들을 도우라 그 이름들이 생명책에 있느니라"(빌 4:3)

복음에 나와 함께 힘쓰던 자들의 이름이 생명책에 있다고 말씀입니다. 이 말씀도 제게는 같은 의미로 부딪혔습니다.

예수님을 믿으면 그 이름은 생명책에 있는 것이 맞습니다. 그런데 지금 이 본문 말씀은 복음에 힘쓰던 자들의 이름이 확실하게 생명책에 기록이 되어 있다고 말씀하고 계십니다. 그렇다면 이 생명책이 무엇입니까? 생명책에 이름이 있으면 천국에 갑니다. 마지막 그때 심판대 앞에 서서 자기의 이름이 생명책에 있는가 없는가에 따라서 천국인지 지옥인지가 가름된다는 것입니다.

많은 성도들이 예수님을 믿으면 그 이름이 생명책에 기록되었다고 믿고 있습니다. 그런데 하나님은 바울을 통해서 '복음에 나와 함께 힘쓰던 자' 그의 이름이 생명책에 기록되어 있다고 말씀하십니다. 그들의 이름은 생명책에 완전히 보장되어 있다고 말씀하십니다.

이 말씀은 복음을 위해서 나와 함께 힘쓰지 않는 자의 이름은 완전히 생명책에 보장되어 있지 못할 수도 있다는 것 아닙니까? 그런 뉘앙스를 우리에게 충분히 주고 있습니다.

또 이 말씀은 다른 의미로 보면 진짜로 예수님을 믿고 구원을 받고 천국을 확신한 사람이라면 복음을 전하지 않을 수가 없다 이 말이기도 합니다. 즉 열매를 보고 역으로 알 수 있다고 말씀하고 계신 것입니다.

"너희들이 진짜로 나를 믿고 있냐? 너희들이 진짜로 구원을 받았느냐? 너희들이 진짜로 천국을 믿느냐? 너희들이 진짜로 생명책에 너희 이름이 기록되어 있느냐? 그러면 너희가 복음을 전하지 않을 수가 없다. 아니 어떻게 진짜로 예수님을 믿고 구원을 받은 사람이 복음을 전하지 않고 살 수 있느냐? 너희의 가족들이, 친구들이, 친척들이, 직장의 동료들이 지옥 불을 향하여 달려가고 있는데 너희가 어떻게 복음을 전하지 않을 수 있느냐?"

진짜 구원을 받은 사람은 복음 전하는 일을 위해 살 수밖에 없다고 말합니다. 그리고 그렇게 복음을 위해서 사는 자는 생명책에 이름이 있을 수밖에 없다고 말합니다. 생명책에 이름이 있는 자는, 영생이 보장된 자는 복음을 전할 수밖에 없다고 뒤집어서 말씀하시는 영적인 교훈입니다.

진짜로 구원을 받았습니까?

진짜로 여러분의 이름이 생명책에 기록되어 있습니까?

여러분은 진짜로 천국과 지옥이 있다고 하는 것을 믿습니까?

그렇다면 지옥 불을 향하여 달려가고 있는 그 사람들에게 복음을 전하지 않을 수가 없어야 합니다. 그래서 주님은 복음 증거에 힘쓰지 않는 자라면 생명책에 이름이 없을 가능성이 높다고 그것이 당연하다고 말씀하고 있는 것입니다.

저는 우리 교회 모든 성도들이 단 한 사람도 빠짐없이 이 땅에서 백 배의 복을 받고 누리는 자가 되는 것이 소원입니다. 그 복을 받고 누리기를 원한다면 복음을 전하는 일에 힘쓰십시오. 그 복을 받기 원한다면 여러분의 모든 것을 투자하고 많은 것을 버리고 많은 것을 헌신하고 많은 것을 희생해서 영혼들을 반드시 초청해 올 수 있기를 바라고 또 바랍니다. 그런 자들에게 하나님께서는 백 배의 복을 내려주실 것입니다.

또 제게 있는 두 번째 소원은 우리 교회를 다니는 모든 성도들이 단 한 사람도 빠짐없이 생명책에 그 이름이 기록되고 지워지지 않고 영생을 보장받는 것입니다.

개척교회세미나를 할 때 참 많은 사진을 찍었는데 그 가운데 한 장이 참으로 희한한 사진이 나왔습니다. 가끔 제게 영적인 단체들이 메일을 보내곤 합니다. 그런 쪽에서 보면 어떤 집회에서 사진 현장에 성령의 임재하심, 성령의 기름 부으심과 그리스도의 임재의 현상이 나타났다고 여겨지는 흔적들이 보일 때가 있습니다. 희한하게도 우리 육안으로는 보이지 않는데 사진에는 나오는 경우가 있습니다. 그런데 한 사진에 우리 교회 전체가 다 구름과 안개 같은 것으로 휩싸인 듯한 모습입니다. 개척교회 세미나 가운데 마지막 집회시간이었습니다. 그리고 그곳에 참여한 사람들은 어떤 현상이 벌어졌는지 알 것입니다. 성령님께서 이 곳을 운행하셨습니다. 성령님의 역사하심 말입니다.

토요일 특별새벽기도를 마치고 설교를 하고 있는데 제 휴대폰으로 문자 하나가 왔습니다. 설교를 마치고 문자를 보니 그 세미나를 강의했던 강 목사님이 금요철야예배를 인도하다가 심장에 이상이 생겨서 지금 대학병원 중환자실에 들어갔다고 하는 강 목사님 사모님이 제게 기도해달라고 하면서 보낸 문자입니다. 당시 그 교회가 백일 특별새벽기도회를 진행하고 있던 중이었습니다. 그리고 교회에 올 때마다 만 원씩 헌금을 하게 되어 있습니다. 그런데 강 목사님이 우리 교회에서 집회를 마치니까 열한시 반이 훨씬 넘어 있었습니다. 그렇게 집회를 마치고 논산까지 갔습니다. 그러니 아무리 빨리 간다고 하더라도 도착하면 새벽 두 시가 넘습니다. 잠도 거의 자지 못하고 특별새벽기도를 인도한 것입니다. 그렇게 설교를 하고 다시 우리 교회에 여덟 시까지 왔습니다. 그렇게 주어진 사역을 다 했습니다.

그러다 보니 무리가 되었고 과로가 되어 그 날도 금요철야예배를 마치고 안수기도를 하다가 아픔과 통증이 있었고 식은땀도 나고 하도 힘들어서 가까운 병원에 갔더니 대학병원으로 가라고 했다고 합니다.

그 문자를 읽고 있는데 눈물이 핑 돕니다. 복음을 위해서 주님을 위해서 생명을 건 것 아닙니까? 사실 강 목사님은 위암 수술을 해서 이미 위의 반이 없는 상태입니다. 음식도 마음대로 먹을 수 없는 사람입니다. 그래도 주님을 위해서라면, 복음을 위해서라면 생명을 겁니다.

아침 일찍 병원으로 갔습니다. 그리고 무조건 중환자실에 들어갔습니다. 그리고는 한없이 울면서 간절히 기도했습니다. 거기 장로님 부부가 오셨기에 제가 뭐라고 했습니다.

"장로님이 운전 좀 해주시지요. 아니 담임목사님이 이렇게 교회를 잘 지어놓고 죽으면 어떻게 하려고 합니까? 담임목사가 생명 걸고 사역하는 거 아시지 않습니까?"

전에도 몇 번 그 교회를 다녀온 적이 있기 때문에 그 교회 장로님들을 제가 개인적으로 잘 압니다. 그 분들에게 얼마나 호통을 쳤는지 모릅니다. 복음을 위해서 주님을 위해서 생명을 걸고 자기 몸이 어떻게 되든 상관하지 않고 사역을 하는 사람들도 있습니다.

그렇게 논산에서 내려오는데 정말 제 몸도 거의 죽을 지경입니다. 그러나 우리 교회도 특별새벽기도회 기간이라 그렇게 힘이 들다가도 성도님들이 새벽마다 기도하는 모습을 보면 힘이 절로 납니다.

달라져야 합니다. 두고 보십시오. 이렇게 복음에 힘쓰는 자들은 하나님이 백 배의 복을 주실 것입니다. 부끄럽지만 저도 하나님께서 높여주심을 경험하고 있습니다. 언론을 통해서, 매스컴을 통해서 자꾸만 저를 높여주십니다. 뿐만 아닙니다. 하나님은 우리 자녀들에게도 백 배의 복을 주시기 시작했습니다.

주님과 복음을 위해서라면 아끼지 마십시오. 내 몸이 되었든, 내 시간이 되었든, 내 물질이 되었든, 내 자녀가 되었든 희생을 좀 하십시오.

학생들이 공부를 좀 더 해서 성적이 오른다고 훌륭한 사람이 되는 것입니까? 물론 자기의 실력보다 두 배 정도는 높아질 수 있을 수도 있습니다. 하지만 아무리 공부를 잘한다고 한들 백 배의 복을 받는다는 것은 불가능합니다. 열심히 돈을 번다고 해서 잘 살게 됩니까? 물론 한 배 혹은 두 배의 복은 받을지도 모릅니다. 하지만 백 배의 복은 없습니다. 우리 모든 성도들이 복음과 주님을 위해서 많은 것을 버리고 희생해서 하나님이 이 땅에서 백 배의 복을 갚아주시도록 만들고 내세의 영생도 다 보장을 받는 성도들이 되기를 바랍니다.

우리 교회는 시지 성전과 반야월 성전 이렇게 두 곳이 있습니다. 그런데 지난 번 전도초청 때 참으로 놀라운 일이 있었습니다. 시지 성전에 비하면 반야월 성전은 참으로 작습니다. 그런데 그 성전의 성도들이 훨씬 더 많은 사람들을 전도했습니다. 놀라운 일은 무엇인지 아십니까? 반야월 성전 성도들의 십일조가 다 올라갔다고 하는 사실입니다. 얼마나 큰 복을 받고 누리는지 모릅니다. 앉을 자리가 없도록 영혼을 초청하여서 이 땅에서 백 배의 복을 받아 누리고 내세의 영생의 복까지 다 받아 누리기를 바랍니다.

Part 3

전도자를 위한 다섯 가지 도전

8장. 불 붙었나요? 불 꺼졌나요?
9장. 내 힘으로 사는가? 주 힘으로 사는가?
10장. 무딘 칼인가요? 날카로운 칼인가요?
11장. 내가 살았나요? 그가 살았나요?
12장. 끌려가나요? 데려오나요?

8장

불 붙었나요?
불 꺼졌나요?

여호와여 주께서 나를 권유하시므로 내가 그 권유를 받았사오며 주께서 나보다 강하사 이기셨으므로 내가 조롱거리가 되니 사람마다 종일토록 나를 조롱하나이다 내가 말할 때마다 외치며 파멸과 멸망을 선포하므로 여호와의 말씀으로 말미암아 내가 종일토록 치욕과 모욕거리가 됨이니이다 내가 다시는 여호와를 선포하지 아니하며 그의 이름으로 말하지 아니하리라 하면 나의 마음이 불붙는 것 같아서 골수에 사무치니 답답하여 견딜 수 없나이다

_예레미야 20:7-9

다른 것과 틀린 것은 엄연히 구분되어야 합니다. 즉, 나하고 다르다고 해서 그것이 틀린 것은 아니란 말입니다. 나하고 다른 생각을 하는 사람, 나하고 다른 주장을 하는 사람들에 대하여 나하고 다르다고 해서 틀리다고 치부해버리는 것이 아니라 그들 역시 존중되어질 인격적인 분들이십니다.

하나님 말씀을 고수하고, 주장하고, 말씀대로만 살고, 말씀을 여기 저기에서 잘 선포하면 칭찬과 존경과 사랑을 받습니까? 아니면 미움과 핍박과 환란을 받습니까?

믿지 않는 영혼들이 너무나도 불쌍해서 복음을 들고 나가서 전도를 하게 되면, 그래서 하나님의 말씀을 전하게 되면 그들이 기분 좋게 말씀을 받아들이고 감사의 표시를 합니까 아니면 말씀 전하는 우리들을 비난하고 욕을 하고 공격적으로 대합니까?

말씀을 증거 하는 사람들이 실제 삶 가운데에서 믿지 않는 자들에게 고맙다는 감사의 인사를 듣기보다는 그들에게 비난을 받거나 욕을 먹을 때가 많고, 그들이 변화되어 회개하고 주께로 돌아오기보다는 도리어 교회를 욕하고 떠나가는 경우가 참으로 많은 것이 우리의 현실입니다.

본문 말씀을 보면 이러한 아픔을 겪는 주인공 한 사람이 등장을 합니다.

바로 예레미야입니다. 예레미야는 선지자가 되고 싶었던 사람이 아닙니다. 그는 주의 말씀을 대신 증거 하는 선지자의 일을 하고 싶었던 사람이 아닙니다. 하나님이 예레미야에게 그를 나의 종으로 부른다고 말씀하십니다.

"내가 이르되 슬프도소이다 주 여호와여 보소서 나는 아이라 말할 줄을 알지 못하나이다 하니 여호와께서 내게 이르시되 너는 아이라 말하지 말고 내가 너를 누구에게 보내든지 너는 가며 내가 네게 무엇을 명령하든지 너는 말할지니라"(렘 1:6,7)

하나님께서 내가 너를 부르니 너는 내 말을 대신 증거 하는 사람이 되겠다고 말씀하셨을 때에 예레미야는 자신은 아이라 감당할 수 없노라고 단번에 거절하는 모습을 보였음을 알 수 있습니다.

그런데도 하나님께서는 강압적으로 예레미야에게 계속하여 말씀하시면서 너는 나의 종이 되어서 내가 시키는 대로 나의 말을 증거 하는 자가 되라고 명령을 하십니다. 그래서 울며 겨자 먹기 식으로 예레미야는 정말로 그 일을 하고 싶지 않았지만 하나님의 강압에 의해서 주의 종이 되었고 선지자가 되었고 하나님의 말씀을 대신 선포하는 사람이 되었다고 성경은 말씀하십니다.

본문 말씀은 그 사건을 다시 한 번 소개하고 있는 것입니다.

"여호와여 주께서 나를 권유하시므로 내가 그 권유를 받았사오며"(렘 20:7)

여기에서 '권유'라는 단어의 원어를 찾아보았더니 '속이다', '유혹하다'라는 뜻입니다. 다시 말해서 하나님이 나를 속이고 유혹해서 내가 그 속임과 유혹에 넘어갔다고 말씀하고 있는 것입니다. 하나님께서 나를 주의 종으로 부르고 주의 말씀을 선포하는 자로 부르실 때 그렇게 하면 좋은 일이 있을 것이라고 유혹하듯이, 속이듯이 나를 불렀기 때문에 내가 거기에 넘어가서 이 일을 하게 되었다고 말하고 있다는 것입니다.

"주께서 나보다 강하사 이기셨으므로"(렘 20:7)

뿐만 아니라 예레미야는 약하여서 이 일을 할 수 없으므로 안하겠다고 하였지만 힘이 세고 강한 하나님께서 나를 이기셔서 나로 하여금 선지자가 되게 하시었고 하나님의 말씀을 선포하는 사람이 되게 한 것이라고 말씀하고 있습니다. 그래서 자신이 하나님 앞에 부름을 받아서 어쩔 수 없이 담대하게 나아가 하나님의 말씀을 전하고 하나님께서 시키시는 대로 하나님께서 말씀하시는 대로 전파하고 증거 했다고 말씀하고 있습니다.

그런데 그렇게 한 후에 어떻게 되었습니까?

"내가 조롱거리가 되니 사람마다 종일토록 나를 조롱하나이다"(렘 20:7)

하나님께서 나를 부르셨고, 하나님께서 입에 넣어주신 말씀을 그대로 전하였을 뿐인데 그 결과는 조롱을 받게 되었다고 말씀하고 있습니다. 감당할 수 없는 어려움을 겪게 되었다는 것입니다. 그런데 그것도 어쩌다가 그런 것이 아니라 '종일토록'이라고 말씀하고 있습니다.

예레미야는 이 고백을 계속해서 하고 있습니다.

"내가 말할 때마다 외치며 파멸과 멸망을 선포하므로 여호와의 말씀으로 말미암아 내가 종일토록 치욕과 모욕거리가 됨이니이다"(렘 20:8)

예레미야는 하나님께서 외치라고 말씀하신 대로 외쳤을 뿐입니다. 하나님께서 전하라고 하는 대로 전했을 뿐입니다. 파멸과 멸망을 선포했습니다.

"사랑하는 유다 백성들아! 너희들이 계속 그렇게 살고 회개하지 아니하면 우리나라는 망할 것이다. 그러니 회개하라!"고 하나님께서 시키신 그대로 강력하게 예레미야는 선포했을 뿐인데 그에게 다가온 것은 종일토록 치욕과 모욕입니다. 욕만 먹게 되고 수치만 당하게 되었고 부끄러움만 당하게 되었습니다. 견딜 수 없는 모욕만 당하게 되었다고 성경은 말씀하고 있습니다. 일이 이쯤 되다 보니 예레미야는 화가 났습니다. 매우 속이 상했습니다. 하나님이 밉기까지 했습니다.

하나님이 억지로 부르시지 않았습니까? 하나님이 하라고 하신 일을 했을 뿐인데, 하나님께서 시키신 일을 잘 한 것밖에 없는데 돌아온 것은 이러한 비참함밖에 없습니다.

"내가 다시는 여호와를 선포하지 아니하며 그의 이름으로 말하지 아니하리라"

이것이 예레미야의 결단입니다. 다시는 하나님의 말씀을 증거 하는 삶을 살지 않겠다고 큰 결단과 각오를 하고 있다고 성경은 지금 말씀하고 있는 것입니다.

선지자들은 저마다 별명이 하나씩 있습니다. 예레미야는 '눈물의 선지자'라고 불렸습니다.

너무나도 많은 환난과 고난을 당했기 때문입니다.

감옥에 갇힌 일이 수도 없습니다. 구덩이에, 진흙에 던지어져 죽기 직전과 같은 위기와 고통을 얼마나 많이 겪었는지 모릅니다. 얼마나 힘이 들었으면 도저히 할 수 없다고 하는 큰 결단을 내렸겠습니까?

그런데 하나님께서는 이런 예레미야를 향하여 '알았으니 그럼 이제 쉬어라'라고 말씀하시지 않습니다.

"내가 다시는 여호와를 선포하지 아니하며 그의 이름으로 말하지 아니하리라 하면 나의 마음이 불붙는 것 같아서 골수에 사무치니 답답하여 견딜 수 없나

이다"(렘 20:9)

하나님이 죽어도 말씀을 전하지 않겠다고 하는 그 예레미야의 가슴 속에 불을 던지셨다는 것입니다. 도저히 하나님의 말씀을 전하지 못하겠다고 하고 있는 그에게 하나님께서 불을 던지시니 하나님의 말씀을 전하지 않으면 답답하여서 미치겠다고 말하고 있는 것입니다. 오죽하면 골수에 사무치니 답답하여 견딜 수 없다고 말씀을 했겠습니까?

사람에게 불이 붙었다고 생각해 보십시오. 그럼 어떻게 해야 합니까? 불부터 꺼야 하는 것과 마찬가지입니다. 예레미야의 가슴에 하나님께서 성령의 불을 붙이시니 예레미야가 전도를 하지 않을 수가 없어서, 하나님의 말씀을 선포하지 않을 수가 없어서 선포하게 됩니다.

전도를 하려고 하니 미칠 것만 같습니다. 비방하고 핍박하고 조롱하고 무시합니다. 아무런 열매도 없습니다. 그래서 전도를 하지 않으려고 하니 하나님께서 가슴에 불을 붙이셔서 미치게 만드셨습니다. 이제는 답답해서 미치게 만드셨습니다.

이러지도 못하고 저러지도 못하는 이 예레미야의 고통을 한번 생각해 보십시오.

"하나님! 차라리 나를 죽이십시오. 내가 하나님의 말씀을 전할 때 도와 주시든지요. 내가 탈진되어 도저히 살 수가 없어 그만 두겠다고 하면 쉬게 해주셔야지요. 왜 내 가슴에 불을 붙이셔서 전도하지 않고 입을 닫고 있으면 나를 미칠 것 같게 하십니까? 사랑의 하나님이라고 하시는데 그 말이 맞는 것입니까? 왜 나를 이렇게 괴롭히십니까?"

이것이 바로 예레미야의 절규 아니었겠습니까?

현대인들이 제일 싫어하는 메시지가 '전도'입니다. 차라리 교회 안의 일만 하라고 하면 하겠다고 합니다. 그런데 교회 밖에 나가서 전도하라는 말만은 제발 하지 말아달라고 합니다. 그래서 열심히 돌아다니면서 전도하는 사람들을 보면 이단을 믿는 사람들이고 정작 전도를 해야 하는 교회에서는 전도를 잘하지 않습니다. 그래서 오죽하면 열심히 전도하는 성도들을 보면 "혹시 저 사람 이단 아니야?" 이렇게 말을 할 지경입니다.

너무나도 가슴 아픈 현실입니다.

전도에 대하여 설교를 하면 많은 성도들이 부담스러워하고 불편해합니다. 기분 나빠하는 성도들이 많습니다. 그래서 열린모임을 하라거나 사람들을 초청하라고 하면 그 주에는 차라리 교회에 나오지 않는 성도들이 꽤 많은 것이 우리 한국 교회의 현실이기도 합니다.

제 경험으로 보더라도 초청 잔치를 하는 날 기존 성도의 결석이 제일 많습니다. 부담이 되기도 하고 불편하기도 하고 교회에 오면 죄인 같은 마음이 들기도 해서 차라리 외면하고 교회에 나오지 않는 성도들이 꽤 되기 때문입니다.

그래서 '복음의 광채가 비치지 못하도록 사단이 방해를 하는 것이 확실하구나' 하는 생각이 들 때가 한두 번이 아닙니다.

> "그 중에 이 세상의 신이 믿지 아니하는 자들의 마음을 혼미하게 하여 그리스도의 영광의 복음의 광채가 비치지 못하게 함이니 그리스도는 하나님의 형상이니라"(고후 4:4)

세상의 신의 혼미함에 속지 말기를 바랍니다. 사실 제법 오래 교회를 다닌 사람들을 보면 전도를 한두 번씩은 다 해봤습니다. 안 해 본 것이 아닙니다. 초청도 해봤고 전도도 해봤고 그렇게 나름대로는 애를 써 봤습니다. 그런데 열매가 없고 결과가 없고 잘 교회로 나오지 않습니다. 그래서 너무 실망이 되어서 전도를 하지 않는 분들이 얼마나 많은지 모릅니다. 하나님의 사랑을 맛보지 못한 사람은 전도의 메시지를 부담스럽게 생각하고 불편하게 생각하고 전도를 하라고 하면 그 말이 나를 힘들게 하는 것이고 괴롭히는 것이라고 생각을 합니다. 그러나 하나님의 사랑을 맛 본 사람은 전도에 대한 메시지가 쏟아지면 그것이 나를 위한 메시지라고 받습니다. 나를 향한 축복의 메시지로 여기고 기쁘게 받습니다.

성도들이 전도를 하려고 몸부림을 쳤습니다. 그런데 전도가 잘 되지 않는 것이 사실입니다. 그럼에도 불구하고 하나님은 왜 성도들을 향하여 전도하라고 말씀하십니까?

예레미야는 생명을 걸고 말씀을 선포했지만 그들은 듣지 않고 도리어 비난하고 비판하고 조롱하고 심지어는 예레미야를 죽이려고까지 했습니다.

그런 것을 모두 아시는 하나님께서는 왜 예레미야를 향하여서 계속 말씀을 전파하라고 명령하십니까?

예레미야는 할 만큼 했습니다. 그래서 도저히 견딜 수 없어서 이제는 못하겠다고 말할 때 하나님께서는 그런 예레미야를 향하여 불을 던지셔서 그 맘이 불타오르게 하시어 말씀을 전하지 않으면 미칠 것 같은 상황으로 왜 만드셨다고 생각하십니까?

하나님의 목적이 예레미야를 미치게 하는 것입니까?

하나님의 목적이 예레미야를 부담스럽게 하는 것입니까?

1. 신앙의 순수함을 지키기 위하여

첫 번째로 신앙의 순수함을 지키기 위하여 전도하라고 명령하십니다. 그것은 말씀을 증거 하다가 비난도 받고 고난도 받고 아픔과 핍박을 겪는 자만이 신앙이 순수하고 그 신앙이 변질되지 않기 때문입니다. 예레미야의 신앙을 지켜주시고 싶으신 것이 하나님의 심정이었던 것입니다.

성도들이 복음을 증거 하다가 비난을 받고 말씀을 증거 하다가 핍박을 받는 그 순간 그 사람의 영혼은 깨끗해집니다. 그러므로 성도들이 복음을 증거 하다가 고통을 겪는 것은 나의 영혼을 깨끗하게 하는 생수와도 같습니다.

예레미야가 말씀을 증거 하지 않으면 그 순간은 편할 수 있습니다. 그러나 그가 말씀을 전하는 그 고통을 겪지 않는다면 그의 신앙은 변질되어서 그 당시 있었던 수많은 거짓 선지자들의 한 사람으로 예레미야도 전락해버렸을 것입니다. 그가 고난과 핍박 속에서도 계속하여서 말씀을 선포하였을 때 그의 신앙은 순수하고 변질되지 않고 타락하지 않게 유지할 수 있었던 것입니다.

마찬가지입니다. 전도하지 않는 교회는 썩습니다. 전도하지 않는 성도는 변질되고 타락할 수밖에 없는 것이 사실입니다. 때문에 전도는 다른 사람을 위한 것이 아니라 나를 위한 것입니다. 전도하는 교회에 가보십시오. 외부적인 고난은 있을 수 있습니다. 그러나 내부적으로 보면 그 안에 결속력이 얼마나 강하고 하나 되어 있는지 모릅니다. 반면 전도하지 않는 교회에 가보십시오. 외부의 공격은 하나도 없습니다. 그런데 내분이 일어나서 무너집니다. 깨어지고 갈라지고 싸웁니다. 분파로 나뉘고 얼마나 힘이 드는지 모릅니다.

　전도하지 않는 성도들을 보면 겉으로는 예배도 잘 드리고 뭐든지 잘 하는 것 같지만 그 신앙이 자꾸만 굳어지고 타성화 되고 형식화되고 맙니다. 그러나 영혼을 위하여서 나가서 복음을 전하고 전도하는 성도들을 보면 그렇게 하다가 욕도 먹고 비난도 받기는 하지만 얼마나 순수하고 깨끗하고 정결하고 변질되지 않는 첫사랑의 구원의 감격 가운데 살아가는지 모릅니다. 그렇게 십자가의 감격 가운데 살아갑니다.

　하나님께서는 바울처럼 지구의 모든 인간들을 단 20초 만에 모두 예수님을 믿게 할 수도 있습니다. 하나님의 능력으로는 단 한 번에 그렇게 하실 수도 있다는 말입니다. 그런데 그런 하나님께서 하시지 않고 전도를 잘하지 못하는 우리에게 왜 하라고 하십니까?

　영혼을 살리기 위해서, 복음을 전하기 위해서 나가서 전하다 보면 비난과 모욕과 조롱과 시련을 받게 되기는 하지만 그것이 영혼을 순수하게 만들고, 겸손하게 만들고 영혼을 깨끗하게 만들기 때문입니다.

　우리의 영혼을 지켜주고 우리의 영혼을 순수하게 만들고 우리의 영혼이 타락하지 않도록 보존하기 위해서 하나님께서 믿지 않는 자들에게 복음을 전하라고 맡기신 것임을 믿으십시오.

　전도하는 사람은 더 신앙이 순수해집니다. 전도하는 사람은 하나님과의 관계가 더 깊어지고 깨끗해집니다.

2. 상과 복을 받기 위하여

　두 번째로 상과 복을 주기 위해서 전도하라고 명령하십니다. 즉 말씀 증거 하는 일을 예레미야에게 하게 함으로서 그에게 상을 주고 복을 주기 위해서입니다. 하나님의 일하시는 방식을 보면 말씀의 원칙대로 하십니다. 일한대로 갚아주시고 행한 대로 갚아주십니다. 하나님의 말씀을 전하지 않는 예레미야에게 상을 주실 수 없고 복을 주실 수 없습니다. 때문에 상을 주시려고 하나님께서 시키시는 것입니다. 하나님께서 시키실 때에는 상을 주시기 위해서라는 것입니다.

사실 우리보다 전도를 훨씬 잘하는 자가 있습니다. 바로 천사들입니다.

'주 내게 부탁하신 일 천사도 흠모하겠네'

그런데 하나님께서 가장 흠모하고 축복하시는 그 일이 무엇입니까? 바로 전도입니다. 하나님께서는 그 일을 바로 우리에게 맡기셨습니다. 천사들에게 맡기지 아니하시고 하나님의 자녀인 우리에게 맡기셨다는 말입니다.

천사들은 너무나도 전도를 하고 싶어합니다. 흠모합니다. 왜냐하면 그 일을 하면 하나님께서 어떤 복을 주시는지 잘 알기 때문입니다. 그러나 하나님께서는 전도의 일을 천사에게는 허락하지 않으셨습니다.

그렇다면 그토록 전도를 하고 싶어 하는 천사에게는 그 일을 맡기지 않으시고 도무지 전도하지 않는 우리에게 전도의 일을 맡기셨겠습니까? 우리를 더 사랑하시기 때문입니다. 우리가 하나님의 아들이고 딸이기 때문에 힘들지만 그 일을 감당하고 나면 상을 주고 복을 주시기 위하여 우리에게 하게 하신 것입니다.

저는 아침저녁 이불을 정리할 때마다 베개는 늦둥이 막내에게 시킵니다. 그리고 그 일을 할 때마다 꼭 고맙다고 인사를 하면서 칭찬을 해

줍니다. 왜 그렇게 하는지 아십니까? 사실 내가 하는 것이 더 빠르고 쉽습니다. 내가 하면 한 손으로 순식간에 할 수 있습니다. 그러나 그 일을 하게 해서 칭찬을 하고 싶기 때문입니다. 격려를 해주고 싶기 때문입니다.

사실 천사에게 시키면 바울에게 전도했던 것처럼 훨씬 쉽게 훨씬 빠르게 전도할 수 있습니다. 또 하나님께서는 무한대로 역사하실 수 있으십니다. 지구촌 모든 인간들에게 그들의 언어로 나타나시어서 한 마디만 말씀하시면 지구촌의 모든 인간들은 다 예수님을 믿을 것입니다. 얼마든지 그렇게 하실 수 있습니다. 그러면 전도는 끝납니다. 선교사를 보낼 필요도 없습니다.

하지만 하나님은 그렇게 일하시지 않습니다. 우리에게 맡기십니다. 우리에게 시키시고 상 주시기를 원하십니다. 우리를 부담스럽게 하거나 어렵게 하려고 그렇게 일을 맡기신 것이 아닙니다. 이것이 하나님께서 행하시는 방법입니다.

교회의 일이 맡겨졌습니까?

전도의 일이 맡겨졌습니까?

그 일로 인하여 부담이 됩니까?

마음이 불편하십니까?

하지만 조금만 더 깊게 생각해 보십시오. 그것을 통해야만 상을 주실 수 있습니다. 상은 행한 대로 주시는 것입니다. 이 놀라운 사실을 잘 알고 전도의 일을 기쁨으로 감당하십시오.

다시는 말씀을 전하려고 하지 않는 예레미야의 그 가슴 속에 하나님께서 성령의 불을 붙이셨습니다. 그 불이 붙게 되니 말씀을 전하지 않으면 답답하여서 미칠 것만 같아 나가서 다시 말씀을 전했다는 것입니다. 만일 하나님께서 예레미야의 가슴 가운데 불을 붙여주시지 않았다면 그가 내린 큰 결심처럼 다시는 하나님의 말씀을 전하지 않았을 것입니다. 말씀 증거를 중단하였을 것입니다.

전도를 잘하는 성도님들의 가슴을 보면 그 안에는 분명히 성령의 불이 있습니다. 전도하는 사람은 전도를 하지 않으면 답답해합니다. 어떤 사람은 만나서 물건만 팝니다. 또 어떤 사람은 만나서 교제만 나눕니다. 그런데 어떤 사람들은 그렇게만 하면 답답하여 견딜 수 없어서 반드시 복음을 전해야 합니다.

그런데 하나님께서 그 가슴에 불을 주지 않은 사람은 오히려 상대방이 나에게 복음을 전해달라고 말을 해도 전도를 하지 못합니다. 문제는 불이 있는가, 아니면 불이 없는가 하는 것입니다. 성경을 자세히 살펴보면 복음 전도의 역사가 일어나는 그 현장 앞에는 반드시 성령의 불이 떨어졌음을 발견할 수 있습니다. 반드시 성령이 임해야 전도가 됩니다. 성령이 임하지 않고는 복음이 증거 될 수 없습니다. 그 권능이 없이는 땅 끝까지 복음이 전해질 수 없다는 말입니다.

주님께서 제자들에게 어떻게 하셨습니까?

숨을 내쉬고는 성령을 받으라고 말씀하셨습니다. 그리고는 전도를 하라고 말씀하셨습니다.

예수님께서 십자가에서 돌아가셨을 때 제자들이 어떻게 했습니까? 한 사람도 예외 없이 모두 다 도망가지 않았습니까?

부활하신 예수님을 만난 후에도 처음에는 적극적이지 않았습니다. 그러나 마가의 다락방에 성령의 불이 떨어지니, 심령에 불이 떨어져 모두 생명을 걸고 복음을 증거 하다가 순교합니다. 하나님께서 가슴에 성령의 불을 주시지 않으면 전도할 사람이 없습니다.

　불을 내려주소서 내게 성령의 불을
　죽어진 영혼 살릴 수 있도록

이 찬양에서 죽은 영혼을 다시 살리기 위해서 내게 불이 떨어져야 한다고 외치고 있습니다.

　부흥의 불길 타오르게 하소서
　진리의 말씀 이 땅 새롭게 하소서
　은혜의 강물 흐르게 하소서
　성령의 바람 이제 불어와
　오 주의 영광 가득한 새 날 주소서
　오 주님 나라 이 땅에 임하소서

성령의 불이 떨어지지 않고서는 도저히 전도할 수 없습니다.
　이 곡을 작사, 작곡했던 믿음의 사람은 전도의 현장에서 성령의 불이 있지 않고서는 죽은 영혼을 살릴 수 없음을 경험했습니다. 그리고 그 경험을 찬양 가운데 담은 것입니다.
　영혼을 전도하지 못하고 담대하게 말씀을 전하지 못하는 그 일 때문에 가슴이 아파야 합니다. 정말 가슴이 아픈 것은 그 일을 하지 못하는 성도들의 가슴 속에는 불이 없다는 사실입니다. 어쩌면 전에는 성령의 불이 있었을지도 모릅니다. 그러나 지금 전도하지 않는다면 그 불은 이미 식었습니다. 불이 꺼졌습니다. 불을 붙여야 합니다.

하나님께서는 예레미야가 하나님의 말씀을 다시는 증거 하지 않으려고 할 때 계속하여 하나님의 말씀을 증거 하는 사람이 될 수 있도록 가슴에 불을 주셨습니다.

"나의 마음이 불붙는 것 같아서 골수에 사무치니"(렘 20:9)

여기에서 골수에 사무친다고 하는 표현은 대단한 표현입니다. 다시 말하면 예레미야의 머릿속에 하나님께서 생명을 걸고 해야 할 일, 가장 보람된 일, 죽어도 해야 할 일, 아무리 하기 싫어도 해야 할 일이 있는데 말씀을 증거 하는 일이라고 하는 것을 인박히도록 하셨습니다.

골수에 사무친다는 말은 그의 머릿속에 완전히 박히도록 주님께서 말씀을 집어넣으셨다는 뜻이 됩니다. 요즘 우리 아이들이 흔히 하는 말로 머릿속의 칩을 갈아서 끼어 넣으셨다는 말입니다. 가치를 변화시키셨습니다.

하나님께서 골수에 사무치도록 말씀을 증거 하는 일이 중요하다고 하는 사실을 예레미야에게 만일 집어넣어주지 않으셨다고 한다면 다시는 말씀을 전하지 않겠다고 도망 갔을 것입니다. 그렇다면 그 당시의 거짓 선지자들처럼 그렇게 되었을지도 모릅니다.

그러나 하나님께서 골수에 사무칠 정도로 전도에 대한 가치, 말씀에 대한 가치를 아예 인박히도록 해주셨기 때문에 예레미야는 죽을 때까지 그것도 순교하면서 죽을 때까지 눈물의 선지자로 여겨질 정도로 끝까지 말씀을 증거 할 수 있었던 것입니다.

사도 바울을 보면서 놀란 것이 있습니다. 사도 바울이 예수님을 만나기 전 그의 머릿속 가치는 자신의 가문, 자신의 학력, 출신배경, 자신의 지위와 같은 것들이 최고인 줄로 알았습니다. 그랬던 그가 예수님을 만난 후 그 모든 것들이 배설물과 같으며 예수 그리스도를 아는 지식이 가장 고상하다고 고백합니다.

"그러나 무엇이든지 내게 유익하던 것을 내가 그리스도를 위하여 다 해로 여길뿐더러 또한 모든 것을 해로 여김은 내 주 그리스도 예수를 아는 지식이 가장 고상하기 때문이라 내가 그를 위하여 모든 것을 잃어버리고 배설물로 여김은 그리스도를 얻고"(빌 3:7, 8)

예수님을 믿는다고 하는 것은 내게 가장 가치 있고, 내게 가장 소중하고, 내게 가장 의미가 있던 그것들이 다 빠져나가고 오직 예수님이 내게 최고가 되고, 예수님만이 전부가 되고 예수님을 증거 하는 것이 가장 소중하다고 하는 것을 받아들이는 것입니다.

그런데 예수님을 믿는다고 하면서 예수님이 주인 되지 못하는 사람들이 많습니다. 예수님이 오직 주인이 되어야 합니다.

내 구주 예수를
더욱 사랑

이처럼 나의 구원자를 주인으로 모셔야 구원을 받을 수 있습니다. 구주로 영접해야 합니다. 예수님을 나의 구원자로 믿기만 해서는 안 됩니다. 나의 주인으로도 믿고 받아들여야 합니다. 그것이 온전한 구원입니다.

주님이 나의 구원자이시고 주님이 나의 주인이시며 주님이 내게 가장 소중한 분이시고 주님만이 나의 가치가 되어야 합니다. 그리고 이러한 주님을 증거 하는 것이 가장 보람되고 가치가 있다고 하는 의식, 가치체계가 내 머릿속에 박힐 때 그 사람은 그 일을 할 수가 있습니다.

사람은 누구나 자신이 가치가 있다고 생각하는 그 일에 자신의 시간과 물질을 쓰기 마련입니다. 그 일이 만일 최고의 가치라면 생명도 아깝지 않을 것입니다. 자신의 모든 것을 다 투자합니다.

영혼을 구하는 그 일, 전도하는 일이 가장 소중하다고 확신하는 사람들만이 그 일을 할 수 있는 것입니다. 바울처럼 말입니다. 바울은 주님을 만나고 주님만이 최고의 가치임을 깨닫게 되었습니다. 그래서 주님을 위해서 일을 한 것입니다.

만일 청소하는 로봇을 만들었다면 그래서 그 로봇의 칩이 청소명령을 내린다면 청소하는 일만 할 것입니다. 이와 마찬가지로 우리에게도 영적인 칩이 끼워져야 합니다.

그런데 참으로 안타까운 것은 마치 배설물과도 같은 그런 것들을 머릿속에 가장 가치 있는 것으로 집어넣고는 그것을 위해서 생명을 걸고 있습니다. 하나님의 말씀을 통하여 복음을 전하는 일이 가장 가치 있다고 하는 칩으로 갈아 끼워지기를 바랍니다.

하나님께서 예레미야에게 골수에 사무치게 했다고 하는 것은 바로 영적인 칩을 갈아 끼웠다는 것을 의미합니다.

'죽어도 가장 귀한 일은 하나님의 말씀을 증거 하는 일이다!'

그랬기 때문에 그가 그 일을 했던 것입니다.

돈을 버는 이유가 전도에 투자하려고 돈을 벌어야 합니다.

공부하는 이유가 그 지식을 가지고 전도에 사용하려고 공부해야 합니다.

성공해서 높은 지위에 올라가는 이유가 그 힘을 통하여 전도를 하기 위함이어야 합니다.

기도하는 이유가, 예배를 드리고 말씀을 듣는 이유가 능력을 받아서 전도하기 위함이어야 합니다.

"그런즉 너희가 먹든지 마시든지 무엇을 하든지 다 하나님의 영광을 위하여 하라"(고전 10:31)

바른 목적에 목적을 두는 인생이 되어야 합니다.

전도라는 목적에 너무 치중을 하느라 진리를 비진리로 생각하는 사람도 있다고 어떤 사람은 말을 합니다.

진리는 예수 그리스도입니다. 예수 그리스도를 증거 하는 것이 바로 진리입니다.

신학자들을 보십시오. 전도하는 사람을 만나기란 참 어렵습니다. 알기는 참 잘 알지만 전도하지 않습니다.

진리는 전도를 할 때 밝혀집니다. 성경의 모든 말씀의 내용들은 전도의 현장에 나가서 전도할 때에 그 말씀이 사실이라는 것이 머리로 아는 것에서 머무르는 것이 아니라 믿어지게 되어 있다는 말입니다. 때문에 모든 교회의 모든 목적은 전도에 초점을 맞추어야 합니다. 전도에 초점이 맞추어지지 않은 교회의 행사나 프로그램들은 바람직하지 않습니다. 아이들이 야외에서 예배를 드린다면 그것 역시 전도가 목적이 되어야 합니다. 재미있고 흥미로운 예배를 드리는 목적이 전도여야 한다는 것입니다. 그 이상도 그 이하도 없습니다. 이처럼 교회에서 행하는 모든 행사와 프로그램이 만일 전도에 초점을 맞추지 않았다고 한다면 그것은 중심이 잘못된 것입니다.

구제도 사랑과 베풂의 목적도 마찬가지입니다.

사람은 누구나 한 번은 주님 앞에 설 날이 있습니다. 그 때 주님께서 물으실 것입니다.

"너는 이 땅에서 무엇을 하다가 왔느냐?"

이때 만일 복음 전하는 일에 가치를 두고 생명 살리는 일에 힘쓰지 않았다고 한다면 그 외의 다른 일들은 주님 앞에서 아무런 가치가 없습니다. 영원히 남는 일은 오직 하나 복음 전하는 일입니다. 그것만이 영원히 보람이 있는 일입니다. 그것만이 영원히 가치가 남는 것입니다. 그것만 주님께서는 평가를 하십니다.

내게 주신 달란트와 재능과 은사들로 전도하는 일에 몰입하는 것이 마땅합니다. 전도가 인생의 초점이 되어야 합니다.

바울은 이렇게 고백했습니다.

"내가 달려갈 길과 주 예수께 받은 사명 곧 하나님의 은혜의 복음을 증언하는 일을 마치려 함에는 나의 생명조차 조금도 귀한 것으로 여기지 아니하노라"(행 20:24)

가치관이 바뀐 사람입니다.

우리 교회도 처음 열린 모임을 시작할 때 그런 사람들이 많았습니다. 열린 모임을 하다가 자장면이 배달되었습니다. 첫 열린 모임의 구성원들이 이렇게 말했습니다.

"자장면 그릇 깨끗하게 씻어서 그 배달하는 사람도 전도하도록 하자."

이렇게 가치관이 바뀐 것입니다. 이처럼 나를 만나는 모든 사람을 전도하기 위해서라면 그렇게 해야 합니다.

한 자매는 열린 모임의 태신자를 만나러 가는데 옷을 갈아입고 가야한다고 말합니다. 그래서 예쁜 옷을 입고 있는데 옷을 왜 갈아입는지 물었습니다. 그랬더니 초청해보고 혹 응하지 않으면 무릎을 꿇고 그래도 들어주지 않으면 드러누우려고 옷을 갈아입는 것이라 했습니다.

어떻게 이런 고백이 가능합니까?

복음 전하는 것이 가장 가치 있다고 하는 영적인 칩이 골수에 사무치도록 박혀있기 때문입니다.

머릿속에 어떤 칩을 끼워 넣고 살아가고 있습니까?

우리 교회 두 자매의 고백을 듣고 얼마나 큰 감동을 받았는지 모릅니다.

집사님이 한 새가족을 제게로 데리고 왔습니다.

"목사님, 제가 이 자매를 전도하기 위해서 4년 동안 기도했습니다. 마음이 모두 열려 있습니다. 그러니 말씀만 심으시면 됩니다. 4년 동안 기도했기 때문에 걱정하지 않습니다."

그렇게 전도를 하니까 지금은 그 새신자가 동생까지 전도를 해서 함께 신앙생활을 잘하고 있습니다.

그렇게 4년 동안 전도하신 집사님의 동생분도 한 영혼을 전도했습니다. 그래서 지금 우리 교회에서 새가족반을 하고 있습니다. 그런데 그분 역시 동일한 고백을 했습니다. 한 영혼을 전도하기 위해서 4년 동안 기도를 했다는 것입니다. 어떤 때는 꼭 온다고 하고 오지 않았다고도 합니다. 그 동생 집사님으로부터 전도를 받은 분이 제게 직접 "제가 그 집사님의 속을 정말 많이도 썩였습니다."라고 말을 했습니다.

오늘은 제게 얼마나 기쁜 소식을 전해주는지 모릅니다. 주차장에서 만났는데 그 전도 대상자가 옷도 다 입고 그 동생 집사님을 기다리고 있었다고 합니다.

4년 동안 한 영혼을 위해서 기도해본 적이 있습니까?

수 년 동안 눈물로 기도하고 있는 영혼이 있습니까? 아니면 전도행사 있을 때 잠시 하다가 전도가 되지 않으면 그냥 포기하고 말았습니까?

하나님께서는 누구에게 영혼을 붙여주십니까?

예레미야는 조롱을 받든, 모욕을 받든, 환란과 핍박을 당하든 전도의 열매가 있든 없든 계속해서 하나님의 말씀을 증거 했습니다. 그럴 때 하나님께서는 예레미야에게 놀라운 복을 주셨습니다.

'대선지자'

구약에 선지자가 얼마나 많습니까? 그런데 하나님께서는 예레미야를 대선지자로 인정하시는 위대한 인물로 그를 세워주셨습니다.

만일 예레미야가 말씀을 증거 하다가 조롱과 핍박만 있고 사람들이 반응하지 않고 복음을 전한 결과가 없어 그 말씀을 전하는 일을 중단했다면 그다지 두각을 드러내지 못하는 선지자가 되었을 것이고 어쩌면 거짓 선지자 가운데 한 사람이 되었을지도 모릅니다.

그러나 예레미야가 생명을 걸고 계속하여서 하나님의 말씀을 전했으므로 하나님께서 그를 대선지자라고 인정해주시는 위대한 인물이 될 수 있었던 것입니다.

우리도 마찬가지입니다. 복음을 증거 하는 일이 결코 쉬운 일은 아닙니다. 참으로 부담이 되는 일입니다. 칭찬보다는 욕을 더 많이 들어야 하는 것이 사실입니다. 조롱도 받을 수 있고 환난과 핍박을 받을 수도 있습니다.

그러나 입을 열어서 나가 전도해보십시오. 초청해보십시오. 그럴 때 하나님은 오늘날의 전도자들에게도 대선지자라고 불러주실 것입니다. 그러한 위대한 칭호를 우리들에게도 붙여주실 것입니다. 뿐만 아니라 예레미야는 하나님에게도 인정을 받는 대선지자가 되었지만 후배들에게도 존경을 받는 믿음의 위인이 되었습니다. 지금 우리들도 예레미야를 얼마나 존경을 하고 있습니까? 이처럼 예레미야는 이 땅을 사는 사람들에게도 존경을 받고 하늘에서도 존경을 받는 잠시 인정받다가 사라지는 사람이 아니라 영원히 인정을 받는 사람이 되었습니다.

우리들에게도 선택의 기회는 똑같이 주어져 있습니다.

이 땅에서도 인정을 받을 뿐만 아니라 하늘에서도 인정을 받는 인생을 살기를 원하십니까?

하나님에게도 인정을 받고 사람에게도 인정을 받는 그런 존재가 되기를 원하십니까? 모든 사람들이 나를 가리켜서 이 시대의 대선지자라고 부르는 그러한 칭호를 듣기를 원하십니까?

만일 그러하다면 지금 전도하기를 결단하는 것입니다. 과거에 전도할 때 실패한 기억이 떠올라 이번에도 되지 않을 것 같다는 생각이 먼저 든다면 말씀을 붙잡으십시오.

그리고 하나님으로부터 불을 받고 회복되기를 바랍니다. 그럴 때 영혼들이 전도되는 역사가 일어날 것이라고 믿습니다.

『불의 전도』(임신희 옮김, 서로사랑 펴냄)라는 책을 쓴 라인하르트 본케라는 분이 있습니다. 이분은 네 권의 책을 썼습니다. 그분이 전도자세미나를 하면 백만 명에서 이백만 명이 모입니다. 아마도 현재 지구촌에서 가장 많은 영혼을 전도하는 분이라고 해도 무리가 없을 것입니다. 일억 명의 사람을 전도했다고 합니다. 그 분에게는 계속하여서 기적이 일어납니다.

"내가 잃어버린 영혼에 관심을 갖지 않으면 하나님은 나에게 관심을 갖지 않으신다. 내가 잃어버린 영혼을 찾아 나서지 않으면 하나님은 나를 절대로 찾아오시지 않으신다."

때때로 하나님께서 자신에게 무관심하다고 생각이 드십니까? 하나님께서 나를 향한 문을 닫고 있다고 느껴지고 있습니까? 어쩌면 내가 잃어버린 영혼을 향하여 찾아 나서지 않기 때문은 아닌지, 내가 잃어버린 영혼에게 관심이 없기 때문은 아닌지 한번 생각해 보십시오.

말씀에 의지하여 지금 잃어버린 영혼을 향하여 관심을 갖고 찾아나서 보십시오. 그럴 때 주님께서도 당장 여러분을 찾아오실 것입니다. 주님께서 여러분의 가정을 향하여 당장 관심을 가져주실 것입니다.

그는 고백했습니다.

"윌리엄 부드도 죽었다. 캘빈과 루터도 죽었다. 무디도 죽었다. 전도의 대가들이 다 죽었다. 이제 살아있는 자는 우리들이다."

하나님은 제2의 무디와 제2의 캘빈과 제2의 루터가 바로 우리라고 바라보시고 기대하고 계십니다.

우리도 얼마든지 루터가 바울이 될 수 있습니다.

많은 사람들이 사도행전 1장부터 12장까지는 베드로에 의해서 쓰여졌고, 12장 이후부터 28장까지는 바울에 의해서 쓰였다고 말합니다. 그렇다면 29장 그 이후는 이 땅을 사는 성도들에 의해서 쓰여야 합니다.

어떤 군인이 배를 타면서 새끼 원숭이 한 마리가 있기에 붙잡아서 같이 탔습니다. 그랬더니 어미 원숭이가 배가 가는 통로를 따라서 계속하여 산을 따라서 나무와 나무를 연결하여 좇아오더랍니다. 그렇게 좇아오기를 100킬로미터를 좇아오더랍니다. 배를 타고 가다가 조금 좁아지는 협곡을 지나게 되었습니다. 그러자 그 나무 위에 있던 어미 원숭이가 그 군함으로 뛰어들었다고 합니다. 그런데 그 원숭이가 피를 몇 번 토하더니 그 자리에서 죽어버리더라는 겁니다. 너무 놀란 함장이 그 원숭이의 배를 한번 갈라보라고 했습니다. 그래서 원숭이의 배를 갈랐더니 그 어미 원숭이의 창자가 모두 끊어져 있더랍니다.

흔히 창자가 끊어지는 듯한 고통이라고 말하지 않습니까? 진짜로 창자가 그렇게 토막이 나있더랍니다. 새끼 원숭이를 잃어버린 어미 원숭이가 얼마나 애간장이 탔는지 실제로 창자가 모두 끊어진 것입니다.

저는 그 이야기를 들으면서 어미 원숭이의 마음이 하나님의 마음과 같은 것은 아닌가 하는 생각을 해보았습니다.

하나님께서 자신의 잃어버린 그 한 영혼을 찾기 위해서 얼마나 애간장을 태우셨겠습니까? 얼마나 창자가 끊어지는 듯한 고통을 겪으셨겠습니까? 하나님께서 얼마나 가슴앓이를 하셨겠습니까?

하나님께서 우리들을 구원하시기 위해서 잃어버린 우리를 찾기 위해서 마치 그 원숭이의 어미처럼 애간장이 타고 창자가 끊어지는 듯한 가슴앓이와 고통을 겪으셨음을 아십시오.

우리에게 이러한 심정이 없다면 하나님께서는 잃어버린 영혼을 붙여주시지 않을 것입니다.

하나님의 가슴, 하나님의 눈물, 하나님의 심장을 품은 사람을 통하여 죽은 영혼이 살아나는 역사가 일어날 것입니다.

전도할 사람이 보이지 않습니까?

사실 전도를 잘하는 사람들을 보면 새가족들입니다. 반대로 전도를 하지 않는 사람들을 보면 교회를 오래 다닌 사람들입니다.

새가족들은 아는 사람들이 믿지 않는 사람들이 많습니다. 그런데 교회를 오래 다니다 보면 아는 사람들 역시 믿는 사람들밖에 없는 것이 사실이지만 그것이 이유가 될 수 없고 핑계가 될 수 없습니다.

우리 교회가 있는 이 대구 땅은 복음화 비율이 10퍼센트가 채 되지 않습니다. 90퍼센트가 넘는 사람들이 지금 지옥을 가야만 하는 영혼들인데 얼마나 전도할 대상이 많은 것입니까?

눈을 뜨고 찾으십시오. 그럴 때 하나님께서 보여주실 것입니다.

9장

내 힘으로 사는가?
주의 힘으로 사는가?

구리 세공업자 알렉산더가 내게 해를 많이 입혔으매 주께서 그 행한 대로 그에게 갚으시리니 너도 그를 주의하라 그가 우리말을 심히 대적하였느니라 내가 처음 변명할 때에 나와 함께 한 자가 하나도 없고 다 나를 버렸으나 그들에게 허물을 돌리지 않기를 원하노라 주께서 내 곁에 서서 나에게 힘을 주심은 나로 말미암아 선포된 말씀이 온전히 전파되어 모든 이방인이 듣게 하려 하심이니 내가 사자의 입에서 건짐을 받았느니라 주께서 나를 모든 악한 일에서 건져내시고 또 그의 천국에 들어가도록 구원하시리니 그에게 영광이 세세무궁토록 있을지어다 아멘 _디모데후서 4:14-18

'세상에서 가장 아름답고 잘생기고 멋지다.' 이 말을 한 음절로 줄여서 말하면 '나'입니다. 두 음절로는 '또 나' 세 음절로는 '역시 나' 네 음절로는 '그래도 나' 다섯 음절로는 '다시 봐도 나'입니다.

왜냐면 우리들은 모두 하나님의 창조의 걸작이기 때문에 그렇습니다. 강단에 꽂힌 들국화가 보기에는 어떠한지 모르겠습니다. 그런데 이 꽃향기가 얼마나 진한지 숨이 막힐 정도입니다. 주변에 하나님의 형상을 따라 만들어진 믿음의 동역자들이 있습니까? 그들의 아름다움은 마치 이 들국화처럼 숨이 막힐 정도일 것입니다. 숨이 막힐 정도로 우리들은 하나님의 아름다운 걸작입니다. 때때로 우리들의 눈에는 그렇게 보이지 않을 수도 있습니다. 그러나 하나님의 눈에는 언제나 그렇게 보이십니다. 그 사실을 믿고 자부심과 긍지를 가지고 당당하게 살아가기를 바랍니다.

가장 친한 친구로부터 1억을 사기를 당해서 사업이 부도가 나 큰 어려움 가운데 있는 성도를 만난 적이 있습니다. 충격이 얼마나 큰지 그 사람은 자다 말다 벌떡 일어난다고 합니다. 또 가장 사랑하는 아들에게 배신을 당한 어머니를 신문을 통하여 본 적도 있습니다. 그 어머니는 아들을 위해서 평생을 헌신을 했습니다. 그런데 아들과 며느리는 효도관광을 가서 어머니를 그 곳에 버리고 왔습니다. 그 어머니가 자살을 하며 남긴 유서가 있습니다.

"가장 사랑하는 아들이 나를 버렸습니다. 그런데 누가 나를 봐주겠습니까? 나는 아들에게조차 버림받은 엄마입니다. 그렇기 때문에 살 자격이 없습니다."

어떤 남편은 백 퍼센트 믿었던 아내로부터 배신을 당합니다. 어느 날 남편도 버리고 심지어 자식까지 버리고 가출을 하고 말았습니다. 하도 기가 막힌 남편은 이제 술과 담배로 거의 폐인이 된 지경입니다. 그런 사람들이 얼마나 많은지 모릅니다.

교회 안에도 배신은 있습니다. 함께 생명 걸고 동역하겠다고 충성을 했던 사람들이 배신을 하고 교회를 떠납니다. 그 충격으로 인해 큰 병에 걸리거나 심지어 그 병이 심해져 쓰러져서 죽기까지 되는 목회자들도 보았습니다.

인생을 살다 보면 배신할 수도 있고 배신당할 수도 있습니다. 또 누군가 나를 떠날 수도 있고 내가 누군가로부터 떠나게 될 수도 있습니다.

그런데 이런 배신의 일을 만날 때 우리들은 왜 힘이 듭니까?

사실 배신을 당할 만한 사람에게 배신을 당할 때에는 참을 수 있고 견딜 수 있습니다. 그러나 도저히 배신당해서는 안 되는 그 사람에게 배신을 당하게 되면 누구라도 참기 힘듭니다. 나를 버릴 만한 사람이 버렸다면 그것은 견딜 만합니다. 그런데 도저히 나를 버려서는 안 되는 가까운 사람, 정말로 사랑하는 그 사람이 나를 버렸을 때에는 사람들은 충격에 휩싸여서 무너져 내리는 것입니다.

사랑하는 사람에게, 믿었던 사람에게, 참으로 친했던 사람에게 버림을 받은 사람들의 모습은 크게 두 가지로 나타나게 됩니다.

첫 번째 유형의 사람들은 자포자기 합니다. 스스로 무너져서 폐인이 되고 맙니다.

두 번째 유형의 사람들은 복수의 칼날을 갑니다. 그렇게 결국 복수를 하고는 자신도 감옥에 가서 남은 인생을 망치는 사람들이 있습니다.

어찌 되었든지 사랑하는 사람에게 당하는 배신은 차마 설명하기 힘들 정도로 엄청난 것입니다. 믿었던 사람에게 배신을 당한다는 것은 견디기 힘든 아픔이고 고통입니다.

그런데 본문 말씀을 보면 이러한 엄청난 충격의 고통을 겪었는데 조금도 남을 탓하지 않은 한 사람, 복수하지 않는 한 사람이 등장합니다. 그토록 사랑하는 모든 사람에게 배신을 당했지만 요동하지 않고 흔들리지 않는 한 사람이 등장합니다.

그 사람이 바로 사도 바울입니다.

"나와 함께 한 자가 하나도 없고 다 나를 버렸으나 그들에게 허물을 돌리지 않기를 원하노라"(딤후 4:16)

지금 사도 바울은 모든 사람들에게 배신을 당했습니다. 버림을 받았습니다. 그러니 얼마나 힘들고 고통스러웠겠습니까? 게다가 14절 말씀을 보면 구리세공업자 알렉산더가 바울에게 많은 해를 입혔습니다. 또 말로서 바울을 얼마나 대적했는지 모릅니다. 그를 통하여서 바울은 몸서리치는 고난을 겪었습니다. 엄청난 고난을 겪었습니다. 바울은 결혼도 하지 않으면서 일평생 생명을 걸고 그들을 전도했습니다. 그들을 양육했고 가르쳤습니다.

그런데 그들로부터 존경과 높임을 받는 대우는 고사하고 도리어 그들로부터 공격을 받고 환란을 당하며 비난을 받았습니다. 모든 사람들로부터 버림을 받았습니다.

얼마나 가슴이 아팠겠습니까?

"그들에게 허물을 돌리지 않기를 원하노라"

자신을 배신했던 자들을 탓하지 않겠다고 말하고 있습니다. 자신을 공격했던 자들에게 복수하지 않겠다고 말하고 있습니다.

한두 사람이 바울을 향하여 대적하고 공격하고 대적했을 때 만일 바울이 그들을 향하여 질책하고 호통으로 대했다면 나머지 사람들은 그렇게 하지 않았을 수도 있습니다.

그런데 어찌 되었든 바울은 그들에게 탓을 돌리지 않았고 그들에게 허물을 돌리지 않았습니다. 징계도 하지 않았고 복수도 하지 않았습니다.

그렇게 하지 않은 바울의 마음이 어떠했을 것 같습니까? 속병이 나지는 않았을까 하는 생각도 해봅니다. 화병이 났을 수도 있습니다.

저는 목회하다가 한두 가정이 떠나기만 해도 속이 아프고 화가 나서 잠을 자지 못합니다. 그런데 바울은 그 정도가 아닙니다. 그가 전도한 수천 명, 수만 명이 모두 그를 배반하고 다 버리고 떠났습니다. 그랬으니 정말 살맛이 났겠습니까? 전도할 마음이 생겼겠습니까? '전도는 무슨 전도이고 양육은 무슨 양육인가' 하는 생각이 들지 않았을까 하는 마음이었을지도 모릅니다.

목회하는 가운데 재생산훈련까지 마친 성도가 교회를 떠나가게 되면 '나는 지금까지 뭐한 거지?' 하는 생각을 하게 됩니다. 정말 허무하고 허망하며 좌절이 됩니다.

그런데 바울은 지금 모든 사람들이 다 버리고 떠나갔습니다. 그나마 남아 있는 자들은 바울을 향하여 공격을 합니다. 비난을 퍼붓고 대적을 합니다.

정말 모든 것으로부터 손을 내려놓고 싶었을 것입니다.

"하나님, 허무합니다. 하나님, 허탈합니다. 하나님, 허망합니다. 생명을 걸고 저들을 사랑했건만 저들로부터 제게 온 것은 배반밖에 없습니다. 남은 것은 비난뿐입니다. 그런데 제가 어떻게 이 일을 감당할 수 있겠습니까?"

이렇게 곪아 터진 심령이 바울의 심령 아니었겠습니까?

나그네 인생 가운데 사람들은 누구라도 모두 원하던 원하지 않던 배신을 당한 적이 있을 것입니다. 물론 우리가 그 배신과 배반의 당사자가 되었던 적도 있을 수 있습니다. 어쩌면 수많은 사람들이 여러분을 향하여 욕하고 대적하고 비난을 퍼부을 수도 있습니다. 그들로 인하여 손해를 보고 피해를 보고 망가지고 무너지고 심지어 인생의 부도가 난 사람도 있을 수 있습니다. 그래서 삶 자체가 비참해진 사람도 있을 것입니다.

어떻게 하시겠습니까?

싸우시렵니까, 참으시렵니까?

바울처럼 설령 속병이 날지라도 참으시겠습니까?

믿음이 강할 때에는 모든 사람이 다 나를 버린다고 할지라도 참을 수 있습니다. 그런데 믿음이 약해지면 한 사람이 나를 버리는 것도 참을 수 없습니다. 믿음이 충만해지면 반복적으로 계속하여서 사람들이 나를 버린다고 할지라도 견딜 수 있습니다. 그런데 믿음이 약해지면 단 한 번 나를 버리는 그것에 무너지고 맙니다.

누군가가 나를 욕하고 도전하면 그것을 도저히 견디지 못합니다.

지금 여러분의 믿음의 현주소는 어디입니까?

이것이 바로 여러분의 믿음의 현주소를 가장 정확하게 말해줄 수 있는 것입니다.

본문에서 사도 바울은 그렇게 사랑했던 그들이 자신을 버렸는데 탓하지 않았고 조금도 벌하려 하거나 복수하려고도 하지 않았습니다. 그 이유가 무엇입니까?

1. 갚아주실 하나님을 믿는 힘으로

첫 번째로 내가 갚지 않을지라도 하나님께서 갚아주실 것을 믿었기 때문입니다.

"주께서 그 행한 대로 그에게 갚으시리니"

이것이 바울의 믿음이었습니다.

내가 갚으면 주님께서 갚지 않으시지만 내가 갚지 않으면 주님께서 친히 대신 갚아주실 것이라고 하는 믿음이 바울에게는 있었습니다. 만일 내가 갚게 되면 나는 그의 공격을 받을 것이고 그와는 원수의 관계가 되고 말 것입니다. 내가 갚게 되면 원수를 갚을 권한은 하나님께만 있는 것인데 그 권한을 내가 대신한 것이 되기 때문에 하나님께 벌을 받게 되어 있습니다. 그런데 하나님께서 갚으시도록 가만히 내버려두면 하나님께서 알아서 갚아주시기 때문에 나를 공격할 원수가 생기지 않습니다. 또 하나님의 재앙도 내게 오지 않습니다.

누군가 여러분을 버렸습니까?

누군가로 인하여 여러분이 망했습니까?

누군가로 인하여 여러분의 마음이 좌절 가운데 있고 절망 가운데 있습니까?

누군가로 인하여 여러분이 실패자의 인생을 살아가는 것 같습니까?

누군가가 뒤에서 여러분을 욕하고 대적하고 손가락질을 하고 있습니까?

그것으로 인하여 정말 살고 싶은 마음이 없을 정도로 고통 가운데 허덕이고 있습니까?

마음 같아서는 당장이라도 복수하고 싶은 것입니까?

싸우고 그를 대적하고 비난하고 싶을 것입니다. 만일 그렇게 하게 된다면 제2의 원수 앞에 놓이게 될 것입니다. 하나님의 공격을 받게 될 지도 모릅니다. 그들을 탓하지 말고 참고 견디고 인내할 때 하나님께서 알아서 갚아주시고 알아서 손을 봐주실 것입니다.

우리 교회가 땅을 사서 건축을 하려고 할 때 참으로 큰 어려움을 만났을 때 많은 사람들이 방해를 했습니다. 그들이 우리의 대적자가 되었었습니다. 우리는 합법적으로 일을 진행했는데 천 몇 백 명이 우리를 대적했습니다. 법적으로 우리를 고발했습니다.

당시 그들의 힘에 비하여 우리 교회의 힘은 참으로 약했습니다. 우리는 그들을 상대로 대적할 수도 없고 싸울 수도 없었습니다. 단지 하나님께서 해결해주실 것을 믿고 기도만 했을 뿐입니다. 그런데 하나님은 놀랍게 일하셨습니다. 역전의 하나님께서는 그들이 우리를 찾아오게 하신 것입니다. 커다란 과일바구니를 들고 와서는 잘못했다고 했습니다. 봐달라고 했고 용서해달라고 했습니다. 오히려 큰돈으로 보상을 해주면서 항복을 했습니다.

우리는 도저히 갚을 수 없었습니다. 우리에게는 갚을 힘도 없었습니다. 단지 우리가 한 것은 기도뿐입니다. 그렇게 기도했을 때 주님께서 친히 갚아주셨습니다.

그 때 우리들이 모여서 예배드릴 때마다 불렀던 찬양이 있습니다.

너희는 가만히 있어 주가 하나님 됨을 알찌어다

우리에게는 갚을 힘이 없으니까 가만히 있을 뿐이었습니다. 그런데 주님께서 친히 갚아주시니 역전 되는 역사가 일어났습니다.

2. 힘주실 주님을 믿는 힘으로

사도 바울이 자신을 배반하고 대적하는 자들을 향하여 허물하지 않고 복수하지 않은 두 번째 이유는 사람들은 내 힘을 빼앗아가지만 주님은 내게 힘주실 것을 믿었기 때문입니다.

"주께서 내 곁에 서서 나에게 힘을 주심은"

바울은 전도현장이 힘이 들었습니다. 그럴 때마다 자기 곁에 있던 사람들이 그의 힘이 되었습니다. 그를 의지했습니다. 그러자 하나님께서는 바울로부터 그들을 다 떠나게 만들었고 배반하도록 만드셨습니다. 심지어 돈 많은 알렉산더는 헌금 좀 했다고 큰소리치게 하고 비방하고 대적하게 만들었습니다. 때문에 바울은 사람을 의지할 수 없었고 사람의 힘을 공급받을 수 없었습니다.

그때에 하나님께서 오셔서 바울 곁에 서서 바울을 도와주시고 힘이 되어주셨습니다.

사람이 곁에 있을 때 사람이 도와줄 때 든든하십니까? 힘이 됩니까? 아니면 주님께서 곁에 계실 때 도와주실 때 든든하고 힘이 됩니까?

사람이 모두 떠나도 주님만 홀로 내 곁에 계셔주신다면 큰 힘이 되는 것을 믿으십시오.

사람은 믿을 수 없습니다. 사람은 의지와 믿음의 대상이 되지 못합니다. 단지 사람은 사랑의 대상일 뿐입니다.

내가 힘이 듭니다.

내가 괴롭습니다.

내가 망했습니다.

내가 버림을 받았습니다.

내가 외롭습니다.

내가 혼자입니다.

그럴 때 사람들이 나를 위로하러 옵니다. 나를 격려하러 옵니다. 힘을 북돋워주러 옵니다. 그런데 알고 보면 나중에 그 사람들이 뒤에서 나를 더 많이 비난합니다. 더 많이 욕을 하기도 하고 더 많이 손가락질을 합니다.

"네가 예수 믿는다고 하면서 그 모양 그 꼴로 사냐?"

"그렇게 기도한다고 하면서 왜 지금처럼 힘들게 사냐?"

대부분의 사람들은 그렇게 뒤에서 비난하고 욕을 합니다.

곁에 사람이 많다고 해서 힘이 된 적이 있습니까? 아무리 사람이 많아도 절망과 좌절 가운데 빠질 수밖에 없습니다. 인간은 모두 마찬가지입니다.

그러나 주님은 다릅니다. 언제나 우리에게 힘이 되어주십니다. 주님이 곁에 계셔주셔야 진짜 힘이 되는 것입니다.

많은 사람 찾아와서 나의 친구가 되어도
병든 몸과 상한 마음 위로 받지 못했다오
예수여 이 죄인을 불쌍히 여겨주소서
의지할 것 없는 이 몸 위로받기 원합니다

의지할 것이 없어서 주님만 의지할 때 주님은 내 곁에 오셔서 내게 힘을 주십니다. 주님만이 나의 위로자가 되시고 나의 힘이 되시며 나를 돕는 자가 되는 것입니다. 그래서 믿음의 선배들은 이렇게 찬양했던 것입니다.

나의 힘이 되신 여호와여
내가 주님을 사랑합니다
나의 도움이 어디서 올꼬
천지를 지으신 여호와께로다

주님만이 나의 힘이고 나의 방패 되시며 주님만이 나의 산성 되시고 주님만이 나의 요새가 되십니다. 사람들이 모두 떠나간다고 할지라도 주님이 내 곁에 계셔주십니다. 사람들이 내 힘을 모두 빼앗아간다고 할지라도 주님만이 나의 힘이 되어주십니다.

3. 도와주시고 건져주실 하나님을 믿는 힘으로

세 번째로 사도 바울은 사람들이 그를 다 떠나고 심지어 공격까지 하는데 그들을 향하여 복수하지 않았습니다. 사람들이 나를 도와주지 않을지라도 하나님께서 나를 도와주시고 사람들이 나를 건져주지 않을지라도 하나님께서 나를 건져준다고 하는 사실을 믿었습니다.

"주께서 나를 모든 악한 일에서 건져내시고"(딤후 4:18)

바울이 고난 속에 처할 때, 위기 가운데 있을 때 항상 바로 나타나 건져주시고 바로 구해주시는 이는 오직 주님밖에 없었습니다. 이것을 깨닫게 된 것입니다. 그렇게 지금까지 주님께서 구해주셨고 앞으로도 계속하여 구해주실 것을 믿었기 때문에 바울은 그들에게 복수할 이유가 조금도 없었고 그들을 원망할 이유도 없었습니다.

실제로 바울이 빌립보 감옥에 갇혔을 때 바울을 도와주고 구해주는 자가 아무도 없었습니다. 그러나 기도하고 찬송했을 때 주께서 오셔서 바울을 풀어주셨습니다. 그렇게 감옥에서 건져내주셨습니다.

누군가 여러분을 향하여 핍박하고 환난을 가하고 조롱하고 대적하고 있습니까? 그래서 그 일로 인하여 망했고 힘든 상황 가운데 있습니까? 그 일로 인하여 가정의 경제가 무너졌습니까? 마음에 상처를 받아서 마음이 무너지고 말았습니까? 인간관계가 깨지고 말았습니까? 비전이 부서지고 말았습니까? 가족이 무너지고 있고 자녀들이 쓰러지고 있습니까?

여러분의 자녀를 건져내실 분은 오직 주님 한 분 뿐이십니다. 이것을 믿으십시오.

질병에서 건져내실 분도 오직 주님 한 분 뿐이십니다.

가난에서 건져내시고 인간관계에서 건져내시고 우리들의 인생 가운데 있는 수많은 아픔과 수렁 가운데에서 건져내실 분은 오직 주님 한 분 뿐이십니다.

주는 나를 건지시는 나의 주 나의 하나님
나의 피할 바위시오 나의 방패시라
나의 하나님 나의 하나님

무거운 짐을 나 홀로 지고 견디다 못해 쓰러질 때
불쌍히 여겨 구원해 줄 이 은혜의 주님 오직 예수

다른 사람을 향하여 도움의 손을 요청하지 마십시오.
주님 앞으로 나아와서 주님께 엎드려 주님께 도움을 요청하십시오. 주님만이 나의 구원자가 되시고 주님만이 나를 건지시는 자입니다.

예수님께서 이 땅에 오셔서 수많은 사람들의 병을 고쳐주시고 죽은 자도 살려주셨습니다. 그러나 그들이 다 주님을 버리고 배반했습니다. 심지어 예수님을 죽이라고 외쳤습니다. 그러했을 때 주님께서 얼마나 힘이 들었겠습니까? 그런데 그뿐 아닙니다. 3년 동안 예수님과 함께 했던 제자들, 생명 걸고 함께 사역하던 제자들까지도 주님을 다 버렸습니다. 주님은 이 사실을 미리 아셨습니다.

"그 때에 예수께서 제자들에게 이르시되 오늘 밤에 너희가 다 나를 버리리라 기록된바 내가 목자를 치리니 양의 떼가 흩어지리라 하였느니라"(마 26:31)

그때 베드로가 대답합니다.

"베드로가 이르되 내가 주와 함께 죽을지언정 주를 부인하지 않겠나이다"(마 26:35)

베드로만 그렇게 말한 것이 아닙니다.

"베드로가 이르되 내가 주와 함께 죽을지언정 주를 부인하지 않겠나이다 하

고 모든 제자도 그와 같이 말하니라"(마 26:35)

그때 주님께서 베드로를 향하여 말씀하십니다.

"예수께서 이르시되 내가 진실로 네게 이르노니 오늘 밤 닭 울기 전에 네가 세 번 나를 부인하리라"(마 26:34)

주님의 마음을 한 번 상상해보십시오. 얼마나 처참하고 괴롭고 힘들었겠습니까?

주님께서 이 땅에 인간들을 구하기 위해서 오셨습니다.

그런데 그렇게 구해주려고 하는 인간들이 예수님을 죽입니다. 예수님의 손바닥에 못질을 하고 예수님의 몸에 창을 찌릅니다. 사람들이 이렇게 할 때 주님에게는 갚을 수 있는 능력이 충분히 있었지만 주님은 복수하지 않으셨습니다. 하나님께서 갚아주실 때까지 예수님은 갚지 않으셨습니다. 하나님께서 벌하실 때까지 예수님은 벌하지 않으셨습니다.

사람들이 다 예수님을 배반하고 떠났을 때 예수님 역시 고독하셨습니다. 사람들은 그렇다 하더라도 제자들까지 배반하고 떠났습니다. 예수님 역시 견딜 수 없는 아픔을 겪으셨습니다.

그런 상황 가운데에서 예수님이 어떻게 견딜 수 있었습니까? 하나님 아버지께서 예수님의 곁에 오셔서 힘을 더해주셨습니다. 아들이 죽을 때 위에서 가만히 보고 있을 아버지가 어디 있습니까? 당연히 단걸음에 달려와서 함께하지 않았겠습니까?

예수님께서 죽으셨습니다. 그렇게 무덤으로 내려가셨습니다.

그러자 전능하신 하나님께서 무덤에서 예수님을 건져내셨습니다.

죽음에서 예수님을 구해내셨습니다. 예수님은 그렇게 하나님께서 하실 때까지 기다리셨습니다.

바울 역시 모든 사람에게 버림을 받고 핍박을 받고 환란도 받았지만 복수하지 않고 참았습니다.

우리가 예수님의 보혈의 은혜로 구원을 받은 자라고 한다면, 우리가 믿음의 선배 바울을 본받는 자라고 한다면 지금 힘들게 하고 버리고 아프게 하는 그 사람, 대적하고 공격하는 사람들이 있더라도 당장이라도 복수해주고 싶고, 대적하고 싶고, 정말 나쁜 마음까지 드는 사람이 있을지라도 참고 견디십시오. 복수하지 마시고 대신 용서하십시오. 주님께서 알아서 손봐주시고 갚아주실 때까지 기다릴 수 있는 자가 될 수 있기를 바랍니다.

믿음은 탓하지 않으며 허물을 남에게 돌리지 않는 것입니다. 누군가 나를 배반하고 아프게 할지라도 그를 탓하지 않는 것입니다. 그를 허물하지 않는 것입니다. 누군가 나를 대적하고 공격하고 비난한다고 할지라도 복수하지 않는 것, 갚아주지 않는 것이 바로 믿음입니다.

믿음이 적은 사람들은 누군가 한 마디만 비난을 하더라도 한 명만 나를 배반하더라도 견딜 수 없어 합니다.

그러나 믿음이 강한 사람들은 누군가 나를 향하여 열 마디로 공격을 할지라도 한 마디도 비난하지 않으며 수십 명 심지어 수백 명이 나를 배반한다고 할지라도 끄떡하지 않고 견뎌냅니다.

바울은 믿음이 강한 분이었기 때문에 다 배반했을지라도 그들을 향하여 허물을 돌리지 않았습니다. 모든 사람들이 자신을 향하여 공격을 해올지라도 그는 반격하지 않았습니다. 그것이 바로 믿음의 삶인 것입니다.

위기를 만났을 때 사람들이 나를 도와주지 못한다고 할지라도 주님께서 나를 찾아와서 도와줄 것이라고 하는 것, 나를 건져내줄 것이라고 하는 것, 나를 구해줄 것이라고 생각하고 탓하지 않는 것이 바로 믿음입니다.

4. 하나님이 주신 힘으로 살 때 받은 복

1) 디모데와 같은 동역자

바울이 배반을 당하고 공격을 당할지라도 복수하지 않는 믿음을 가졌더니 하나님께서 복을 주십니다.

"바울아, 다른 사람 아무도 없을지라도 내가 너와 함께하는 것만으로도 힘이 나지? 내가 너를 모든 위기에서 건져주지? 내가 너와 함께 있어주는 것만으로도 너는 기쁘고 행복할거야. 그러나 너도 인간이잖아. 내가 너에게 사람을 붙여줬잖아. 사람의 위로, 사람의 힘도 필요한 거야."

그래서 본문 9절 말씀을 보면 바울이 디모데에게 이렇게 말을 합니다.

"너는 어서 속히 내게로 오라"(딤후 4:9)

바울이 언제 불러도 달려올 수 있는 사람이 있었습니다. 하나님이 바울에게 그런 사람을 붙여주셨습니다. 그것이 바울의 복이었습니다. 언제 어디에 있을지라도 부르면 바로 달려올 사람이 있었기에 외롭지 않았습니다.

제일 힘들고 어려운 고난의 밤에 언제 어느 시간 어느 곳에서 부를지라도 여러분을 위하여서 바로 달려올 사람이 있다고 한다면 참으로 행복한 사람입니다. 그런 의미에서 저는 참으로 행복합니다. 왜냐하면 지금도 새벽 두 시가 되었든 세 시가 되었든 언제든 상관없이 제가 부르면 바로 달려와 줄 성도들이 있기 때문입니다. 제게도 그런 제2의 디모데가 있습니다. 그래서 힘이 납니다. 기쁩니다. 목회할 맛이 납니다.

2) 누가와 같은 동행자

뿐만 아닙니다. 바울에게 두 번째의 복을 주셨습니다.

"누가만 나와 함께 있느니라"

하나님이 바울에게 어떤 고난과 생명의 위기가 올지라도 바울의 곁을 떠나지 아니하고 지킬 수 있는 사람 누가를 붙여주셨습니다.

바울은 생각했습니다.

'그래, 내가 너무 힘이 빠질 필요가 없다. 왜냐하면 언제 불러도 달려와 주는 디모데가 내게 있고 모든 사람들이 배반할지라도 항상 내 곁을 지켜주던 누가가 있지 아니한가? 힘이 나는구나.'

우리 교회에도 누가와 같은 분들이 많습니다. 힘들고 어려운 일들이 참 많이 있었지만 배반하지 않고 떠나지 않고 끝까지 초지일관 생명을 걸고 목사님 곁을 지키고 교회를 지키면서 달려온 누가와 같은 분들이 참으로 많습니다. 그런 분들을 생각할 때마다 행복하고 힘이 납니다.

3) 마가와 같은 유익한 자

"네가 올 때에 마가를 데리고 오라 그가 나의 일에 유익하니라"

마가가 한 때는 선교를 하다가 힘이 들어서 배신을 하고 뒤로 물러 가는 도망을 한 적이 있습니다. 그런데 그렇게 배반했던 그가 돌이키고 다시 돌아온다고 하는 것입니다. 그런 마가를 데리고 오라고 말씀하고 있습니다. 그가 회개했다고 말씀하고 있습니다.

여러분들 가운데 한 순간 목사님을 마음으로 멀리하고 교회를 멀리한 사람도 있을 것입니다. 그러나 그 모든 것을 다 던져버리고 다시 마가처럼 돌아와 이렇게 자리를 지키고 충성봉사하고 있으니 목사에게 얼마나 큰 위로와 힘이 되는지 모릅니다.

먼저 여러분들이 이런 위대한 동역자가 되실 뿐 아니라 이런 위대한 동역자들을 많이 만나기를 바랍니다.

우리는 영혼을 추수하는 중요한 일을 할 때 중요한 사실이 하나 있습니다. 내가 영혼을 추수하는 중요한 일을 하게 되면 하나님께서는 달려오셔서 그렇게 전도하는 자의 가정의 위기에서 건져주십니다. 반대로 우리들이 영혼을 살리고 영혼을 구하고 영혼을 건지는 일에 등한히 하게 되면 하나님 역시 우리들의 가정 가운데 닥치는 수많은 위기 가운데 찾아오셔서 구하고 건지는 그 일이 늦어질 것입니다.

건지시는 하나님을 믿으십시오. 그리고는 영혼 구하는 그 일에 최선을 다하셔서 하나님께서 우리들의 가정에 닥친 수많은 위기 가운데에 당장 찾아오셔서 구원하시고 건지시는 축복을 맛보는 우리가 되기를 간절히 바랍니다.

10장

무딘 칼인가요?
날카로운 칼인가요?

> 그들에게 이르시되 내가 너희를 전대와 배낭과 신발도 없이 보내었을 때에 부족한 것이 있더냐 이르되 없었나이다 이르시되 이제는 전대 있는 자는 가질 것이요 배낭도 그리하고 검 없는 자는 겉옷을 팔아 살지어다 내가 너희에게 말하노니 기록된 바 그는 불법자의 동류로 여김을 받았다 한 말이 내게 이루어져야 하리니 내게 관한 일이 이루어져 감이니라 그들이 여짜오되 주여 보소서 여기 검 둘이 있나이다 대답하시되 족하다 하시니라 _누가복음 22:35-38

예수님을 믿는 사람들은 일구이언(一口二言)을 해서는 안 됩니다. 성경에서 집사의 직분 조건 가운데 하나로 일구이언을 하지 않아야 한다고 말씀하셨습니다.

"이와 같이 집사들도 정중하고 일구이언을 하지 아니하고 술에 인박히지 아니하고 더러운 이를 탐하지 아니하고"(딤전 3:8)

많은 그리스도인들이 언행이 일치하지 않기 때문에 세상 사람들이 비웃고 비판합니다. 때문에 예수님을 믿는 사람들은 절대로 일구이언 하면 안 되며 한 입으로 한 가지 말만 해야 합니다. 그렇다면 하나님의 아들 되시는 예수 그리스도는 어떻습니까? 누구보다도 일구이언을 해서는 안 되는 분이십니다. 예수님은 하나님의 아들이십니다. 그런데 본문 말씀을 읽어보면 우리 예수님께서 지금 일구이언을 하고 계십니다.

"이제는 전대 있는 자는 가질 것이요 배낭도 그리하고 검 없는 자는 겉옷을 팔아 살지어다"

무슨 말씀이십니까? 제자들을 향하여서 전도를 하러 갈 때에 돈 주머니를 가지고 가라고 말씀하고 계십니다. 배낭도 가지고 가라고 말씀하십니다. 문제는 원래 예수님은 이렇게 말씀하지 않으셨다는 데 있습니다. 평소에 예수님께서는 제자들을 향하여서 전도하러 가라고 하실 때 이렇게 말씀하셨습니다.

"전대나 배낭이나 신발을 가지지 말며 길에서 아무에게도 문안하지 말며 어느 집에 들어가든지 먼저 말하되 이 집이 평안할지어다 하라"(눅 10:4)

분명하게 전대도 가지고 가지 말고, 배낭도 가지고 가지 말고, 신발도 가지고 가지 말라고 말씀하셨습니다. 이처럼 예수님께서는 평소에 아무 것도 가지고 가지 말라고 말씀하셨습니다. 그런데 오늘 예수님께서는 가지고 가라고 말씀하십니다.

모순되는 말에 제자들이 혼란이 오기 시작했습니다.

그런데 예수님께서는 여기에서 그치지 않았습니다. 36절 하반절에서 이제는 예수님께서 전도하러 가는 제자들에게 검을 사서 검을 가지고 가라고 말씀하십니다.

'참 이상하다. 전도하러 가는데 무슨 칼을 가지고 가라고 말씀하시는 거지? 전도가 무슨 전쟁인가? 전도하러 가는데 무슨 칼싸움을 하라는 거지?'

'왜 전도하러 가는데 말씀을 가지고 가라고 하시고 능력을 가지고 가라고 하셔야 하는 건지 칼을 가지고 가라고 하시는 것일까?'

'우리가 전도하러 갈 때 방해하거나 환란을 주거나 핍박하는 사람이 있으면 싸워서 해쳐도 된다는 말씀인가?'

'전도할 때에는 폭력이나, 무력이나, 투쟁으로라도 하라는 말씀인가? 왜 칼을 사서 칼을 들고 가라고 하시는 것일까?'

제자들은 도대체 이해할 수 없는 상황이었습니다. 마음속에 갈등이 일어나고 회의가 일어났습니다. 그렇게 혼돈 가운데 빠지고 말았습니다.

'앞으로 우리에게 기근이 닥친다는 말일까?'

'앞으로 주님이 우리를 도와주시지 않는다는 말일까?'

영 불안했을 것입니다. 뿐만 아니라 주님은 항상 전도자와 함께하신다고 약속하셨고 지켜주신다고 말씀하셨습니다. 그런데 이제는 전도자에게 칼을 가지고 가라고 말씀하십니다.

이런 공포심에 계속 전도를 해야 할지 아니면 여기에서 그만 두어야 할지 갈등 가운데 휩싸이게 되고 이 자리에 있어야 할 것인지 아니면 도망가야 할 것인지 참으로 난감한 상황이라 판단하게 된 것입니다.

누구라도 충분하게 그런 예감을 받게 될 상황이었습니다.

성경을 보면 이렇게 말씀한 구절도 있습니다.

"전도 하러 갈 때에는 말씀의 능력과 성령의 능력을 가지고 가라. 다른 것은 다 쓸 데 없다. 다른 것 가지고 가려고 할 것 없다. 다른 것 주려고 할 것 없다. 말씀과 복음의 능력만 가지고 가면 복음이 증거 된다."

또 이렇게 말씀하신 구절도 있습니다.

"우리가 그들을 전도하기 위해서는 그들의 수준에 맞추어서, 그들처럼 되어, 그들화 되어 가난한 자에게는 가난한 자처럼, 부자인 자에게는 부자처럼 되어 그들에게 필요한 것을 주고 사랑을 베풀면서 그들을 전도해라!"

그렇다면 전도할 때 어떠한 자세로 전도해야 합니까? 무엇을 가지고 전도하러 가야 합니까?

주님께서 들고 가라고 하는 그 것을 들고 가고 주님이 가지고 가라고 하시는 그 것을 가지고 가서 전도의 성공자가 되십시오.

전도를 잘하는 사람들을 보면 가지고 갈 것을 가지고 가고, 가지고 가지 말아야 할 것을 가지고 가지 않습니다. 가지고 갈 때 적절한 시기에 잘 가지고 가고 가지고 가지 말아야 할 때 안 가지고 갑니다. 줄 때 주고 안 줄 때 안 줍니다. 적재적소에 얼마나 알맞게 잘 적용하는지 모릅니다. 그렇기 때문에 전도를 잘하는 것입니다.

신나게 퍼주고 나르고 하면서도 전도하지 못하는 사람들이 있는가 하면 갖다 주는 것도 없는 것 같은데 딱 한 번 주는 그것이 계기가 되어 전도가 되는 일을 보기도 합니다. 말씀을 통하여 줄 때 주고 가지고 갈 때 가지고 갈 수 있는 지혜를 배우기를 바랍니다. 그래서 지혜롭게 전도하는 전도자가 되기를 바랍니다.

본문을 읽고 있으면 제자들이 이해가 잘 되지 않았던 것처럼 저 역시도 이해하기 참 힘든 말씀입니다.

왜 예수님께서는 전도할 때 아무 것도 가지고 가지 말라고 분명하게 말씀을 하시고서는 다시 다 가지고 가라고 하셨는지 도무지 모르겠습니다.

게다가 본문은 하나 더 해서 칼까지도 들고 가라고 말씀하셨습니다. 그 이유가 무엇입니까?

예수님께서 제자들을 당황스럽게 하고 갈등을 일으키시려고 그렇게 하신 것입니까? 아니면 제자들로 하여금 위기의식을 느끼게 하여 도망치게 하려고 그렇게 하셨겠습니까?

1. 왜 칼을 들고 가서 전도하라고 하셨을까?

1) 앞으로는 스스로 해결해야 되기 때문에

그것은 바로 예수님께서 함께 계실 때에는 예수님께서 다 해결해주셨지만 이제 예수님께서 떠나시게 되면 스스로 해결해야 한다는 그 사실을 알려주시기 위해서였습니다. 예수님께서 함께 계실 때에는 어떤 환난과 위기가 그들에게 닥친다고 할지라도 얼마든지 다 해결해주실 수 있으십니다. 그러나 예수님께서 떠나시게 되면 스스로 자기를 지키고 스스로 해결해야 한다고 하는 그 사실을 제자들에게 가르쳐 주셔야 했기 때문에 이렇게 말씀하신 것입니다.

"내가 너희에게 말하노니 기록된 바 그는 불법자의 동류로 여김을 받았다 한 말이 내게 이루어져야 하리니 내게 관한 일이 이루어져 감이니라"

"그러므로 내가 그에게 존귀한 자와 함께 몫을 받게 하며 강한 자와 함께 탈취

한 것을 나누게 하리니 이는 그가 자기 영혼을 버려 사망에 이르게 하며 범죄자 중 하나로 헤아림을 받았음이니라 그러나 그가 많은 사람의 죄를 담당하며 범죄자를 위하여 기도하였느니라"(사 53:12)

이사야 53장은 예수 그리스도의 고난, 메시야의 고난과 죽음에 대하여 말씀하신 것입니다. 그런데 우리 예수님께서 바로 그 때가 지금이 되었다고 말씀하시는 것입니다. 잘못이 조금도 없으신 우리 예수님께서 우측과 좌측에 있던 강도처럼, 불법한 자처럼 동류로 여김을 받으면서 십자가에서 죽임을 당하게 될 것을 이미 예수님은 아셨습니다.

예수님께서 함께 가실 때에는 아무 것도 가지고 가지 않아도 입을 것과 먹을 것을 다 제공하도록 주님께서 도우셨고 어떤 위기와 고난과 환란이 닥칠지라도 예수님께서 능력으로 다 지켜주시고 보호해주셨습니다. 그런데 예수님께서 떠나시고 나면 이 제자들에게 먹을 것과 입을 것을 과연 누가 주겠으며 과연 누가 지켜주고 보호해주겠습니까? 그렇기 때문에 제자들 스스로 준비하고 무장하라고 말씀하시고 스스로 무장하고 스스로 준비해서 안전하게 대비하고 자기를 지키라는 말씀이십니다.

만일 예수님께서 이렇게 말씀하시지 않아주셨다면 제자들은 안일하게 생각했을지 모릅니다.

'전도하면 먹을 것과 입을 것이 알아서 저절로 다 생기고 어떤 고난과 환난이 닥칠지라도 하나님께서 알아서 다 지켜주시는구나.' 그랬을 것입니다.

그러나 예수님께서 말씀하시므로 그들은 스스로 준비해야 하고, 실력을 키워야 하고, 무장해야 한다고 하는 것을 깨달았기 때문에 먹을 것과 입을 것도 준비했고, 환난과 고통이 닥쳐도 인내하고 승리하게 되어 참된 열두 제자가 될 수 있었던 것입니다.

우리 전도자들에게 굉장한 도전을 주고 있습니다. 의존적인 신앙인들이 얼마나 많은지 모릅니다. 그런 자들을 향하여서 주님은 자립적이고 독립적인 신앙인들이 되라고 말씀하십니다.

그렇게 오랜 세월 동안 교회를 다니고 말씀을 듣고 훈련도 받았는데 아직도 누군가에게 도움을 받아야 하고 혜택을 받아야 하고 의존을 해야 하는 신앙인이라면, 내 신앙을 지키기도 힘들어한다면 어떻게 다른 영혼을 살리고 전도하여 마귀의 자녀들을 빼앗아 하나님의 자녀로 만드는 이 위대하고 힘든 일을 감당할 수 있겠습니까?

무장하고 실력을 키우십시오. 그래서 의존적인 신앙인이 아니라 독립적이고 자립적인 그리스도인들이 되기를 바랍니다.

오늘날 한국 교회를 보면 소비자 신앙인들이 얼마나 많은지 모릅니다. 생산자 그리스도인들이 되어야 합니다. 그런데 교회마다 생산자 그리스도인들을 좀처럼 찾아보기 힘이 듭니다.

자신을 향하여 조금만 관심을 갖지 않는 것 같으면 이 교회에 사랑이 없는 것 같아서 못 나오겠다고 말을 합니다. 이런 말을 하는 사람들은 모두 소비자 신앙인들입니다. 스스로 소비자 신앙인이라고 생각되면 이제는 생산자 신앙인이 되기로 결단하십시오. 그래서 다른 사람들을 돌봐주는 그리스도인, 다른 사람을 중보기도해주는 그리스도인, 다른 사람을 전도하는 그리스도인, 다른 사람에게 베푸는 그리스도인이 되기를 바랍니다.

어느 정도 교회를 다녀서 영적으로 성인이 되었으면 결혼도 해야 하고 자녀도 출산해야 합니다.

시골에서 새끼를 낳지 못하는 소가 있다면 말할 것도 없이 두 번 생각하지도 않고 당장에 팔아버리고 말 것입니다. 감나무도 열매 맺지 않으니까 우리 어머니는 당장 잘라버렸습니다.

어느 때까지 영적으로 열매 맺지 못하는 나무로 살겠습니까?

이제부터는 생산자 그리스도인으로 살고자 변화되십시오.

2) 장차 닥칠 환난과 핍박을 준비해야 되기 때문에

예수님께서 함께 있으셨을 때와는 비교도 되지 않는 엄청난 환난과 핍박이 복음 전하는 기독교인들에게 닥칠 것을 그들에게 알려주심으로 만반의 준비를 미리 하도록 하셨습니다.

예수님은 예수님의 시대에 비해서 제자들의 시대에 훨씬 더 기독교인들의 핍박과 전도자들에게 모진 고난이 닥칠 사실을 이미 아셨습니다. 때문에 예수님께서는 준비함으로 무장하고 갖추고 있으라 말씀하시는 것입니다. 그렇지 않으면 이길 수 없고, 전할 수 없고, 배반할 수밖에 없고, 배교할 수밖에 없음을 너무나도 잘 아셨습니다.

예수님의 말씀을 듣고 준비했기 때문에 때로는 실수하고 무너지기도 했지만 결국은 그들이 열두 사도로서 세계 복음화의 주역이 되고 기적을 이루는 주인공이 될 수 있었던 것입니다.

사실 지금 우리가 사는 시대도 환난시대라고 볼 수 있습니다.

앞으로는 예수님의 제자들이 겪었던 환난을 능가하는 그런 환난이 다가올 것입니다.

교회 밖에 나가서 전도해 보십시오. 정말 전도가 되지 않는 시대입니다. 예수님의 이름을 꺼내면 무시당하고 공격당하고 어려움을 당하기 일쑤입니다. 복음을 전하려고 하면 환란을 당하는 그런 시대가 되어

버리고 말았습니다.

반드시 열심히 기도해서 능력을 가지고 나가야 합니다.

우리가 줄 것을 가지고 가야 합니다.

우리가 그들에게 베풀 능력도 가지고 가야 합니다.

그냥 무방비 상태로 전도하기란 불가능합니다.

나약한 목소리, 도무지 확신 없는 목소리로 예수님을 믿으라고 전해 보십시오. 그들이 이렇게 말할 것입니다.

"당신이나 잘 믿으십시오!"

그러면 끝입니다.

아무리 지옥에 간다고 말해도 소용없습니다.

지금과 같은 시대에는 전도를 하려면 열심히 기도로 무장을 해서 태신자에게 꼭 필요한 말씀을 받아서 나아가야 합니다. 말씀을 던지면 충격 받을 메시지를 받아서 전도를 해야 합니다. 하나님이 주시는 말씀을 가지고 가서 하나님이 주시는 충격을 던져서 전도를 해야 합니다. 그 능력으로 전도하지 않으면, 힘없이 전도하면 전도하기 힘든 시대입니다.

아픈 사람을 어떻게 전도합니까? 기도함으로 낫게 해주어야 합니다.

문제 가운데 있는 사람을 어떻게 전도할 수 있습니까? 기도함으로 그 문제를 풀어주어야 합니다.

그렇게 하나님의 능력을 경험하게 한 후에 전도해야 능력이 있다는 말입니다.

때문에 예수님께서는 환난 시대일수록 줄 것을 준비하고 전도하러 가라고 말씀하신 것입니다. 무장한 후에 전도하러 나가라고 말씀하신 것입니다.

진심으로 전도하기를 원하십니까?

하나님은 기도하는 자에게만 할 말씀을 주시고 기도하는 자에게만 능력을 주십니다.

2. 칼은 곧 하나님의 말씀

본문 말씀에 매우 중요한 부분을 발견하게 됩니다. 예수님은 지금 제자들을 향하여 칼을 사라고 말씀하십니다.

정말로 우리가 생각하는 그런 뾰족한 무기로 사용되는 그런 칼을 의미할까요?

전도할 때 방해하는 자들이 생기면 싸워서 이기라는 뜻입니까?

사실 제자들도 예수님께서 말씀하실 때 우리가 생각하는 그런 유형의 칼인 줄로 알았습니다. 때문에 38절에서 이렇게 대답하였던 것입니다.

"주여 보소서 여기 검 둘이 있나이다"

제자들이 이렇게 말할 때 예수님께서 "족하다." 하십니다.

여기에서 족하다고 하는 말의 뜻은 충분하다고 하는 것이 아닙니다. 지금 예수님께서는 다른 칼을 말씀하고 계시는데 제자들은 영적으로 무지하여서 깨닫지 못하고 있습니다. 그래서 진짜 우리 손에 쥘 수 있는 그런 칼을 말하고 있습니다. 그렇게 말이 통하지 않으니 예수님의 마음이 답답합니다. 그러니 되었다고 그만 이야기하자고 하는 대화를 중단하는 고백의 의미로서 족하다는 뜻입니다.

즉, 제자들이 인식하는 칼과 예수님께서 인식하신 칼이, 예수님이 준비하라고 말씀하신 칼과 제자들이 준비하려고 한 칼이 달랐다는 것입니다.

"구원의 투구와 성령의 검 곧 하나님의 말씀을 가지라"(엡 6:17)

성령의 검 곧 하나님의 말씀을 가지라고 말씀하고 있습니다. 즉 성령의 검을 곧 하나님의 말씀이라고 말하고 있습니다.

"지금 내가 여러분을 주와 및 그 은혜의 말씀에 부탁하노니 그 말씀이 여러분을 능히 든든히 세우사 거룩하게 하심을 입은 모든 자 가운데 기업이 있게 하시리라"(행 20:32)

바울이 지금 에베소교회의 성도들은 남겨놓고 예루살렘으로 죽으러 가는데 마지막으로 남기는 말이 주님께 부탁하고 은혜의 말씀에 부탁한다고 말합니다. 말씀과 주님이 동격으로 묘사되고 있습니다.

"태초에 말씀이 계시니라 이 말씀이 하나님과 함께 계셨으니 이 말씀은 곧 하나님이시니라"(요 1:1)

칼을 가지라고 하신 것은, 말씀을 가지라고, 예수님을 가지라고 하는 뜻입니다.
"지금까지는 너희 곁에서 너희들을 지켜주었지만 너희가 나 예수를 사면 이제는 내가 너희 속에 들어가서 완벽하게 영원토록 너희들을 지켜주리라."
그렇습니다. 칼을 사라고 하시는 것은 말씀을 사라고 하시는 뜻입니다. 말씀을 사라고 하시는 것은 예수님을 사라는 뜻입니다. 예수님을 가지라는 뜻입니다. 예수님을 품으라는 뜻입니다.

"내가 잠시 떠나는 것 때문에 너희들이 불안해하지 말라. 칼을 사면 즉, 나를 사면 내가 너희들 속에 들어가서 영원토록 어떠한 환난과 위기 속에서 내가 칼이 되어서 너희들을 완벽하게 지켜주고 너희들이 복음을 증거 할 때 누구도 건드리지 못하도록 최선으로 앞장을 서서 안전하게 막아주고 보호해주고 지켜줄 것이다."

여러분 속에 예수님이 있습니까? 예수님을 영접하십시오.

여러분은 예수님을 가졌습니까? 예수님을 소유하십시오.

여러분은 예수님을 품었습니까? 예수님을 품으십시오.

여러분은 진실로 예수님을 사셨습니까? 예수님을 사십시오.

너무나도 안타까운 사실은 교회를 다니면서도 마음속에 예수님이 없는 교인들이 얼마나 많은지 모릅니다.

내 마음에 주님을 모시고, 주님을 품고, 그렇게 주님과 함께 가면 전도가 됩니다. 방해자도 이길 수 있습니다. 그렇게 영원한 전도의 승리자가 될 수 있습니다.

나의 안에 거하라 나는 네 하나님이니
모든 환난 가운데 너를 지키는 자라
두려워하지 말라 내가 널 도와주리니
놀라지 말라 네 손 잡아 주리라
내가 너를 지명하여 불렀나니 너는 내 것이라
내 것이라 너의 하나님이라
내가 너를 보배롭고 존귀하게 여기노라

너를 사랑하는 네 여호와라

3. 칼을 사기 위해 투자하라

내가 주님 안에 있고 주님이 내 안에 거하시면, 진실로 내가 주님을 내 맘에 모시면 주님은 모든 환난 가운데 나를 지켜주십니다. 어떠한 환난 가운데에서도 나를 지키시고 이기고 승리하게 하실 것입니다.

예수님을 모시기 원하십니까? 그렇다면 어떻게 예수님을 모실 수 있습니까? 어떻게 해야 예수님을 살 수 있습니까?

팔아야 살 수 있습니다. 사기 위해서는 투자가 필요합니다. 투자하지 않고서는 예수님을 살 수 없다는 말입니다.

"검 없는 자는 겉옷을 팔아 살지어다"(눅 22:36 하)

유대인들에게 있어 겉옷의 의미는 생명입니다.

유대인들의 겉옷은 위에서부터 치마처럼 길게 하나로 되어 있습니다. 그래서 벗으면 거의 벌거벗은 상태가 됩니다. 즉, 겉옷은 그들의 모든 부끄러움을 가려주는 유일한 옷이며 게다가 그 나라에서는 작렬한 태양빛으로부터 그들을 지켜주는 고마운 것입니다. 그래서 그들은 잠을 잘 때 겉옷을 마치 이불처럼 덮고 자기도 합니다. 그들에게 겉옷이 없다고 하는 것은 모든 것이 없다는 의미와 동일합니다.

그런데 예수님께서 겉옷을 팔아서 칼을 사라고 말씀하셨습니다. 그렇다면 칼하고 겉옷의 값이 비슷하지는 않을까요? 그러니 칼을 사고 싶은 사람은 겉옷을 팔라고 하십니다. 겉옷을 팔아야만 칼을 살 수 있다고 말씀하십니다.

예수님을 사기를 원하십니까? 예수님은 헐값으로 살 수 없습니다. 예수님은 믿어도 되고 믿지 않아도 되는 그런 싸구려가 아닙니다. 예수님을 사려면, 얻으려면, 품으려면, 믿으려면, 예수님의 능력을 소유하려면 내가 가지고 있는 가장 귀한 것을 팔아 투자하지 않고서는 예수님을 살 수가 없다는 그런 말씀입니다.

"사람이 마음으로 믿어 의에 이르고 입으로 시인하여 구원에 이르느니라"(롬 10:10)

"시몬 베드로가 대답하여 이르되 주는 그리스도시요 살아 계신 하나님의 아들이시니이다"(마 16:16)

이와 같은 고백들이 얼마나 어려운지 아십니까?

그 당시 배경은 로마가 세계를 지배하던 때이며 게다가 이스라엘은 로마의 속국이었습니다. 시저가 나의 신이라고 고백하던 때였습니다. 그런데 누군가가 예수 그리스도가 나의 신이라고 고백을 하면 대번에 단두대에 목이 잘리거나 사자의 밥이 되어버리고 말 때였습니다.

당시 초대교회의 그리스도인들은 예수님을 나의 주인으로 삼기 위해서, 예수님을 믿기 위해서, 예수님을 사기 위해서, 예수님을 품기 위해서 나의 생명을 그리고 나의 목숨을 내놓았습니다.

그런데 현대의 그리스도인들은 그렇지 못합니다.

예수님을 품기 위해서 주일 단 한 시간도 드리지 못합니다.

예수님을 얻기 위해서 물질 얼마도 드리기를 아까워하면서 손을 벌벌 떱니다.

예수님을 얻기 위해서 성적 몇 점을 포기하지 못합니다.

예수님을 얻기 위해서 세상의 지위를 놓지 못합니다. 그래서 주일도 버리고 주님도 버립니다. 그러면서도 자신은 스스로 구원 받은 자라고 생각하면서 살아갑니다.

성경은 우리들에게 그 날에 지옥 갈 자가 실로 많다는 충격적인 말씀을 하고 있습니다. 교회를 다니는 교인들 가운데에는 그런 사람들이 단 한 명도 없기를 간절히 바라고 또 바랍니다.

세상 사람들에게 예수님을 전하기 위해서, 세상 사람들에게 예수님을 심어주기 위해서 우리는 많은 것을 포기하고 많은 것을 버릴 수 있어야 합니다.

예수님께서 우리들을 사시기 위해 물과 피를 한 방울도 남김없이 모두 투자하셨습니다. 모두 아낌없이 그렇게 버리셨습니다.

"너희 몸은 너희가 하나님께로부터 받은바 너희 가운데 계신 성령의 전인 줄을 알지 못하느냐 너희는 너희 자신의 것이 아니라 값으로 산 것이 되었으니 그런즉 너희 몸으로 하나님께 영광을 돌리라"(고전 6:19, 20)

우리들을 마귀의 자녀에서 하나님의 자녀로 만들기 위해서 예수님은 핏값을 지불하셨다는 것입니다. 그런데 우리들은 그 예수님을 전하기 위해서, 예수님을 소개하기 위해서 무엇을 버리고 투자했으며 포기했습니까?

바울은 "나는 복음의 빚진 자라." "나는 더 많은 사람을 얻기 위해서 모든 사람의 종이 되겠다." 말합니다.

빚진 자의 심정, 종의 자세가 아니고서는 영혼을 살려낼 방법이 없습니다.

여러분들에게 도전하고 싶습니다.

제자들이 이렇게 복음의 사명을 잘 감당했을 때, 정말로 자기들의 겉옷을 버리고 예수님을 사고, 그 예수님을 증거 하기 위해서 자신들의 모든 것을 버리고 좇아갔을 때 이 땅에서 열두 제자, 열두 사도라고 하는 가장 존경스런 위치에 그들을 높이셨고, 열두 보좌에 앉히셔서 가장 높은 지위에서 그들에게 상급을 주시면서 축복을 해주셨습니다. 뿐만 아니라 그들은 수많은 영혼을 살려내고 세계 전도의 기초를 놓았습니다.

하나님께서 주시는 이 땅에서의 높임과 천국에서의 귀함과 높임을 받기를 원합니까?

죽어가는 영혼을 살려냄으로 하나님의 간절한 소망을 이루어드리는 전도자들이 되기를 바랍니다.

11장

내가 살았나요?
그가 살았나요?

그들이 상 앞에 앉아 있을 때에 여호와의 말씀이 그 사람을 데려온 선지자에게 임하니 그가 유다에서부터 온 하나님의 사람을 향하여 외쳐 이르되 여호와의 말씀에 네가 여호와의 말씀을 어기며 네 하나님 여호와께서 네게 내리신 명령을 지키지 아니하고 돌아와서 여호와가 너더러 떡도 먹지 말고 물도 마시지 말라 하신 곳에서 떡을 먹고 물을 마셨으니 네 시체가 네 조상들의 묘실에 들어가지 못하리라 하셨느니라 하니라 그리고 자기가 데리고 온 선지자가 떡을 먹고 물을 마신 후에 그를 위하여 나귀에 안장을 지우니라 이에 그 사람이 가더니 사자가 길에서 그를 만나 물어 죽이매 그의 시체가 길에 버린바 되니 나귀는 그 곁에 서 있고 사자도 그 시체 곁에 서 있더라 지나가는 사람들이 길에 버린 시체와 그 시체 곁에 선 사자를 보고 그 늙은 선지자가 사는 성읍에 가서 말한지라 그 사람을 길에서 데리고 돌아간 선지자가 듣고 말하되 이는 여호와의 말씀을 어긴 하나님의 사람이로다 여호와께서 그에게 하신 말씀과 같이 여호와께서 그를 사자에게 넘기시매 사자가 그를 찢어 죽였도다 하고 _**열왕기상 13:20-26**

사람이 죽어 피 흘린 채로 시체가 길가에 버려져 있습니다.

누가 죽었는지 가만히 봤더니 목회자가 죽어 있는 것입니다. 어떻게 그렇게 죽게 되었는가 보았더니 길 가던 사자가 물어뜯어서 그렇게 죽게 되었던 것입니다. 사자에 물어 뜯겨서 죽은 시체를 한번 상상해 보십시오. 얼마나 끔찍합니까?

사단이 하나님의 종을 죽이라고 보낸 것이 아니었습니다. 그렇다고 해서 이 선지자의 원수가 복수하기 위해서 사자를 풀어놓은 것도 아니었습니다. 사자의 조련사가 실수를 해서 이 사람이 죽게 된 것도 아니었습니다. 사자가 배가 고파서 숲속에서 뛰쳐나와 이 선지자를 물어뜯게 된 것도 아니었습니다.

하나님께서 사자를 보내서 하나님의 사람, 하나님의 종을 죽이게 한 것입니다.

"여호와께서 그를 사자에게 넘기시매 사자가 그를 찢어 죽였도다"(왕상 13:26)

하나님께서 하나님의 종 목회자를 죽이기 위해서 사자를 보내셨고 그래서 그 사자가 가서 하나님이 종 사자를 물어뜯어 죽였다고 성경은 말씀하고 있는 것입니다.

도대체 하나님의 종이 무엇을 했기에 하나님께서는 사자를 보내셔서 물어뜯어 죽게 하신 것일까요?

이 당시 배경을 살펴보면 솔로몬이 왕이 되었다가 나라가 두 동강이 되면서 남왕국 유다와 북왕국 이스라엘로 갈라지게 되었습니다. 남왕국 유다의 왕은 르호보암이었고 북왕국 이스라엘의 왕은 여로보암이었습니다.

그리고 이 두 나라가 우리나라의 남북한이 갈라진 것처럼 냉전시대였었고 전쟁이 끊이지 않았다고 성경은 말씀하고 있습니다. 이처럼 남북이 갈라지면서 첨예하게 갈등을 하였고 계속 싸움이 끊이지 않았습니다.

그런데 가슴 아프게도 북왕국 이스라엘의 왕 여로보암과 그들의 백성들이 금송아지를 만들어서 우상을 숭배하면서 죄악 가운데 타락하고 있었습니다. 그것을 보다 못한 하나님께서는 남왕국 유다의 한 젊은 선지자를 부르셔서 그를 통하여 국경선을 넘어서 이스라엘로 가라고 명령하셨습니다. 그리고 그 나라의 왕과 백성들에게 선포하라고 말씀하셨습니다. 회개를 촉구하라고 말씀하셨습니다. 그렇지 않으면 멸망할 것이라고 전하라고 하셨습니다. 그리고 북왕국 이스라엘에 가서는 아무 것도 먹지 말고 아무 것도 마시지 말며 돌아올 때에는 직선거리로 돌아오지 말고 빙 돌아서 다시 남왕국으로 오라고 명령하셨습니다.

이와 같은 특별한 명령을 유다의 한 젊은 선지자가 받게 됩니다.

사실 그가 유다를 떠나서 이스라엘로 가게 되는 것은 죽음의 길이었습니다. 관계가 좋지 않은 나라이기도 하지만 이미 여로보암 왕은 북왕국 이스라엘과 더불어 베델과 단에 두 금송아지 신상을 만들어 놓고 우상을 숭배하도록 만들어버렸습니다. 그러한 나라에 가서 하나님의 말씀을 외친다는 것은 죽음을 각오하지 않고서는 불가능한 일이었습니다. 하지만 그는 국경선을 넘어서 북왕국 이스라엘로 갔습니다.

그 나라에 도착했을 때 마침 왕과 함께 제사장들과 수많은 사람들이 금송아지 신상에게 분향하는 중이었습니다.

이 젊은 선지자는 생명을 걸고 외쳤습니다.

"이렇게 하면 망합니다! 멸망합니다!" 회개를 촉구하고 멸망을 예언했습니다.

이런 말을 들은 여로보암 왕은

"여봐라! 저 놈을 당장 잡아서 처넣어라!" 이렇게 외치는 순간 그 손이 굳어서 병신이 되고 말았습니다.

그때 남왕국 유다 젊은 선지자가 말합니다.

"내가 한 말은 사실입니다. 그리고 반드시 이루어질 것입니다. 그러니 빨리 회개하십시오. 그 증표가 있습니다. 제단이 갈라지고 재가 쏟아져 나올 것입니다."

그런데 그 말이 떨어지기가 무섭게 제단이 딱 갈라지면서 재가 쏟아져 나오는 것입니다.

그때 여로보암 왕은 내 손을 제발 고쳐달라고 유다의 선지자에게 부탁을 합니다.

이 젊은 선지자는 기도하여 낫게 해주었습니다.

그랬더니 여로보암 왕이 남왕국 유다 선지자를 유혹합니다.

"우리 집에 들어갑시다. 그러면 편히 쉴 수 있도록 해주고, 맛있는 것도 많이 드리고, 예물도 선물해 드리겠습니다." 이렇게 요청했습니다.

이때 이 젊은 유다 선지자는 냉정하게 거절을 합니다.

"아닙니다! 당신이 당신 재산의 절반을 준다고 할지라도 나는 당신의 집에 들어가지 않겠습니다. 물도 마시지 않고 떡도 먹지 않겠습니다. 왜냐하면 하나님께서 이곳에서는 아무 것도 먹지 말고 아무 것도 마시지 말고 돌아오라고 말씀하셨기 때문에 나는 그렇게 할 수 없습니다."

그리고는 그 자리에서 일어나 하나님의 지시대로 먼 길로 돌아서 집으로 돌아가기 위해 출발을 했습니다.

그런데 북왕국 이스라엘에 사는 벧엘의 늙은 선지자 한 사람이 그 앞에 나타납니다. 그리고는 상수리나무 그늘 앞에서 먹지도 못하고 거의 탈진하여 기진맥진 상태로 쉬고 있는 이 젊은 남왕국 유다 선지자에게 말을 겁니다.

"얼마나 피곤하고 지쳤느냐? 우리 집에 와서 먹고 마시고 허기를 면하고 가거라. 이렇게 하다가는 죽는다."

"아닙니다. 하나님께서는 이곳에서 아무 것도 먹지 말고 마시지 말라고 말씀하셨습니다. 그래서 저는 그냥 갑니다."

"나도 선지자다. 그런데 하나님께서 선지자를 통해서 내게 말씀을 해 주셨는데 내 젊은 종이 기진맥진하여 쓰러질 수 있으니 네가 모셔다가 허기를 면하도록 대접을 한 후 돌아가게 하라고 말씀하셨다."

거짓말을 한 것입니다.

"이는 그 사람을 속임이라"(왕상 13:18)

남왕국 유다 선지자는 여기에 속고 말았습니다.

'아, 하나님의 말씀이 내게 이렇게 임하였구나. 내가 이토록 힘든 것을 하나님께서 아시고 먹고 가게 하려고 이 종에게 말씀하셨구나.'

생각하고는 그 집에 들어가서 먹고 잠시 쉬었다가 다시 남왕국 유다로 돌아가는 길이었습니다. 그때 사자를 만나게 된 것입니다. 하나님께서 보내신 사자를 통해서 그가 죽게 되었다는 것입니다.

남왕국 유다의 젊은 선지자의 입장에서 한번 생각해 보십시오.

너무나도 억울한 일 아닙니까?

사실 거의 완벽한 순종이었습니다.

떠날 때에도 생명을 걸고 갔습니다.

그리고 생명을 걸고 외쳤습니다.

왕이 붙잡았지만 과감하게 거절하고 그 자리에 머물지 않았습니다.

돌아올 때에도 빠른 길로 오지 않고 하나님께서 명령하신 그 길로 돌아서 왔습니다.

그런데 그 길에서 노종을 만났고 그 노종이 하나님께서 말씀하신 것이라고 하기에 조금 먹었을 뿐입니다.

여러분들이 이 남왕국 유다 선지자의 가족이라고 가정해볼 때 어떤 마음이겠습니까?

내 남편이 이국땅까지 가서 생명을 걸고 말씀을 전했습니다. 우리 아버지가 저 먼 나라까지 가서 목숨을 바쳐서 하나님의 말씀을 전했습니다. 그리고 돌아오는 길에 어떤 할아버지가 먹으라고 해서 그것도 하나님께서 그렇게 말씀하셨다고 하기에 조금 먹은 것뿐인데 그 일 때문에 아버지를 죽이고 남편을 죽였다고 한번 생각해 보십시오.

그렇다면 그렇게 잔인하게 일을 만드신 하나님, 냉정한 하나님, 사랑이 없는 하나님을 도저히 믿을 수 없다고 하고 거부하고도 남을 일 아니겠습니까?

이 사실을 알게 된 수많은 그 당시의 목회자들, 주의 종들이 뭐라고 생각을 했겠습니까?

"이렇게 충성스럽고 순종 잘하고 생명을 걸고 북왕국 이스라엘까지 다녀온 이 종이 그것 조금 불순종했다고 죽게 하다니, 그렇다면 누가 주의 종을 할 것이며, 누가 목회를 할 것이며, 누가 선지자를 하겠습니까? 다 때려치울 랍니다!"

이런 일이 생기고도 남을 일 아닐까요?

사실 남왕국 유다의 선지자 입장에서 보면 억울하고도 억울할 일입니다.

"하나님! 나를 써먹으실 땐 언제고 이렇게 죽일 수 있습니까? 죽이려면 차라리 우상을 숭배한 여로보암 왕을 죽여야 맞는 것 아닙니까? 그도 아니면 나를 거짓말로 속인 늙은 선지자를 죽여야 하는 것 아닙니까? 그 사람들은 멀쩡하게 살아있는데 왜 나를 죽입니까? 내가 뭘 그렇게 잘못했습니까? 내가 잘못했다고 하더라도 그 일이 그렇게 죽을 정도로 잘못한 것입니까?"

마음속에 이러한 분노가 들끓어 오르지 않겠습니까?

왜 우리 하나님께서는 목숨을 걸고 순종한 이 선지자를 사자에게 물어 뜯겨 죽게 했겠습니까?

세 가지 이유 때문입니다.

1. 부분적으로 불순종하는 자들을 회개시키기

북왕국의 늙은 선지자가 이렇게 말합니다.

"그가 유다에서부터 온 하나님의 사람을 향하여 외쳐 이르되 여호와의 말씀에 네가 여호와의 말씀을 어기며 네 하나님 여호와께서 네게 내리신 명령을 지키지 아니하고 돌아와서 여호와가 너더러 떡도 먹지 말고 물도 마시지 말라 하신 곳에서 떡을 먹고 물을 마셨으니 네 시체가 네 조상들의 묘실에 들어가지 못하리라 하셨느니라 하니라"(왕상 13:21, 22)

네가 여호와의 말씀을 어기고 하나님께서 네게 말씀하신 것을 듣지 않았다는 것입니다. 순종하지 않았기 때문에 죽는다는 것입니다. 그래서 네 시체가 네 조상들의 묘실에 들어가지 못한다는 것입니다.

실제로 북왕국 이스라엘 사람들이 금송아지 우상을 만들어서는 이 금송아지가 자기들을 애굽에서 인도한 신이라고 하면서 우상으로 섬기고 숭배하고 있습니다. 이들이 전적으로 타락하였습니다. 그들이 전적으로 말씀을 지키지 않았으며 불순종했습니다.

그런데도 하나님은 그들을 죽이지 않았습니다.

대신 90퍼센트 이상 말씀을 모두 순종하고 돌아가는 길에 늙은 종이 이야기하기 때문에 어쩔 수 없이 조금 먹은 이 종을 대신 죽입니다. 희생양인 것입니다. 그리고 그 일을 통하여서 하나님은 도전하고 계십니다.

"이만큼 불순종하는 내 종도 죽였다. 그런데 너희들은 전적으로 내 말을 듣지 않고 불순종하는데도 지금 이렇게 살아 있지? 그러니 회개하라! 돌아오라! 그리고 각성하라!"

이와 같은 경우는 성경책에 참으로 많이 있습니다.

초대교회에 아나니아와 삽비라라고 하는 부부가 있었는데 은혜를 받은 후 너무나도 감사해서 전 재산을 팔아서 하나님께 드리겠노라고 서원을 합니다. 그런데 막상 다 팔고 나니 그 액수가 엄청난 것입니다. 다 바치려고 하니 자기들의 노후가 슬슬 걱정이 되는 것입니다. 그래서 일부 조금 떼어놓고 헌금을 했습니다.

베드로 사도가 물었습니다.

"이것이 전부이냐?"

그때 전부라고 대답했습니다.

그러자 베드로 사도가 뭐라고 말합니까?

왜 주의 영을 시험하느냐고 책망했습니다. 그리고 그 자리에서 이 부부는 죽게 됩니다.

한번 생각해 보십시오. 아나니아와 삽비라 이 부부가 잘못한 것이 뭐가 그리 큽니까? 전 재산 모두 팔아서 헌금하려고 하다가 일부를 떼고 드렸습니다. 그렇다고 하더라도 그 일이 꼭 죽을 일이고 또 죽일 일이 됩니까?

"하나님께 약정한 것이면 그렇게 감추고 속이면 안 된다. 그러니 숨겨둔 것이 있으면 어서 바치도록 하여라!"

이렇게 말해도 되었을 것입니다.

아니 상식선에서 본다면 이렇게 말해야 합니다.

"참 기특하구나. 다른 사람들은 온전한 십일조 하는 것도 그렇게 힘들어하는데 어떻게 이렇게 많은 액수를 헌금할 생각을 다 했느냐?"

그래도 시원치 않은 이 부부를 하나님은 왜 죽였습니까? 초대 예루살렘 성도들을 비롯하여 수많은 사람들로 하여금 도전과 각성을 깨우쳐주기 위해서였습니다. 객관적으로 볼 때 그렇게 크게 잘못한 것은 분명히 아닙니다. 그러나 이 두 사람을 죽게 함으로써 예루살렘의 모든 성도들의 정신을 차리도록 하였고 각성하게 하였고 회개하게 함으로써 경각심을 불러일으키는 모델이 되게 하기 위해서 그렇게 하셨다는 것입니다. 그래서 앞으로 그러한 일이 일어나지 않도록 하게 하기 위한 하나님의 계획이었던 것입니다.

소수를 희생하게 해서라도 수많은 사람들에게 도전을 받게 하고 돌아오게 하고 싶은 하나님의 심정이 있었기 때문에 하나님은 그렇게 일을 하셨던 것입니다.

그렇다면 이 나라 이 땅에 얼마나 많은 사람들이 우상 숭배에 빠지는 죄악 가운데 살아가고 있습니까? 그런데도 우리들은 그들에게 아무런 선포도 하지 않고 회개하라는 말은 꺼내지도 못하면서 살아가고 있습니다. 우상을 버리라고 이렇게 살다가는 지옥에 간다고 하지도 못합니다.

생명을 걸고 선포했던 이 남유다의 젊은 선지자는 죽었는데 이렇게 말도 꺼내지 못하고 있는 우리들은 지금도 이렇게 살아 있습니다. 이 젊은 선지자의 죽음은 그 당시의 사람들에게만 도전을 주고 촉구하고 있는 것이 아니라 오늘을 살아가는 우리들을 향하여서도 도전을 하고 촉구하고 있는 것입니다.

"입을 벌려라!"

"선포하라!"

남왕국 유다의 젊은 선지자의 죽음을 통하여 도전을 받고 전도자의 사명을 잘 감당하는 우리가 되기를 바랍니다.

2. 우상숭배에 빠진 자들을 회개시키기

우상을 숭배한 나라의 음식을 먹은 자를 죽임으로 우상숭배에 빠져있는 그들을 회개시키고 각성시키고 도전시키기 위함입니다.

> "여호와가 너더러 떡도 먹지 말고 물도 마시지 말라 하신 곳에서 떡을 먹고 물을 마셨으니 네 시체가 네 조상들의 묘실에 들어가지 못하리라 하셨느니라 하니라"(왕상 13:22)

사실 북왕국 이스라엘의 사람들은 전체가 다 우상숭배에 깊숙하게 빠져 있었습니다. 그러나 남왕국 유다 선지자는 우상숭배자가 아니었습니다. 오히려 우상숭배의 회개를 촉구했던 사람이었습니다. 그런데 돌아오는 길에 늙은 선지자가 유혹하는 바람에 그가 주는 떡과 물을 조금 먹고 마셨을 뿐입니다. 그런데 하나님께서는 그런 선지자를 죽인 것입니다. 하나님께서는 북왕국 이스라엘 사람들에게 이것을 소문나게 하셨습니다.

"회개하라! 각성하라!" 도전하고 있는 메시지입니다.

오래전 아프가니스탄의 탈레반에 붙잡혀서 샘물교회의 부목사님이 죽었던 사건이 있었습니다. 그때 원래 다른 사람이 먼저 죽게 되어 있었는데 부목사님이 자원해서 먼저 죽게 된 것입니다. 그 사건을 놓고 왜 가지 말라고 하는 위험한 나라에 가서 죽느냐고 말하는 사람들이 있었습니다. 믿지 않는 사람들이 그렇게 말하기도 하지만 믿는 사람들 가운데에서도 그렇게 말하는 사람들이 적지 않았습니다.

그런데 어쩌면 하나님께서 그들을 보내시고 순교의 희생양으로 사용하셔서 더 이상 등 따뜻하고 배불러서 전도하지 않는 우리를 향하여 각성시키고 도전하기 위함은 아닌가 하는 생각을 잠시 한 적이 있습니다. 그것이 그 행동의 메시지, 모델의 메시지는 아닌가 하는 생각도 들었습니다.

만일 이렇게 우상을 섬기면서 죄를 짓고 있는데 멸망을 선포하지 않고, 복음을 선포하지 않고, 지옥을 선포하지 않는다면 앞으로 어떤 일로 행동의 메시지, 도전의 메시지를 주실까 두렵고 떨리는 마음입니다.

본문 말씀에 기록된 남왕국 유다의 선지자가 죄가 있어서 죽은 것이 아닙니다. 북왕국 이스라엘의 우상을 무너뜨리기 위한 하나님의 각성의 메시지였던 것입니다. 때문에 이 땅의 영혼들을 위하여 나아가서 멸망을 선포하고 회개를 촉구하고 복음을 전하지 않는다면 또 누가 희생양으로 죽게 되지는 않을까 실로 두렵고 떨립니다.

우리가 깨달았다면 이제 우리가 일어나서 입을 열어 회개를 촉구해야 합니다. 그리고 복음을 증거 해야 합니다.

3. 회개를 촉구하는 메시지를 선포하기

유다 선지자를 죽게 했던 북왕국 이스라엘의 선지자를 깨닫게 함으로 그의 입술로 계속하여 회개를 촉구하는 메시지를 선포하게 하기 위함이었습니다.

1절을 보면 남왕국 유다 선지자를 보내십니다.

"보라 그 때에 하나님의 사람이 여호와의 말씀으로 말미암아 유다에서부터 벧엘에 이르니 마침 여로보암이 제단 곁에 서서 분향하는지라"

그런데 이것이 통하지 않았습니다.

그래서 11절에서 하나님께서는 북왕국 이스라엘에 있는 늙은 선지자를 일으키십니다.

"벧엘에 한 늙은 선지자가 살더니 그의 아들들이 와서 이 날에 하나님의 사람이 벧엘에서 행한 모든 일을 그에게 말하고 또 그가 왕에게 드린 말씀도 그들이 그들의 아버지에게 말한지라"

그런데도 그들이 회개하지 않으니까 이 남왕국 유다 선지자가 죽고 난 후에 북왕국 이스라엘의 늙은 선지자가 깨닫게 됩니다.

그래서 29절 이후의 말씀을 보면 그 시체를 가져다가 장례를 지내면서 통곡을 하고 웁니다.

"이 사람은 내 형제다! 그러니 내가 죽거든 내 뼈를 이 사람의 뼈와 함께 묻어 달라!"

그리고는 32절에 마지막으로 이렇게 말을 합니다.

"그가 여호와의 말씀으로 벧엘에 있는 제단을 향하고 또 사마리아 성읍들에 있는 모든 산당을 향하여 외쳐 말한 것이 반드시 이룰 것임이니라"

남왕국 유다 선지자가 한 말은 모두 이루어질 것이라고 하는 것입니다. 북왕국 이스라엘의 선지자는 항상 입버릇처럼 말했습니다.

"남왕국 유다 선지자는 하나님의 사람이었습니다!"

"남왕국 유다 선지자가 한 말은 하나도 빠뜨리지 않고 다 이루어질 것입니다!"

남왕국 유다 선지자가 선포할 때 북왕국이 받아들이지 않았기 때문에 북왕국 이스라엘의 늙은 선지자를 일으키시어서 그로 하여금 대신 선포케 하시는 하나님의 계획이셨습니다.

이어령 전 문화부장관은 원래 기독교를 비판했던 사람입니다. 그런데 그가 극적인 사건을 통하여서 예수님을 믿게 되었습니다. 그렇게 그는 회심을 하게 되었습니다. 그리고 그가 지은 책이 바로 『지성에서 영성』입니다. 그는 지금 그 책을 통하여서 참 많은 지성인들에게 복음을 전하고 있습니다.

무엇을 말하는 것입니까?

북왕국 이스라엘의 지도자가 남왕국 유다의 선지자를 죽게 하기는 했지만 그가 그 일을 계기로 깨닫게 된 후에 적극적으로 대신 대변하여 복음을 전하게 되었다는 것입니다.

여러분이 전도할 때 여러분을 힘들게 하고 방해하고 어렵게 하는 사람이 있을지라도 너무 겁내지 마십시오. 그런 사람들을 하나님이 회개하고 예수님을 믿게 하면, 그래서 그들이 복음의 영향을 받게 되면 극대화가 될 것입니다. 어쩌면 그 안에 그러한 하나님의 계획이 숨어 있을지도 모릅니다.

물론 지금 현실은 그들이 방해하는 것이 맞습니다.

그러나 하나님은 얼마든지 전화위복으로 만드실 수 있는 분입니다.

성경을 보아도 그러하고 교회사를 보아도 그러하고 이러한 전화위복의 일들이 얼마나 많은지 모릅니다.

이기풍 목사님은 원래는 유명한 깡패였습니다. 선교사님들을 돌로 찍어버리는가 하면 교회를 불태워 무너뜨리는 아주 포학한 사람이었습니다. 도무지 사람으로서는 할 수 없는 일들을 했던 사람입니다. 교회라면 아주 극단적으로 싫어했던 자가 이기풍이란 사람이었습니다.

그런데 하나님께서 그를 만나주셨고 구원해주셨습니다. 그래서 그로 하여금 복음을 전하게 하고 순교자로 삼아주셨습니다. 수많은 사람들이 그를 통하여서 예수님을 믿게 만드시고 그 영향력이 세계 가운데 퍼져가고 있다는 말입니다.

이러한 이유 때문에 어떠한 태신자를 만날지라도 조금도 겁을 낼 필요가 없습니다. 아무리 안티일지라도 아무리 반항을 할지라도 겁낼 것 없습니다. 여러분을 힘들게 할수록 더욱 걱정할 것이 없습니다. 하나님께서 그러한 그를 회심시키시고 그를 통하여 더 많은 사람들에게 복음을 전하게 한다는 사실을 믿으시고 담대하게 전도의 자리로 초청할 수 있기를 바랍니다.

그런데 참으로 가슴 아픈 사실이 있습니다.

이렇게 한 종을 희생양으로 삼아 죽이면서까지 복음을 전했건만 말씀의 효과가 없을 수도 있다는 것입니다.

"여로보암이 이 일 후에도 그의 악한 길에서 떠나 돌이키지 아니하고 다시 일반 백성을 산당의 제사장으로 삼되 누구든지 자원하면 그 사람을 산당의 제사장으로 삼았으므로 이 일이 여로보암 집에 죄가 되어 그 집이 땅 위에서 끊어져 멸망하게 되니라"(왕상 13:33, 34)

그 일을 겪은 후에도 여로보암 왕이 백성들과 함께 그 더러운 죄를 떠나지 않고 계속하여서 죄를 짓습니다. 그리고 평범한 사람들을 누구든지 자원하기만 하면 그 사람을 제사장으로 마구잡이로 세우기 시작합니다. 그래서 이것이 죄가 되어 그 집이 멸망하게 되었다고 하나님께서 말씀하십니다.

이 말씀을 읽을 때 얼마나 서글픈지 모릅니다.

회개하고 받아들여 주께로 돌아오는 사람이 있는가 하면 이토록 희생하면서 생명을 걸고 말씀을 전해도 받아들이지 않고 거부하고 도리어 죄악 가운데 빠져가는 사람이 있습니다.

사실 이 본문만 보면 열매가 없었습니다. 성경에 보면 보초를 서고 있는데 적군이 쳐들어왔습니다. 그래서 보초병이 적군이 침략할 때 부는 나팔을 불었습니다. 그런데 군사들이 깊이 잠이 드는 바람에 게을러서 일어나지 못해 다 망했다고 가정해 보십시오. 그것은 군사들의 책임입니다.

그런데 적군이 침략을 했는데 보초병이 자기 혼자 살겠다고 적군이 침략할 때 불어야 할 나팔도 불지 않고 혼자 도망을 갔습니다. 나팔을 불지 않아서 우리의 군사들이 다 죽게 되었다면 그 책임은 나팔수에게 있습니다.

마찬가지입니다. 남왕국 유다 선지자는 열매가 있든지 없든지 전혀 관계가 없습니다. 그가 할 일은 다 했기 때문입니다. 그는 죽어가면서까지 모든 메시지를 다 전했습니다. 그러나 받아들이지 않은 북왕국 이스라엘이 다 멸망하고 죽는다면 그들의 책임이라는 것입니다. 그런데 만일 선포하지 않아서 그들이 죽게 된다면 그 책임은 선포하지 않은 자들에게 있게 된다고 하는 것입니다.

태신자들에게 복음을 애절하기 전하지 않아서, 선포하지 않아서 그들이 지옥에 가게 된다면 지옥에 가야 하는 이 많은 영혼들의 책임은 우리들에게 있게 될 것입니다. 그러나 우리가 선포했지만 그들이 믿지 않는다고 한다면 그 책임은 그들에게 있게 될 것입니다. 그들이 듣든지 듣지 않든지, 믿든지 믿지 않든지, 때를 얻든지 얻지 못하든지 태신자들을 만나서 복음을 전하고 초청할 책임이 우리에게 있는 것입니다.

카자흐스탄에서 복음을 전하다가 그들에 의하여 사모님이 둔기에 맞아 죽게 되어 그 시신을 안고 남편 목사님이 고국으로 돌아왔습니다. 장례를 치르고 1년이 지났습니다. 그리고 이 남편 선교사님이 다시 선교를 하기 위하여 그 땅으로 돌아갔습니다. 그런데 그때 놀라운 일이 일어난 것입니다.

그들은 그들이 섬기던 신을 섬기지 말라고 하고 예수를 전하니까 그렇게 둔기를 휘둘러서 사모님을 죽게 했던 것입니다. 그럼에도 불구하고 그 남편이 다시 와서 담대하게 복음을 전하니까 카자흐스탄 사람들이 쇼크를 받았습니다. 엄청난 충격을 받게 된 것입니다. 그래서 그 후에 예수님을 믿게 된 사람들의 숫자가 증가되었다는 보고를 들었습니다.

어느 나라든지, 어느 지역이든지 선교의 최초의 역사를 한번 더듬어 보십시오. 그 지역에 복음이 증거 되기 위하여서 누군가가 반드시 한 알의 밀알이 되어서 순교의 피를 흘렸을 것입니다. 그 피의 순교 위에 복음화가 이루어지고 수많은 영혼들이 구원을 받는 놀라운 역사가 있었음을 알게 될 것입니다.

저는 대구에서 목회하는 목사입니다. 대구는 우상과 죄악의 타락에 빠진 참으로 가슴 아픈 땅입니다. 기독교 복음화가 10퍼센트도 채 되지 않는 곳이기도 합니다. 때문에 늘 비장한 마음으로 우리의 수고와 헌신을 통하여서 수많은 영혼들이 살아날 것을 비전으로 바라봅니다.

전도를 잘하는 한 교회의 성도 가운데 성격이 매우 내성적인 성도님이 한 분 계셨다고 합니다. 얼마나 수줍음이 심한지 목사님이 말을 걸어도 제대로 대답조차 못하는 분이라고 합니다. 그런데 이 집사님이 슈퍼마켓 아줌마와 세탁소 아줌마를 전도했다는 것입니다. 하도 신기해서 물어보는데 어떻게 전도했는지 말을 하지 못하더랍니다.

힘들게 그 자초지종을 알아보니 이러합니다.

이 집사님이 슈퍼마켓에 가서 물건을 하나 삽니다. 그리고는 주인아주머니에게 뭔가 할 말이 있는 것처럼 말을 꺼냅니다. 그런데 말을 제대로 하지 못하는 겁니다. 그렇게 한참을 망설이고 또 망설이다가 그냥 가더랍니다. 세탁소에 가서도 진지하게 뭔가 부탁할 것이 있는 것처럼 그렇게 말을 꺼내놓고는 한참을 있다가 또 그렇게 가버리더랍니다. 그러니 슈퍼마켓 아주머니와 세탁소 아주머니가 얼마나 답답하겠습니까? 다음 주에 와서도 또 이렇게 하는 겁니다. 하도 답답하니까 슈퍼마켓 아주머니가 이제는 먼저 말을 겁니다.

"도대체 무슨 말을 하려고 그래? 어서 말해봐! 뭘 말해도 내가 들어줄 터이니까 어서 말해봐!"

그런데도 말을 움찔거리면서 하지 못합니다. 한참 그러다가 결국 초청장 하나 놓고는 그냥 도망가버렸습니다.

그렇게 세탁소도 슈퍼마켓도 초청장만 놓고 제대로 전도하는 말은 꺼내지도 못하고 도망치듯 내빼고 말았다고 합니다.

석 주 째 그렇게 하니까 세탁소 아주머니와 슈퍼마켓 아주머니는 만나서 이야기를 한 것입니다. 그리고는 저 성격으로는 아무도 전도하지 못하니까 우리들이라도 교회에 가주자고 그렇게 마음을 모았던 것입니다. 그렇게 교회에 첫발을 내딛게 되었는데 그 두 분이 지금까지 교회에서 믿음생활을 아주 잘 하고 있다고 합니다.

전도하려고 마음만 먹으면 하나님께서 붙여주십니다.

우리나라에 들어왔던 최초의 선교사님들이 얼마나 많이 죽었습니까? 누군가가 죽어서 우리들이 살았다고 한다면 이제는 우리가 죽어서 누군가를 살려야 합니다.

우리들이 한 알의 밀알이 되어서 많은 열매를 맺을 수만 있다면, 우리들이 희생양이 되어서 많은 영혼들이 살아날 수만 있다면 우리는 마땅히 이 일에 동참해야 할 것입니다.

우리나라에서 전도한다고 해서 우리의 목숨이 위태하지는 않습니다. 조금 욕은 먹고 비난을 받는 정도에 불과할 것입니다. 조금의 수고와 조금의 헌신과 조금의 희생을 통해서 수많은 영혼들이 살아날 수 있다면 나는 못 한다, 나는 안 된다고 하는 사단이 주는 생각을 지워버리고 하나님께서 가장 기뻐하시는 그 일을 하기로 결단하는 우리가 되기를 바랍니다.

12장

끌려가나요?
데려오나요?

여자가 이르되 메시야 곧 그리스도라 하는 이가 오실 줄을 내가 아노니 그가 오시면 모든 것을 우리에게 알려 주시리이다 예수께서 이르시되 네게 말하는 내가 그라 하시니라 이 때에 제자들이 돌아와서 예수께서 여자와 말씀하시는 것을 이상히 여겼으나 무엇을 구하시나이까 어찌하여 그와 말씀하시나이까 묻는 자가 없더라 여자가 물동이를 버려 두고 동네로 들어가서 사람들에게 이르되 내가 행한 모든 일을 내게 말한 사람을 와서 보라 이는 그리스도가 아니냐 하니 그들이 동네에서 나와 예수께로 오더라 _요한복음 4:25-30

누가 뭐래도 하나님은 나를 최고로 사랑하십니다.

하나님은 잃어버린 영혼에게 관심을 두는 그 사람을 바라보실 때 더없이 기뻐하시기 때문입니다. 하나님께서 가장 기뻐하는 그 일을 하는 사람을 너무나도 사랑하신다는 것을 잊지 마십시오.

사람을 전도해서 교회로 데리고 오는 것이 정말 어렵습니다.

교회 밖에 나가서 사람들을 전도하고 초청해서 교회로 데리고 와 보려고 해보십시오. 정말 힘이 드는 일입니다. 그렇게 힘들게 겨우 데리고 온다고 하더라도 그 사람들이 교회에 정착하기는 또 얼마나 어려운지 모릅니다.

　이것이 우리의 현실입니다. 그런데 이런 것을 너무나도 잘 알면서도 우리 교회는 또 전도초청 잔치를 하려고 합니다. 전도초청 잔치를 한다고 선포를 하면 이렇게 생각하는 성도님들도 있습니다.

　'아, 잘되었다. 그렇지 않아도 데리고 오려고 했던 사람이 있는데 이번 기회에 그 사람을 데리고 와야 하겠구나.' 그렇게 신나게 생각하는 분이 있는가 하면 '이번엔 도대체 누구를 데리고 와야 하지?' 머리가 띵 한 것이 골치부터 아픈 분들도 있습니다.

　본문에는 한 여인이 나옵니다. 이 여인은 너무나도 많은 사람들을 너무나도 쉽게 한꺼번에 전도를 하는 기적과 같은 기막힌 일을 실제로 이루었습니다.

　이 여인이 다름 아닌 사마리아 여인입니다. 수가성 여인이라고 불리기도 합니다. 이 여인은 단번에 많은 사람들을 주께로 인도했습니다. 그리고 그들은 단번에 예수님을 믿도록 하는 위대한 역사를 이루었습니다.

　어떤 교회는 한 사람이 몇 천 명 전도를 하기도 한다는 이야기를 듣기는 했습니다. 심지어 담임목사님이 심방중인데 전화가 와서 받아보면 대형버스 열 대 정도의 사람들을 전도해서 지금 교회로 데리고 가고 있는 중이라고 하는 통화를 하기도 한다고 합니다. 그러면 주중에 아무리 심방중이더라도 빨리 교회에 와서 새가족을 위한 예배를 준비해야 합니다.

이 수가성의 사마리아 여인도 그처럼 단체의 사람들을 데리고 와서 단체로 예수님을 믿게 하는 실로 기막힌 일을 이루어냈다고 성경은 말씀하십니다.

그런데 더욱 놀라운 사실은 이 여인의 상황이나 형편을 살펴보면 사람을 데리고 올 처지가 아니라는 것입니다. 이 여자의 처지가 그다지 좋지 못하기 때문에 전도를 한다고 한들 그 말을 듣고 좇아올 사람이 거의 없는 그런 형편이라는 말입니다.

이 여인은 담대하게 초청을 했고, 이 여인의 초청에 사마리아의 많은 사람들이 따라왔다는 것입니다. 그리고 그렇게 많은 사람들이 예수님을 믿게 되었노라고 성경은 말씀하고 있습니다.

이 여인의 과거는 참으로 독특합니다. 벌써 남편을 다섯 명이나 바꾼 전력이 있습니다.

"너에게 남편 다섯이 있었고 지금 있는 자도 네 남편이 아니니 네 말이 참되도다"(요 4:18)

그리고 지금 살고 있는 남편이 여섯 번째 남편입니다. 그러니 거의 창녀 수준이라고 해도 과언이 아닐 정도입니다. 때문에 이 여인에 대한 좋지 못한 소문은 사마리아 전역에 퍼져 이 여인에게 꼬리표처럼 붙은 명칭은 더러운 여자, 지저분한 여자, 남의 남편을 꼬이는 여자, 타락한 여자, 창녀와 같은 여자였습니다.

그런데 이렇게 더럽고 지저분한 여자가 어떻게 그 많은 사람을 초청을 했을 것이며 또 그 초청에 응해서 주님 앞으로 데리고 왔겠습니까? 그런 사람이 초청을 한다고 해서 따라올 사람이 누가 있습니까? 이 여인에게 사람을 초청할 자격이 과연 있습니까?

뿐만 아니라 이 여인은 그 나라의 시간으로 6시에 물을 길러 우물로 나왔습니다. 그러니 우리나라 시간으로 계산하면 낮 12시 정오입니다. 사마리아 사람들의 풍습에 의하면 그 시간 즈음은 날씨가 너무나도 덥기 때문에 대부분의 사람들이 새벽 일찍 일을 마치고 그 시간에는 휴식을 취하거나 보통 낮잠을 자는 시간입니다. 때문에 성경은 그 시간에 우물에 물을 길러 오는 사람은 이 여인 한 명 뿐이었다고 말씀하십니다.

"사마리아 여자 한 사람이 물을 길으러 왔으매 예수께서 물을 좀 달라 하시니"(요 4:7)

보통은 무리를 지어서 함께 여러 여인들이 물을 길러 오는데 그 시간에는 아무도 물을 길러 오지 않았습니다. 이 여인은 아무도 오지 않는 시간, 아무도 만날 수 없는 그때에 물을 길러 오는 것입니다. 너무 뜨겁고 더워서 고통스럽지만 그때밖에 물을 길러 올 수 없는 것입니다. 즉, 이 여인은 사마리아에서 사람들로 하여금 완벽한 외톨이었다는 것입니다. 뿐만 아니라 그 여인 자신조차 대인기피증이 있어 혼자 물을 길러 왔던 것입니다.

사람들에게 언제 돌에 맞을지 모르는 여인, 또 본인 자신조차 사람들을 피하는 여인이 어떻게 그토록 많은 사마리아 사람들을 초청하고 예수님을 믿도록 할 수 있었겠습니까?

게다가 이 여인이 사마리아 사람들을 데리고 오지 못할 또 하나의 명확한 불가능한 이유가 있습니다. 그때는 사마리아 사람들이 낮잠을 자는 시간이었다는 것입니다. 대부분의 사람들이 휴식을 취하는 시간이었다는 것입니다.

만일 신실하고 사회적으로 지명도가 있고 훌륭한 누군가가 가서 초청을 했다면 자던 사람들일지라도 그 말에 응하고 따라서 주님 앞으로 나아갔을 수도 있을 것입니다. 그런데 그런 것이 아니라 창녀와 같은 이 더러운 여인이 잠을 자고 있는 사람들을 깨워서 예수님을 만나러 한 번 가보자고 했다면 마치 잠자는 사자를 깨우는 것과 같은 형국이 되어서 그렇지 않아도 우리 남편을 타락시키고 우리들을 괴롭힌 못마땅한 여인이 우리 잠까지 깨우냐고 하면서 야단법석이 일어날 수도 있는 상황입니다.

이런 상황을 두루 살펴볼 때 이 사마리아 여인이 절대로 그렇게 많은 사마리아 사람들을 예수님께로 초청하고 데리고 올 수 없는 상황이었다는 것입니다.

어쩌면 이런 생각이 들었을지도 모릅니다.

'그렇지 않아도 저 사람들이 지금 참고 또 참고 있는 중일 터인데 저 사람들이 일어나서 나를 죽이면 어떻게 하지?'

이런 두려움이 그 여인 안에는 왜 없었겠습니까?

이 여인은 자신이 외쳐서 사람들을 주님께로 데리고 가려고 하면 자기가 사귀었던 그 남자들의 아내들이 마치 돌이라도 들고 우르르 올 것 같았을 것입니다. 어쩌면 자기가 버린 다섯 남자들이 우르르 자신을 향하여 몰려들 것 같은 두려움이 있었을지도 모릅니다.

도무지 이해가 안 되는 부분이 바로 이것입니다. 어떻게 이 여인은 담대하게 사마리아의 그렇게 많은 사람들을 초청할 수 있었는가 하는 점입니다.

그것이야 억지로 이해할 수도 있다고 치더라도 더 이해가 되지 않는 부분이 있습니다. 어떻게 이토록 더러운 여인이 전도를 했는데 그 많은 사람들이 와서 또 그 많은 사람들이 예수를 믿게 되는 전도가 이루어졌는가 하는 점입니다.

태신자 이름을 적어내라고 강조를 하면 이렇게 생각하는 사람이 있습니다.

'아, 한 달 동안 어떻게 버티지?'

'목사님께서는 계속 밀어붙이고 도전을 할 것인데 한 달을 어떻게 넘길까?'

'앞으로 한 달은 정말 괴롭겠구나.'

또 어떤 사람은 이렇게 생각을 합니다.

'누구를 데리고 오지, 아무리 생각을 해도 데리고 올 사람이 없는데?'

'지난번에 전도를 해도 교회에 정착이 잘 되지 않던데 또 다른 사람을 데리고 온다고 한들 그 사람이라고 정착할 수 있을까?'

이런저런 걱정이 앞서 전도하여 데리고 오고 싶은 마음이 아예 사라지는 사람도 있을 것입니다.

그러나 반드시 데리고 올 사람이 있을 것입니다.

여러분들도 영혼을 구원하는 기쁨, 영혼을 구원하는 행복을 맛볼 수 있을 것입니다.

전도를 잘하는 사람이 되기를 원합니까?

전도대상자를 많이 만나러 가야 합니다. 자주 만나러 가야 합니다. 그렇게 부지런히 데리러 가야 전도가 되는 것입니다.

1. 누구에게든지 전도하라

그렇다면 예수님께서는 당시 사람들이 상종도 하지 않는 사마리아에 가서 게다가 그 사람들이 상종도 하지 않는 창녀와 같은 여인을 왜 전도했습니까?

사마리아 여인을 통해 사마리아성 사람들이 예수님을 믿게 하고 전도하게 한 이유가 있습니다.

첫 번째는 전도는 누구에게든지 해야 한다고 하는 그 사실을 가르쳐 주시기 위함입니다.

예수님은 사마리아 여인에게 물을 달라고 말씀하실 때 사마리아 여인이 예수님을 향하여 이렇게 당신은 유대인이면서 왜 사마리아 여인인 자신에게 물을 달라고 하느냐고 묻습니다.

"사마리아 여자가 이르되 당신은 유대인으로서 어찌하여 사마리아 여자인 나에게 물을 달라 하나이까 하니 이는 유대인이 사마리아인과 상종하지 아니함이러라"(요 4:9)

당시 유대인들은 사마리아인들과는 관계조차 맺지 않았습니다. 쳐다보지도 않았습니다. 마치 개나 돼지와 같은 취급을 하던 존재가 사마리아인들이었습니다. 그들은 지옥에 가는 것이 마땅하다고 생각하는 것이 유대인들 전체의 생각이었습니다. 그리고 그것은 예수님과 동행하고 있던 예수님의 제자들도 같았습니다.

그런데 예수님께서 이 사마리아 여인을 만나서 예수님을 믿게 하시고 그 여인을 통하여서 사마리아성의 많은 사람들을 예수님을 믿도록 하게 하심으로 말미암아 전도는 사람을 가려서는 안 된다고 하는 것을 가르치시려는 것입니다. 전도는 사람을 제한하거나 인종과 신분을 제안해서는 안 된다고 하는 것을 가르치시고 깨우쳐주시려고 하였던 것입니다.

만일 예수님께서 사마리아인들이 이방인이라고 해서 그들에게 가서 전도하지 않았다고 한다면 제자들을 비롯하여 수많은 유대인들이 자기들만 구원받은 줄 알고 이방인들에게 전도를 제한했을 것입니다. 그러나 예수님께서 사마리아 여인에게 전도하는 모습을 보고서 제자들도 이방인들에게 전도를 하였던 것입니다.

우리나라 사람들이 가장 전도하기 싫어하는 대상이 민족적 감정이 남아서 그런지 일본사람입니다. 그러나 그들에게도 반드시 복음은 전파되어야 합니다. 뿐만 아니라 북녘 땅에도 복음을 전해야 합니다. 김정일과 김정은에게도 복음을 전해야 하고 외국인 근로자들에게도 복음을 전해야 하며 죄를 짓고 감옥에 수감된 자일지라도 복음을 전해야 합니다. 어떠한 폭력범일지라도, 살인범일지라도, 성폭력범일지라도 복음을 전해야 합니다. 그들도 전도의 대상자들입니다. 스님에게도 복음을 전해야 합니다. 이처럼 누구에게든지 전도를 해야 합니다.

나를 미워하는 사람, 내게 손해를 끼친 사람, 나의 원수 같은 사람, 얼마나 미운지 정말 지옥에 갔으면 좋겠다고 여겨지는 그럼 사람들에게까지도 제한하지 말고 복음을 전해야 합니다.

아주 가난한 사람, 심각한 병에 걸려서 고통 받는 자 등 누구에게라도 전도하여야 합니다. 이것을 예수님께서 본을 보이신 것입니다.

눈에 보이는 모든 사람들은 하나님께서 우리로 하여금 주께로 데리고 올 자로 보여주신 자들입니다. 예수님께서는 그들을 위해서도 대신 죽어주셨습니다.

　주님이 우리에게 말씀하시고자 하는 첫 번째 교훈이 전도는 누구에게나 사람을 가리지 말고 해야 한다는 것입니다. 전도대상자에 제한을 두지 말라고 하는 것입니다.

2. 누구든지 전도하라

　예수님께서 상종도 하지 않는 사마리아에 찾아가서 타락한 여인을 전도하고 그 여인으로 하여금 사마리아성의 사람들을 전도하신 두 번째 이유는 전도는 누구든지 해야 한다는 사실을 가르쳐주시기 위해서입니다.

　이 사마리아성의 여인은 마치 창녀와 같다고 했습니다. 정말 소문도 좋지 못한 더러운 여인이었습니다. 그런데 성경을 보면 그런 여인도 지금 전도를 하고 있습니다. 아니 좀 더 정확하게 말하자면 우리 예수님께서 그런 여인에게 전도를 하게 하셨습니다. 그 여인이 스스로 어떻게 전도할 엄두를 내겠습니까? 혼자 힘으로 한다면 바로 돌에 맞아 죽을 처지의 여인이었는데 말입니다.

　우리가 아무리 부도덕하게 산다고 한들 배우자를 다섯 명이나 바꿔가면서 사는 사람은 없을 것입니다. 때문에 우리들도 얼마든지 전도할 수 있습니다. 그런 여인도 많은 사람들을 전도했다고 하는데 왜 우리가 못합니까?

　예수님은 사마리아성에서 가장 더러운 여인을 전도자로 세우심을 통하여 모든 사람들은 전도를 해야 할 의무가 있고 책임이 있음을 깨우쳐주시기 원했습니다. 전도할 수 있음을 말씀하시기 원하셨던 것입니다.

간혹 자신이 못 살기 때문에 전도할 수 없다고 말하는 사람들을 만나곤 합니다. 어떤 사람은 자신의 신분이 비천하기 때문에 자신이 없어서 전도하기 힘들다고 말을 합니다. 그래서 전도가 되지 않는 줄로 압니다.

그렇지 않습니다. 이 수가성 여인의 전도를 통하여서 예수님은 누구든지 전도해야 한다고 도전하고 있으니 마땅한 전도의 책임감을 가지고 전도의 사명을 감당하기를 바랍니다.

3. 성도들이 전도하지 못하는 다섯 가지 이유

예수님께서는 이 사마리아 여인의 전도 사건을 통해서 기막힌 전도의 다섯 가지 원리를 우리에게 가르쳐주시고 계십니다. 현대인들이 전도를 하지 못하는 이유는 이 다섯 가지 원리를 핑계로 삼고 머릿속에 집어넣고 있기 때문입니다. 대부분의 성도들이 이 다섯 가지 가운데 한두 가지에 사로잡혀 있습니다. 사단이 그러한 잘못된 사고방식을 우리들에게 집어넣고는 우리들을 억압했습니다. 우리들은 거기에 속아서 전도하지 못하는 것입니다.

사단이 넣어준 잘못된 사상을 깨뜨리고 주님께서 원하시는 원리대로 전도하게 되면 우리들도 얼마든지 전도의 대가들이 될 수 있습니다. 우리들도 얼마든지 영혼을 살리는 전도자의 삶을 살 수 있습니다.

1) 믿는 즉시 전도하지 않는다

전도는 연륜이 있어야 하는 것이 아니라 믿는 즉시 하는 것입니다. "여자가 이르되 메시아 곧 그리스도라 하는 이가 오실 줄을 내가 아노니 그가 오시면 모든 것을 우리에게 알려 주시리이다 예수께서 이르시되 네게 말하는 내가 그라 하시니라"

사마리아 여인은 예수님께서 이렇게 말씀하시자마자 쏜살같이 사마리아 성에 들어가서 바로 전도를 시작했습니다. 이 여인은 예수님을 만난 후 어느 정도 시간을 기다리지 않았습니다. 10년도 기다린 것이 아니고, 5년을 기다린 것도 아니고, 1년의 연륜을 쌓지도 않았습니다. 한 달 동안 기다리지도 않았습니다. 아니 단 하루도 기다리지 않았습니다. 한 시간도 기다리지 않았습니다. 이 여인은 예수님께서 메시아라고 하시는 그 말씀을 듣는 순간, 즉각적으로 사마리아 성으로 뛰어 들어가 사람들을 초청했습니다.

그런데 성도들이 머뭇거리고 망설이는 이유는 실력이 필요하다고 시간이 필요하다고 알아야 전도한다고 생각합니다. 이것이야말로 사단이 주는 고도의 잘못된 생각입니다.

이 여인이 예수님을 믿기를 망설이지 않았음을 왜 기록했을까요? 예수님만 믿는다면 연륜이 없을지라도, 직분이 없을지라도 즉각적으로 전도할 수 있다고 하는 그 사실을 깨달으십시오. 그렇다면 전도하지 못할 사람은 아무도 없습니다.

사실 교회에서 보면 연륜이 있고 직분이 있고 교회를 오랜 시간 다닌 성도님들 가운데에는 전도를 잘하는 분들이 많지 않습니다. 왜 그런지 아십니까? 아는 사람들이 대부분 예수님을 믿는 사람들이기 때문입니다.

이런 이유로 볼 때 누가 전도를 잘하는지 아십니까?

막 예수님을 믿기 시작한 사람들이 전도를 잘합니다. 이제 막 예수님을 믿기 시작한 사람들은 아는 사람들의 대부분이 불신자입니다.

'나는 새가족이기 때문에 예수 믿은 지도 얼마 되지 못하였고 그래서 전도할 수 없다. 전도야 교회를 오래 다니고 뭘 좀 많이 아는 사람들이 하는 것이겠지.'

아닙니다. 오히려 그런 성도님들은 전도하기가 힘이 듭니다. 새가족들이 훨씬 더 전도를 잘할 수 있는 상황입니다.

또 만일 교회에 오래 다닌 연륜이 있다면 그런 분들은 전도에 대한 거룩한 책임감을 가지고 더욱더 영혼 구하는 일에 힘을 써야 할 것입니다.

2) 있는 모습 그대로 전도하기를 미룬다

전도는 모든 생활이 변화된 후 하는 것이 아니라 있는 모습 그대로 하는 것입니다.

"너에게 남편 다섯이 있었고 지금 있는 자도 네 남편이 아니니 네 말이 참되도다"(요 4:18)

이 여인은 성적으로 타락하였습니다. 남의 남자를 유혹하는 더러운 여자였습니다. 그런데 이 여인이 그러한 삶을 다 청산한 후에 사마리아 성으로 전도하러 간 것이 아니라 그 모습 그대로 전도하러 갔습니다.

이 여인은 여전히 삶을 정리하지 못하고 여섯 번째 남편과 살고 있는 그 모습 그대로 전도하러 사마리아 성으로 갔습니다. 이것을 깨달아야 합니다.

사단은 이 점을 가지고 고도의 수단을 삼아서 성도들로 하여금 전도하지 못하게 합니다.

충분히 전도할 수 있는 성도인데 전도를 하지 않아서 제가 물었던 적이 있습니다.

"성도님은 제가 볼 때 여러 가지로 전도에 힘쓸 수 있는 분인데 왜 전도하지 않습니까?"

"목사님, 저는 가족 가운데 아직까지도 예수님을 믿지 않는 사람이 있습니다. 또 생활 가운데 고쳐야 하는 약점이 몇 가지 있습니다. 그렇게 신앙의 본을 보이지 못한 삶을 살아가고 있습니다. 그래서 제가 좀 더 변화된 후에, 제가 좀 더 달라진 후에, 제가 좀 더 새로워진 후에 전도하겠습니다."

이렇게 대답하는 것을 들었습니다.

그런데 만일 이런 마음이라면 그런 성도님들은 아마도 평생 전도하기 힘들 것입니다. 천국에 가서 하나님을 만날 때까지 변화되기 힘들기 때문입니다.

전도는 변화된 후 하는 것이 아닙니다. 있는 모습 그대로 해야 하는 것입니다. 변화된 후 전도하라고 하는 그 사단의 말에 속지 마십시오. 많은 성도들이 이 속임에 넘어가고 있는 것입니다.

어떤 분은 이렇게 말을 합니다.

"제가 술과 담배를 끊은 후에 전도하겠습니다."

아닙니다. 끊지 못했을지라도 전도하십시오. 괜찮습니다. 이 수가성 여인을 생각하십시오. 삶이 부족해도 삶에 죄가 있을지라도 괜찮습니다. 일단 바꾸고자 노력하는 것이 중요합니다. 그 가운데에서 먼저 전도해야 하는 것입니다.

3) 최우선적으로 전도하지 않는다

전도는 차선적으로 하는 것이 아니라 최우선적으로 하는 것입니다.

"여자가 물동이를 버려두고 동네로 들어가서 사람들에게 이르되"(요 4:28)

어차피 이 여인이 가는 곳이 사마리아 성입니다. 그리고 성 안과 우물은 거리가 멉니다. 물동이에 물을 길어 집에 갖다 놓은 후에 사마리아 성 사람들에게 가서 예수님이 계시니 가보자고 초청할 수도 있었을 것이지만 이 여인은 그렇게 하지 않았습니다.

예수님을 만나자마자 물동이를 버려두고 바로 사람들에게 전도하러 갔습니다. 물동이에 물을 길어 집에 가져다 두는 일이 아무리 중요하다고 하더라도 차선적인 일입니다. 우선적인 일은 전도입니다.

만일 이 여인이 물동이에 물을 담아서 집에 갖다 놓고 동네 사람들을 불러왔다고 가정해 보십시오. 그럼 아마 예수님은 떠나 예수님을 못 만나는 불상사가 벌어질지도 모른다는 것입니다. 이 꼬임에 넘어간 성도들도 많습니다.

물론 가정이 중요하고 이 땅의 일도 참으로 중요합니다. 그 일을 하지 말라고 하는 말이 아닙니다. 그런데 대부분의 사람들이 그것만 우선시한다는 것입니다. 그리고 전도에는 관심도 없이 완전히 뒷전입니다. 때문에 주님은 이 여인을 통하여서 우선순위가 바로 서야 한다는 것을 보여주고 계시는 것입니다.

세상의 일을 차선으로 미룰 수 있어야 합니다.

그리고 전도를 우선으로 둘 수 있어야 합니다.

20년 전에 들은 간증임에도 불구하고 아직까지도 잊지 않는 의사 장로님의 간증이 있습니다.

"저는 주업이 복음 전하는 것이고 부업이 의사의 일을 하는 것입니다."

그분의 집은 20평이 채 되지 않습니다. 하나님께서 언제라도 선교사로 부르신다면 파송 받고 가야 하기 때문에 그렇습니다.

이처럼 우리들의 주업은 직장이 아닙니다. 물론 직장에서 일을 잘하고 돈을 벌어야 합니다. 그러나 주님 앞에 설 때 주님이 그 일을 잘했다고 칭찬하시지는 않을 것입니다. 그리스도인들의 주업은 언제나 복음 전하는 것이 되어야 합니다.

"**그런즉 너희는** 먼저 그의 나라와 그의 의를 구하라 그리하면 이 모든 것을 너희에게 더하시리라"(마 6:33)

하나님께서 기뻐하시는 복음 전하는 그 일에 앞장서서 먼저 하면 주님이 주신다고 약속하셨습니다. 그런데 많은 성도들이 그의 나라와 그의 의를 구하는 그것은 하지 않고 이 모든 것을 더하시는 하나님에만 눈길을 쏟습니다. 그래도 하나님은 당신의 자녀이기 때문에 이 땅에서 먹고 살 수 있게는 해주실 것입니다. 그러나 영혼을 살리는 일을 등한시 한다면 하나님께서 '이 모든 것을 더'하시는 그 복은 누리며 살기 힘들 것입니다. 우리들이 사단의 이 속임에 넘어갔습니다.

기억하십시오. 전도는 내 생활 다 한 다음에 남는 시간에 하는 것, 남는 잉여 시간에 하는 그런 일이 아닙니다. 우리 인생 가운데 가장 우선적으로 가장 먼저 해야 할 일이 바로 전도입니다. 예수님은 말씀을 통하여서 바로 이것을 가르쳐주시기 원하셨던 것입니다.

물론 우리에게 맡겨진 그 일도 최선을 다하여 성실하게 해야 하지만 우리가 가장 우선적으로 해야 할 그 일은 전도임을 알아야 합니다. 그것을 바로 알고 전도를 먼저 하면서 다른 일들도 해나가는 지혜로운 성도들이 되기를 바랍니다.

4) 데려오는 것이 전도다

전도는 말씀으로 설득하여 데리고 오는 것이 아니라 그냥 데리고 오는 것입니다.

"와서 보라 이는 그리스도가 아니냐."

이것이 수가성 여인의 전도방법이었습니다.

이제 막 예수님을 믿게 된 여인이 예수님에 대하여 아는 것이 뭐가 있었겠습니까? 아는 것이 있어야 가르칠 것이고 아는 것이 있어야 설득할 것 아니겠습니까? 때문에 단 한 마디로 말하고 있습니다.

"와서 보라 이는 그리스도가 아니냐."

많은 성도들이 성경지식이 많아야 한다고 생각하고 말씀을 많이 알아야 전도한다고 생각하기 때문에 전도하지 못합니다.

어쩌면 말씀을 너무나도 잘 아는 신학대학의 교수님들이 전도하기 힘이 듭니다. 가슴이 불타듯 뜨거워서 만나는 사람마다 빨리 교회에 가보자고 예수님을 믿으라고 하는 그런 사람들이 전도를 잘합니다. 간혹 전도대상자들이 모르는 것을 물어보면 자기는 그런 것은 모르니까 교회 가서 우리 목사님한테 물어보자고 하며 무턱대고 데리고 오는 사람들이 전도를 잘합니다.

만일 성경지식을 갖춘 후 전도를 하겠다고 마음을 먹는다면 죽을 때까지 전도하기 힘들 것입니다. 또 전도대상자들이 하는 질문들에 모두 대답한다는 것은 사실 불가능한 일입니다. 전도는 말씀 지식이 충분하고 충만해서 많이 알아서 그들을 데리고 오는 것이 아니라 그냥 데리고 오는 것입니다. 쉽게 생각하십시오.

데리고 오기만 하십시오.

"예수의 말씀으로 말미암아 믿는 자가 더욱 많아"(요 4:41)

이 여인이 한 일이라고는 사람들을 데리고 온 것뿐입니다. 말씀을 가르친 것은 하나도 없습니다. 그런데 일단 예수님께로 데리고 나왔더니 예수님께서 그들에게 말씀하심으로 많은 사람들이 예수님을 믿게 되었다는 것입니다.

그들에게 말씀을 가르치는 것, 성경지식에 신경 쓰지 말고 전도하는 것에만 전력을 다하십시오. 그 후에 그들에게 말씀을 가르치고 먹이는 일은 교회에서 목회자들이 해야 할 일입니다. 전도를 잘하는 교회들을 보면 전도팀과 양육팀이 나뉘어 있습니다.

사실 전도자가 전도도 책임지고 양육도 책임지려고 하면 힘이 듭니다. 너무 힘들어서 지치기 마련입니다. 그렇게 지치다 보면 전도하는 일이 더 힘들어지고 그래서 전도하지 않게 됩니다. 그러니 전도자들은 전도하는 일에 힘쓰십시오. 그리고 교회는 그 전도되어 온 영혼들을 어떻게 양육할 것인가에 대하여 연구해서 한 영혼도 놓치지 않도록 해야 할 것입니다. 말씀으로 설득하여 전도대상자를 교회로 데리고 오는 것이 아니라 그냥 데리고 오는 것, 이것이 전도의 원리입니다.

5) 체험이 적어도 전도할 수 있다

전도는 많은 체험을 한 사람만 할 수 있는 것이 아니라 한 가지 체험만 있어도 할 수 있습니다.

> "내가 행한 모든 일을 내게 말한 사람을 와서 보라 이는 그리스도가 아니냐"(요 4:29)

이 여인이 예수님을 체험한 것은 단 한번입니다.

그렇게 처음 예수님을 만났습니다. 처음 만났을 때 예수님께서 자신의 과거를 모두 아셨습니다. 이것 한 가지를 체험했습니다. 그런데 그 한 가지만으로도 전도를 아주 잘합니다.

한번 자신의 인생을 돌이켜 생각해 보십시오.

하나님께서 얼마나 많은 기도의 응답을 주셨습니까?

얼마나 많은 체험을 하면서 지금까지 살아왔습니까?

전도의 대가 바울을 보십시오. 다메섹에서 예수님을 만났던 경험 그 하나입니다. 그런데 그 사건을 반복적으로 이야기하면서 전도를 합니다.

베드로는 변화산에서의 사건을 가지고 계속 이야기하면서 전도를 합니다.

우리나라에서 유명하다고 하는 부흥사들이 대단한 것 같지만 대부분의 부흥강사 목사님들은 교회들마다 거의 비슷한 간증을 가지고 말씀을 전하십니다. 내가 체험했고 내가 만난 하나님을 전한다는 것입니다. 그런데 그 말씀에 은혜를 받고 예수님에 대한 첫사랑을 회복하게 되더라는 것입니다.

물론 많은 체험이 있으면 더 좋을 것입니다. 그러나 전도할 때에는 많은 체험이 필요한 것이 아니란 말입니다. 단 한 가지 체험만 있더라도 수가성의 여인처럼 얼마든지 전도를 잘 할 수 있다는 것입니다. 멀리서 보면 예수님에 대한 체험이 있겠는가 싶은 성도님들도 개인적으로 만나 상담을 해보면 저마다 깊은 간증거리들이 있음을 듣게 됩니다. 영적인 체험도 있고, 신비한 체험도 있고, 기도에 응답받은 체험과 기적을 체험한 것이 있습니다. 저마다 하나님을 경험한 일들이 있더란 것입니다.

그 한 가지일지라도 진실 되게 전한다면 많은 사람들을 얼마든지 전도할 수 있습니다.

"목사님, 저는 체험이 별로 없습니다. 영적인 간증도 별로 없고, 체험도 없고 그래서 도무지 전도할 수 없습니다."

아무리 그렇게 말하는 성도일지라도 조용히 곰곰이 생각해보면 예수님을 체험한 경험이 많습니다. 많은 것 가운데 하나만 가지고서도 얼마든지 전도할 수 있다는 것입니다. 그 하나를 진실하게 붙잡고 담대하게 전도할 때 수많은 사람들이 예수님을 믿게 될 것입니다.

이 여인이 많은 사람을 전도했더니 하나님께서 이 여인에게 사마리아 성 사람들을 구원하는 구원의 사람이 되는 존귀한 자로 바뀌는 놀라운 역사가 이루어지게 하셨습니다.

우리들이 전도하게 되면 우리들의 가족이나 친척이나 친구나 직장의 동료나 주변 사람들이 비판하고 욕하고 귀찮다고 하겠지만 전도가 되어 예수님을 믿고 하나님의 자녀가 되면 욕하던 그들이 고마워하고 가정을 살려준 사람으로 높임을 받게 될 것입니다. 자신의 인생을 살려준 영웅으로 평가를 받게 될 것을 믿으십시오.

아직도 우리나라에 믿지 않는 사람들이 많고 곳곳에 우상들이 많아서 그들이 우리를 공격하지만 그들에게 전도할 때 하나님께서 전도하는 자들에게 반드시 상을 주실 것입니다. 죽어가는 영혼을 살린 자라고 우리들을 우뚝 세우실 것이고 존경 받는 자로 높이실 것입니다.

그 날을 바라보고 지금은 비록 힘들고 욕을 먹을지라도 입을 벌려 복음을 전해야 할 것입니다.

수가성 여인이 예수님을 만난 사건은 우연이 아닙니다.

예수님은 구태여 사마리아로 가지 않았습니다. 예수님은 이미 이 수가성 여인을 보셨습니다. 따돌림을 받는 이 여인이 다른 사람은 아무도 오지 않는 그 뜨거운 시간에 우물로 물을 길러 올 것을 미리 아시고 그 시간에 가셔서 이 여인을 만나주셨습니다. 그리고 이 여인으로 하여금 믿음을 가질 수 있도록 예수님께서 직접 말씀하시는 순간 그 여인은 믿게 되었습니다.

여인이 바로 믿게 되자 이 여인으로 하여금 전도해야 하겠다고 하는 열정과 용기를 넣어주시니 이 여인은 미친 듯이 달려가 전도하였고 사람들을 초청하기 시작했습니다.

전도는 내가 하려고 하기 때문에 되지 않는 것입니다. 주님과 함께 전도하십시오. 성령님과 함께 전도하십시오. 그래야 전도대상자들이 마음을 바꿉니다. 이러한 믿음으로 전도할 때 제한 없이 많은 사람들을 전도할 수 있을 것입니다.

성령님께서 그들의 마음을 흔들어주시기만 한다면 수많은 사람들을 얼마든지 전도할 수 있습니다. 그러니 전도 목표를 크게 정해보십시오.

수가성 여인이 한 것이 아니라 이미 주님께서 하신 것임을 잊지 마십시오.

"주인이 종에게 이르되 길과 산울타리 가로 나가서 사람을 강권하여 데려다가 내 집을 채우라"(눅 14:23)

Part 4
전도자의 세 가지 메시지

13장. 좋은 곳에서의 영원한 삶
14장. 선물 받으세요
15장. 내 아들을 돌려다오

13장

좋은 곳에서의 영원한 삶

예수께서 이르시되 나는 부활이요 생명이니 나를 믿는 자는 죽어도 살겠고 무릇 살아서 나를 믿는 자는 영원히 죽지 아니하리니 이것을 네가 믿느냐 _요한복음 11:25-26

　영안실을 담당하던 한 의사가 하루는 깜짝 놀랐습니다. 보통 죽은 시체의 얼굴을 보면 인상이 굳어 있거나 무표정하거나 때로는 눈을 뜨고 있다고 합니다. 그런데 그날 들어온 시체 3구는 아주 환하게 밝게 웃고 있었기 때문입니다. 그런 시체는 한 번도 본 적이 없는 의사는 담당 의사들을 불러 이 시체는 도대체 어떻게 죽었기에 웃고 있는지 사연들을 물어봤다고 합니다.

　첫 번째 시체는 로또복권에 당첨이 되어 너무 좋아 웃다가 죽은 시체라 했고 두 번째 시체는 더 밝게 웃고 있는데 그 시체는 총을 맞아 죽은 사람이며 총알이 죽을 때 겨드랑이를 스쳐지나가 간지러워서 그렇게 웃고 있는 것이라 했으며 세 번째 시체는 더 밝게 환하게 웃고 있는데 이유인즉 벼락을 맞아 죽은 시체이나 벼락을 맞기 전에 번개가 번쩍했는데 그게 사진 찍는 것인 줄 알고 웃다가 그렇게 되었다고 합니다.

우스갯소리입니다만 인상 쓰고 찡그리면서 죽든지 환하게 밝게 웃으면서 죽든지 모든 사람은 태어나면 누구나 다 한 사람도 빠짐없이 죽음을 맞이하게 됩니다. 반드시 죽습니다. 그렇다면 인상 쓰고 찡그리면서 죽기를 원하십니까, 아니면 밝게 웃으면서 죽기를 원하십니까? 어떤 모양이든 우리는 한번은 그렇게 죽게 될 것입니다.

1. 죽음을 준비하십시오

중세시대에 아주 훌륭한 황제가 한 사람 있었습니다. 그리고 이 황제의 밑에는 많은 부하직원들이 있었습니다. 이 많은 부하직원들 가운데 대부분은 간신배처럼 아첨을 하면서 황제의 기분만 좋게 하였지 도통 직언을 하지 않았습니다. 황제의 귀에 듣기 좋은 소리만 했습니다.

그런데 그 부하들 가운데 어수룩하고 모자란 부하직원이 하나 있었는데 그 사람은 황제에게 바른 소리를 바로 아뢰는 충언을 합니다. 황제가 보기에도 조금 모자라고 부족한 듯 보이기는 하지만 그 부하를 가장 사랑했습니다.

그래서 이 신하에게 6개월 동안 전국을 돌아다니면서 나라의 상태와 백성들의 상태를 알아보라며 시찰을 보냈습니다. 그런데 황제의 명령을 다 수행하고 돌아왔을 때 이 황제는 죽을병에 걸려서 침상에 누워있었습니다.

이 부하는 너무나도 사랑하는 황제가 침상에 누워 있는 것을 보고는 깜짝 놀라 뛰어 황제에게 나아갑니다. 그리고는 이렇게 말합니다.

- "폐하! 이 어찌 된 일입니까?"

폐하는 사랑하는 신하를 보자 눈물을 흘리면서 이렇게 대답합니다.

- "이제 내가 떠나게 되었노라."

그런데 조금 모자라는 이 부하는 이해를 하지 못했습니다.

- "폐하! 떠나시다니요? 그럼 어디로 떠나신단 말입니까?"

- "다시는 돌아올 수 없는 곳으로 떠나게 되었다."

그 때 이 부하가 한 번 더 외칩니다.

- "폐하! 그렇다면 떠날 준비는 다 되셨습니까?"

그 말에 폐하가 충격을 받게 됩니다. 이 부하는 뭘 모르고 외친 것이지만 이 왕은 죽을 준비가 전혀 되어 있지 않았기 때문입니다.

그렇다면 우리는 이 땅을 자신 있게 살았노라고 당당하게 말할 수 있으며 하나님 앞에 자신 있게 설 수 있으며 이 세상 떠날 준비를, 죽을 준비를 다 하셨습니까? 이 준비가 되지 않았다면 어떤 인생이든 실패한 인생입니다. 사람은 누구나 갑자기 죽습니다. 미리 예고하고 죽는 사람은 없습니다.

한 남자가 인생이란 기차를 타고 여행을 떠났습니다. 인생이란 기차가 시간의 철로를 빠르게 달려가는 동안 이 남자는 차창 밖으로 펼쳐진 아름다운 풍경들을 보면서 마음속으로 한 가지 다짐을 했습니다.

'그래, 나는 이 기차 안에서 가장 행복한 여행을 할 거야.'

이 남자는 자신의 행복한 여행을 위해서 새로운 친구들을 사귀기 시작했는데 그 중 기차 안에서 가장 힘이 센 주먹을 가진 친구가 있었습니다.

"이봐 친구, 필요한 것이 있으면 언제든지 말해. 이 기차 안에 있는 것은 전부 다 내 것이나 마찬가지니까!"

한 친구는 그 누구보다도 머리 회전이 빠른 잔머리였고 또 다른 친구는 날마다 신나게 춤을 추며 술 마시는 것을 좋아하는 축제의 삶처럼 살고 있었습니다.

"머리를 잘 굴리면 명예와 인기를 한꺼번에 얻을 수가 있다고."

"오늘 밤 기대하시라! 미녀들과 함께 하는 환상의 파티!"

날마다 이 친구들과 함께 지내면서 이 남자는 자기가 원했던 행복한 여행을 마음껏 누릴 수 있었습니다.

"영원히 함께 할 우리들의 여행과 우정을 위하여!"

그렇게 '노세 노세 젊어서 놀아!'를 부르면서 즐기고 또 즐겼습니다.

그러던 어느 날 잔뜩 술에 취해서 누워 있는 이 남자에게 어떤 한 사람이 찾아왔습니다.

- "당신 누구야?"

- "난 질병이라는 사람이오. 당신에게 기차 기관사의 통보를 전하러 왔소."

- "통보라고? 그게 뭔데?"

- "당신은 죽음 정거장인 다음 정거장에서 내리시오. 거기가 당신의 마지막 정거장이오."

- "마지막 정거장?"

갑작스런 기관장의 통보에 이 사람은 깜짝 놀랐습니다. 자신의 여행이 이렇게 갑자기 끝나게 될 줄은 몰랐기 때문입니다. 무엇보다 처음 가보는 죽음 정거장에 대한 두려움이 이 남자를 더욱 무섭게 했습니다.

'그래, 내 친구들한테 부탁을 하는 거야.'

이 남자는 죽음 정거장에서 자신과 함께 내려줄 수 있는 친구를 찾기 시작했습니다. 하지만 이 남자와 함께 죽음 정거장에서 내려주겠다고 하는 사람은 단 한 명도 없었습니다.

- "이보게 친구! 이것이 내가 가진 모든 재산일세. 이 모두를 주겠으니 나와 함께 다음 정거장에서 내려줄 수 없겠나?"

- "아니 미쳤어? 죽음 정거장에서 내릴 거면 그딴 재산들이 무슨 필요가 있어? 저리 가! 우리까지 재수 없게 병에 걸리면 어떻게 하려고 그래?"

- "이보게! 그래도 우린 친구잖아?"

- "친구는 무슨 얼어 죽을 친구!"

이 남자의 절박한 심정과는 상관없이 인생이라고 하는 기차는 죽음이라고 하는 정거장을 향해 쉬지 않고 달려갔습니다.

'내가 그동안 헛살았어. 헛살았던 거야.'

그의 몸과 마음은 쇠약해질 대로 쇠약해졌습니다. 하지만 그가 믿었던 기차 안의 모든 친구들은 그에게 작은 관심조차 보이지 않았고 죽음 정거장 앞에서 그는 오직 혼자일 뿐이었습니다. 드디어 기차가 죽음 정거장에 도착했습니다. 이 남자는 기차에서 혼자 내릴 수밖에 없었습니다. 등 뒤로 사람들의 웃음소리가 기분 나쁘게 들려왔습니다. 다시 떠나가는 기차 소리가 완전히 사라질 때까지 그는 고개를 돌리지 않았습니다. 죽음 정거장에서 혼자가 되어버린 남자, 그는 자신의 허무한 인생이 무척이나 아쉬웠는지 한동안 시커먼 땅바닥만을 쳐다보다 긴 한숨을 내쉬었습니다.

'휴!… 내게 남은 건 이제 아무 것도 없어.'

　인간은 누구나 인생이라는 여정의 여행을 시작하면 반드시 죽음이라고 하는 정거장에 도달하게 되어 있습니다. 한 번 인생을 도달하면 한 번은 죽게 되어 있습니다. 그런데 그 죽음의 정거장에는 그 누구도 함께 내려주지 않습니다. 나 혼자 내려야만 합니다.
　그 죽음의 정거장에 도달하지 않도록 나를 막아줄 사람은 아무도 없습니다. 돈도 의사도 부모도 자식도 죽음으로 내려가는 내 인생길을 막아줄 사람은 아무도 없습니다. 저는 지금도 잊지 못하는 사건이 하나 있습니다. 젊은 CEO중 가장 젊을 때 가장 성공했다고 했던 분인데 이 분이 갑자기 몸이 아파 병원에 가보니 석 달의 사형선고를 받습니다. 이 때 이 젊은 CEO는 의사 앞에 무릎을 꿇고 말합니다.
　"내 재산 600억을 다 드릴 테니 나를 좀 살려주십시오."
　절규하면서 외쳤습니다. 그러나 그는 석 달이 되기 직전에 이 땅을 떠나고 말았습니다. 죽음을 피할 수 있는 사람은 이 세상에 아무도 없습니다. 또 모든 사람은 죽음을 두려워합니다. 죽음을 맛보지 않기 위해서 죽지 않으려고 많은 사람들이 노력을 해보기도 하고 조금이라도 더 오래 살아보려고 몸부림을 쳐보기도 하지만 누구 한 사람도 때가 되면 이 땅을 떠나야 하는 죽음을 맞이하기 마련입니다.
　피할 수 없는 것이 바로 죽음입니다. 어느 누구도 죽음을 피할 수는 없다는 말입니다. 이것을 거부할 수 있는 사람은 아무도 없습니다. 아무리 내가 싫어하고 거부하고 외면한다고 할지라도 그 죽음을 맞이할 수밖에 없는 것이 인간입니다.

2. 나를 믿는 자는 영원히 죽지 아니하리니

"예수께서 이르시되 나는 부활이요 생명이니 나를 믿는 자는 죽어도 살겠고 무릇 살아서 나를 믿는 자는 영원히 죽지 아니하리니 이것을 네가 믿느냐"(요 11:25,26)

나를 믿는 자는 죽어도 산다고 말씀하십니다. 그리고 살아서 나를 믿는 사람은 영원히 죽지 않겠다고 주님께서 지금 말씀하고 계십니다.

예수님을 믿든지 믿지 않든지 죽으면 끝입니다. 그런데 죽어도 산다고 하는 말씀을 예수님이 하셨는데 예수님을 믿고 죽은 자 가운데 살아난 자들을 본 적이 없고 또한 무릇 살아서 믿는 자는 영원히 죽지 않는다고 말씀하셨는데 예수님을 믿는 사람들도 다 죽습니다. 이 말씀대로라면 살아서 예수님을 믿는 사람은 죽지 않아야 합니다.

주님은 지금 우리에게 상식적이지도 논리적이지도 않은 말씀을 하고 계신 것입니다. 그래서 사람들이 기독교를 부정하고 게다가 성경을 비판합니다. 예수님을 믿지 않는 것은 물론이고 성경은 전부 거짓말이라고 말합니다. 어떻게 죽은 자가 살아나고 살아서 믿는 자는 영원히 죽지 않습니까?

그런데 왜 예수님은 말씀을 통해서 나를 믿는 사람은 죽어도 살고 무릇 살아서 믿는 사람은 영원히 죽지 않는다고 말씀하셨을까요?

그것은 모든 인간은 죽음의 문제를 해결하지 못하고 죽음을 이기지 못하고 때가 되면 다 죽지만 우리 예수님은 죽었다가 살아나셨고 영원한 세계에서 영원히 살기 때문에 그 예수님을 믿는 자는 죽지 않고 영원히 산다고 말씀하신 것입니다.

저는 석가모니를 굉장히 존경합니다. 고타마 싯다르타(Gautama Siddhārtha) 그분은 성인이십니다. 믿는 자이든지 믿지 않은 자이든지 모두가 다 인정하는 분입니다. 그분의 말과 그분의 삶은 참으로 탁월하며 존경 받아 마땅하신 분입니다. 그러나 그가 신으로 신격화 되어서 신의 대우를 받을 수는 없는 일입니다. 훌륭한 사람입니다. 성인이 분명합니다. 하지만 그 이상은 아닙니다. 그분 역시 자신을 가리켜 신이라고 말한 적도 없고 믿으라고 한 적도 없습니다. 뿐만 아니라 그는 죽었습니다. 신이 죽을 수 있습니까? 그런데 석가모니는 죽었습니다. 그의 무덤은 화려하게 꾸며져 있습니다. 그렇듯 그는 죽음으로 끝났습니다. 죽음으로 끝이 난 인간이란 말입니다.

물론 그 또한 인간의 가장 심각한 문제인 죽음을 해결해보려고 생로병사를 연구하다가 그 자신도 죽음의 문제를 해결하지 못하고 죽고 말았습니다.

그러나 예수 그리스도는 죽었다가 사흘 만에 다시 부활하셨습니다.

그럼 그 사실을 어떻게 믿는가 묻고 싶습니까?

이미 20억의 사람들이 믿고 있습니다. 그 사실을 믿고 있는 20억의 사람들은 다 바보일까요? 선진국의 사람들, 똑똑하고 잘난 나라의 사람들이 더 많이 믿고 있습니다.

이렇듯 예수님은 자신이 죽음의 문제를 해결하시고 스스로 살아나셨습니다. 성지순례에 가봐도 예수님의 무덤은 보이지 않았습니다. 부활하셨으니 무덤이 무슨 필요가 있겠습니까?

전에 혜경 스님이셨다가 목사님이 되신 김성화 목사님이라는 분이 계십니다. 이 분은 경북대학교를 졸업하시고 3대째 스님이신 분이셨습니다. 한때는 불교계의 거성이셨습니다. 그런데 이분이 예수님을 믿게 되고 지금은 안수를 받고 목회를 하시는 목사님이 되셨습니다.

　이분이 어떻게 해서 예수님을 믿게 되었는지 아십니까? 믿게 되신 많은 이유가 있는데 그 가운데 한 가지입니다. 이분이 성경을 읽게 되었는데 성경에 이상한 내용이 있는 것입니다. 예수님이 나인성이라고 하는 곳에 들어가십니다. 과부의 아들 청년이 죽어서 장례행렬이 나오게 됩니다. 그 장례행렬이 예수님과 딱 마주치게 됩니다.

　이 지구상에 장례의 행렬을 멈출 수 있는 사람은 아무도 없습니다. 상여가 지나가면 누가 되었든 다 피해주기 마련입니다. 그런데 그 많은 무리가 울면서 따라오는 그 장례행렬을 멈추게 하십니다.

　"상여를 멈추어라!"

　울고 있던 사람들은 모두 깜짝 놀랐습니다. 그런데 예수님이 그 자리로 성큼성큼 걸어가시더니 죽어있는 시체를 향하여 말씀하십니다.

　"청년아! 일어나라!"

　그러자 죽었던 청년이 벌떡 일어나 나옵니다.

　만일 예수님이 이 청년을 살리지 못했다면 무리들이 던지는 돌에 맞아 죽었을지도 모를 일입니다. 그런데 예수님은 죽은 자를 살리셨습니다.

　그런데 그와 같은 비슷한 내용이 불경에도 나온다는 것입니다. 한 과부의 아들인 청년이 죽었습니다. 자기 마을에 부처님이신 석가모니가 지나간다고 하는 이야기를 들었습니다. 그래서 석가모니를 찾아갔습니다. 그리고는 무릎 꿇고 울면서 제발 자신의 아들을 살려달라고 말합니다. 내 아들을 살려달라고 울고불고 매달리면서 간청하고 또 간청했습니다. 그때 석가모니가 하는 말이 있습니다.

　"여인아! 이 마을에 200호 되는 사람들이 살고 있다. 집집마다 들어가 보아라. 만일 사람이 죽지 않은 집이 있다면 그집에 들어가서 쌀을

빌려와 죽을 쑤어 죽은 너희 아들의 시체 입에 넣어보아라. 그럼 아들이 벌떡 일어날 것이다."이 여인이 고맙다고 감사하다고 인사를 전한 후 일어나 200집을 다 돌아다녀보았지만 사람이 죽지 않은 집은 단 한 집도 없었습니다. 할아버지가 되었든 고조할아버지가 되었든 다 죽었습니다. 실망하고 돌아옵니다. 그리고 부처님에게 묻습니다.

"사람이 죽지 않은 집이 어디 있습니까? 사람이 죽지 않은 집은 아무도 없습니다. 이제 어떻게 하면 됩니까?"

그 때 석가모니가 하는 말이 이렇습니다.

"그래, 사람은 한 번 태어나면 죽는 것이란다. 죽음의 문제는 누구도 벗어날 수가 없단다. 네 아들이 너보다 먼저 죽었을 뿐이지 너도 곧 뒤를 이어서 죽게 될 것이다. 죽음을 받아들여라."

혜경 스님이었던 김성화 목사님은 거기에서 충격을 받은 것입니다. 자기가 믿던 고타마 싯다르타(Gautama Siddhārtha)는 죽음의 문제를 해결하지 못했습니다. 그리고 그 자신 역시 죽음으로 끝나고 말았습니다. 그런데 예수 그리스도는 자기 자신도 죽음의 문제에서 부활했을 뿐만 아니라 죽은 자를 살렸습니다.

그렇다면 여기에서 이런 의문이 있을 수도 있을 것입니다.

"에이! 목사님, 성경은 예수님의 제자들이 기록한 것이니까 가짜로 기록할 수도 있는 것 아닙니까?"

아닙니다. 석가모니의 기록과 행적도 믿을 수 있는 것이지만 예수의 기록과 행적도 백퍼센트 믿을 수 있는 것입니다. 석가모니에 대하여 기록하여 남긴 책과 예수님에 대하여 기록에 남긴 책에 가장 확실한 역사적인 증거는 무엇으로 하는가 하면 원본과 사본이 얼마나 많이 남아 있는가에 의해 좌우됩니다.

지금 예수님에 대한 기록은 2만 권 이상이 남아 있습니다. 어떤 책들은 열 권도 남아 있지 않는데 백 퍼센트 신뢰하는 경우들이 있습니다. 만일 그것이 가짜이고 거짓말이었다면 다 불태워버리거나 찢어버려서 지금은 남아 있지 않았을 것입니다.

그런데 예수님에 대한 기록들은 현실 속에 있는 일들을 그대로 보고 기록한 것입니다. 만일 예수님에 대한 기록이 거짓이라면 우리가 어떻게 예수님을 4대 성인으로 존경할 이유가 어디에 있겠습니까? 다 던지고 불태워버리고 말았을 것입니다.

공자의 행위도 석가의 행위도 그리고 예수님에 대한 행위도 그분들의 말도 사실이기 때문에 인정하고 그분들 역시 4대 성인으로 존경하고 있는 것입니다. 때문에 성경의 기록은 반드시 사실입니다.

그렇습니다. 우리 예수님만이 죽음의 문제를 해결하시고 예수님만이 죽음을 이길 수 있다고 하는 사실을 알려주고 싶으셨던 것입니다. 즉, 예수님을 믿는 자들은 죽음을 이길 수 있고 예수님을 믿는 자들은 죽음의 문제를 해결할 수 있다고 말씀하고 계신 것입니다.

때문에 예수님은 죽음이 무엇인가에 대하여 우리에게 말씀하고 계십니다.

죽음이란 숨을 멈추는 것, 심장이 멈추는 것, 맥박이 더 이상 뛰지 않은 것이라 할 수 있겠지만 성경이 말씀하는 예수님께서 가르쳐주신 죽음은 영혼과 육신의 분리입니다.

우리 인간들은 영혼과 육신으로 구성되어 있습니다. 이 둘이 붙어 있으면 살아 있는 것이고 이 둘이 떨어지면 죽는 것이 됩니다.

'사랑과 영혼'이라고 하는 영화를 보셨습니까? 그 영화를 보면 주인공이 사고로 죽게 됩니다. 그런데 영화 장면을 보면 그와 똑같은 사람이 그 시체에서 빠져나옵니다. 그 장면을 들어 설명하자면 그대로 누워 있는 것이 육체입니다. 그리고 그렇게 빠져나온 것이 영혼이라 이 말입니다. 인간의 구성요소는 흙과 영혼으로 되어 있습니다. 하나님이 흙으로 만드시고 코에 생기를 불어넣으시니 사람이 되었다고 창세기는 말씀하십니다. 이것의 사실 증거가 사람이 죽으면 나중에 남는 것은 흙밖에 없다는 것입니다. 어떤 부위의 살이든 떼어놓고 어디에 있는 흙이든 갖다 놓아 분석을 해보아도 백 퍼센트 그 성분이 똑같다고 합니다. 성경은 사람은 흙으로 만들어졌고 거기에 영혼을 불어넣으셨기 때문에 사람이 되었다고 말씀하고 계십니다.

이 세상 모든 것은 고향으로 돌아갑니다.

"흙은 여전히 땅으로 돌아가고 영은 그것을 주신 하나님께로 돌아가기 전에 기억하라"(전 12:7)

성경에 하나님은 인간을 흙이라 부르십니다.
하나님은 아담을 만드신 후 이렇게 말씀하셨습니다.

"네가 흙으로 돌아갈 때까지 얼굴에 땀을 흘려야 먹을 것을 먹으리니 네가 그것에서 취함을 입었음이라 **너는 흙이니 흙으로 돌아갈 것이니라** 하시니라"(창 3:19)

이 세상 모든 것은 고향으로 돌아가는 것이 원칙입니다. 물의 고향은 바다입니다. 때문에 물은 바다로 흘러갑니다. 불의 고향은 태양입니다. 때문에 불은 그 고향인 태양을 향하여 위로 올라갑니다. 물고기들도 고향으로 돌아가 죽습니다. 이처럼 우리 몸의 고향은 흙입니다. 그러므로 우리의 육체는 죽으면 흙으로 돌아가고 우리의 영혼은 하나님께로 돌아간다고 성경은 말씀하고 계십니다.

기억하십시오. 그냥 가는 것과 돌아가는 것은 다릅니다. 돌아가는 것은 원래 있던 곳으로 원위치하는 것을 뜻합니다. 육체는 죽으면 흙으로 돌아가지만 영혼은 영원히 삽니다. 영혼은 사라지지 않습니다. 영혼이 있는 존재는 하나님과 천사들과 마귀와 귀신과 인간 이렇게 다섯뿐입니다. 짐승은 영혼이 없습니다. 그래서 죽으면 그만입니다.

영혼은 생기면 사라지지 않습니다. 때문에 마귀와 귀신들도 무저갱에 가두기는 하지만 사라지게는 하지 못합니다. 죽일 수 있는 것이 아니기 때문입니다.

인간을 만물의 영장이라고 우리가 기뻐하지만 예수님을 믿지 않고 죽는다면 차라리 짐승으로 태어나는 것이 백 배 낫습니다. 짐승은 죽으면 그만이기 때문입니다. 인간이 만물의 영장이라고 하는 특권이 있지만 주님을 믿지 않고 내 인생에 죽음이 다가온다고 한다면 어떻게 하겠습니까?

만일 지옥도 없고 천국도 없이 죽으면 그만이라고 가정해 보십시오. 그런데 20억의 인구가 죽음 후의 세계를 믿고 있습니다. 그러니 자신은 없다고 생각했는데 만일 있으면 어떻게 하겠습니까?

많은 사람들이 이렇게 생각합니다.

'죽으면 그만이지.'

'죽으면 끝이지 뭐.'

그런데 만일 죽음 후의 세상이 있으면 어떻게 하겠습니까? 외쳐도 듣지 않은 사람들은 목사를 향하여 이렇게 원망을 할 것입니다.

"내가 몰라서 믿지 않을 때 목사님께서 코를 꿰어서라도 믿게 하든지, 멱살을 잡든지, 수갑을 채우든지… 하여튼 어떻게든 믿게 해주시지 왜 그냥 저를 놔두셨습니까?"

3. 오늘 밤에 네 영혼을 도로 찾으리니

죽음은 영혼과 육신의 분리입니다. 어떨 때 죽음이 찾아오는지 성경은 세 가지 경우를 말씀하십니다.

"우리가 이 보배를 질그릇에 가졌으니 이는 심히 큰 능력은 하나님께 있고 우리에게 있지 아니함을 알게 하려 함이라"(고후 4:7)

질그릇 속에 보배가 담겼다고 말씀하십니다. 그 보배가 영혼입니다. 우리 육체는 흙으로 만든 그릇이고 그 그릇 안에 영혼이 담겨 있습니다.
그런데 많은 사람들이 육체를 위해서 먹고 입고 씻고 바릅니다. 그런데 영혼은 있는 줄도 모릅니다. 그 영혼에 대해서는 도무지 관심이 없습니다. 영혼이 병이 들었는지 조차 모르고 살아갑니다.
그런데 유리컵이 깨지면 어떻게 됩니까? 컵이 깨짐과 동시에 물이 다 빠져나가게 됩니다. 이와 마찬가지로 우리들의 육체가 영혼을 담고 있는 그릇인데 높은 곳에서 떨어지거나 자동차나 기차 같은 것과 부딪히게 되면 몸이 심하게 부서지고 박살나고 맙니다. 그렇게 되면 내 영혼이 빠져나가게 됩니다. 죽음으로 분리가 되는 것입니다.
두 번째로 컵에 물이 담겨 있는데 금이 가서 한 방울 두 방울 물이 똑똑 떨어집니다. 천천히 서서히 물이 빠져나가게 됩니다. 그러면 당장 눈에 보이지는 않지만 시간이 오래 흐르고 나면 물은 다 빠져나가고 없게 됩니다. 이렇듯 우리 몸의 한 부분이 간암이 되었든 위암이 되었든 폐암이 되었든 병들어 바로 죽지는 않지만 어느 정도 시간이 흐르고 나면 죽음이 오게 됩니다.

세 번째로 내 몸이 부서지지 않아도, 한 부분이 심하게 아프지 않아도 우리에게 죽음이 찾아오는 경우가 있다고 성경은 말씀하십니다. 한 어리석은 부자가 엄청난 부를 축적해놓고 말합니다.

"이제 먹고 마시고 놀자."

이때 우리 하나님이 찾아오셔서 이렇게 말씀하십니다.

"하나님은 이르시되 어리석은 자여 오늘 밤에 네 영혼을 도로 찾으리니 그러면 네 준비한 것이 누구의 것이 되겠느냐 하셨으니"(눅 12:20)

하나님이 지금 이 시간 여러분의 영혼을 빼 가야 하겠다고 마음을 먹으시면 당장이라도 빼 가실 수 있습니다. 저는 조용히 앉아 있다가 죽는 사람을 본 적도 있습니다. 아무런 충격이나 터치가 없었는데 말입니다. 하나님께서 인간의 수명을 살도록 놔두실 수도 있지만 어떤 때에는 하나님이 원하시면 지금 당장 한 사람의 영혼을 빼어 가시려면 얼마든지 하실 수 있다는 말입니다. 그러면 죽는 것입니다. 하나님이 주신 것이니 하나님이 찾아가시면 얼마든지 내 인생은 끝날 수 있다는 것입니다. 그 어느 누구도 큰소리칠 수 없는 것이 우리의 인생입니다. 죽음은 누구도 피할 수 없습니다. 죽음에 대해서는 누구도 예외가 될 수 없습니다. 진시황제도 죽었고 나폴레옹도 죽었습니다. 김일성도 죽었고 김정일도 죽었습니다. 그 어떤 재벌도 영원히 산 사람은 없습니다. 죽음을 피한 사람은 이 땅에 단 한 사람도 없습니다.

죽는다 하더라도 그 죽음이 언제 다가오는지 알기만 해도 좋을 것입니다. 그러면 준비라도 할 수 있기 때문입니다. 그런데 성경은 오늘 죽을지 내일 죽을지 알 수 없다고 말씀하십니다. 그러니 죽음을 준비하기도 쉬운 일이 아닙니다. 이 땅에 올 때에는 순서가 있지만 갈 때에는 순서가 없습니다. 우리는 흔히 나이가 많으신 연로하신 분들이 먼저 죽고 젊은 사람들은 나중에 죽을 것처럼 생각을 하지만 그것도 아닙니다. 장래가 촉망되는 젊은 사람들이 죽는 경우가 얼마나 많습니까? 인생의 운명이 언제 어떻게 내게 다가올지 알 수 없는 것이 사실입니다.

대구지하철 참사 때 그 현장에 들어가 보니 얼마나 참혹한지 모르겠다는 말을 들은 적이 있습니다. 얼마나 열기가 뜨거운지 다 녹아서 뼛조각 하나 없었다고 합니다. 지하철 안에서의 그 열기의 온도를 계산해 보니 화장터에서 사람을 태울 때 그 온도보다도 더 높았다고 합니다. 남은 게 하나도 없습니다.

그런데 그 사람들 가운데 자신이 그렇게 갑자기 죽을 것이라고 미리 안 사람이 단 한 사람이라도 있었을까요? 갑작스럽게 화재는 발생했고 문은 열리지 않았습니다. 그런데 불길은 다가오고 독가스와 연기들은 점점 자욱해집니다. 숨을 곳이 없고 피할 길이 없습니다. 그렇게 절규하는 가운데 운명을 달리하게 된 것입니다.

그 벽면을 보면 살려고 얼마나 긁어댔는지 시뻘건 자국들이 많았다고 합니다. 그렇게 죽음은 예고 없이 갑자기 우리에게 다가오는 것입니다.

죽음을 준비하지 않고 사는 사람들만큼이나 비극적이고 실패의 인생을 사는 사람들도 없습니다.

참 믿음의 왕이었던 알렉산더 대왕은 비서 부하 하나를 고용했다고 합니다. 아침에 황제가 일어난 인기척만 들리면 그 신하가 하는 일은 오직 한 가지뿐, 알렉산더가 누워 있던 방에 들어가서 이렇게 말하는 것입니다.

"폐하, 폐하는 언젠가는 죽을 것입니다. 오늘 죽을지도 모릅니다."

그 말을 들으면서 자기 자신이 죽음을 준비하는 삶을 살았기 때문에 위대한 황제가 될 수 있었다고 하는 말입니다.

제가 잊지 못하는 한 사람이 있습니다. 이 분은 예수님을 믿지 않습니다. 남편은 믿는데 아내가 믿지 않습니다. 내가 남편을 만나 말씀을 전하면 아예 저를 보지도 않습니다. 고개를 픽 옆으로 돌립니다. 그리고 성경 공부하는 한 시간 동안 가게를 문 닫아야 하니까 그것을 아주 불만스럽게 생각하는 부인이었습니다. 그런 사람을 앞에 앉혀놓고 일대일로 성경공부하기란 결코 쉽지 않았습니다.

그렇게 성경공부하기를 한 번 하고 두 번 하고 세 번째 갔을 때 제 맘이 너무나도 속이 상했습니다. 성경공부해도 차도 한 잔 주지 않고 또 끝나기가 무섭게 문을 열고는 얼른 나가라고 하기가 일쑤였기 때문에 속마음은 정말 하고 싶지 않았습니다. 그래도 다섯 번 새가족반은 해야 하기에 이것은 하리라 다짐하고 네 번째 그 가정에 갔을 때 일입니다. 그런데 이 분에게 이상한 일이 벌어졌습니다. 무릎을 꿇고 제가 성경 공부하는 말끝마다 '아멘'이라고 말합니다. 이분이 도대체 왜 이러나 싶었습니다. 이렇게 반응이 상반되게 달라졌으니 제 입장에서는 얼마나 당황스러운 일이었겠습니까?

그렇게 성경공부를 마치고 나니 융숭하게 음식을 준비해 대접을 하면서 이런 말을 합니다.

"목사님, 제가 사흘 전에 쓰러졌었습니다."

만일 손님들이 들어오지 않았더라면 죽었을지도 모르는 상황이라고 합니다. 119 구급차에 실려 영대병원 응급실에 갔다고 합니다. 그리고는 네 시간 정도 의식이 없었다고 합니다. 그러면서 그분의 표현에 의하면 그렇게 죽음을 맛보았다고 합니다. 죽음의 선을 넘어갔다 왔다고 합니다.

그런데 자신의 의식이 돌아오기 시작하고 눈이 열리기 시작하고 귀에 사람 소리가 들리기 시작하면서 들리는 소리가 바로 목사님의 설교였다고 합니다.

"사람이 오늘 죽을지 내일 죽을지 모릅니다. 이 땅에 올 때에는 순서가 있지만 갈 때에는 순서가 없습니다."

이 설교를 반복해서 많이 했던 적이 있는데 그때 그 말씀이 생각이 나더라는 겁니다. 자기는 그 설교를 30대 초반에 들었는데 그때 웃긴다고 생각했다고 합니다.

'참 웃기네. 내가 죽긴 왜 죽어. 맨 날 교회 오면 죽는 이야기만 하고. 사람 겁주는 것도 아니고.'

그래서 그런 설교를 들을 때 속으로 굉장히 화가 났다고 합니다. 젊은데 왜 죽어? 하며 죽음에 대해서는 아예 생각도 하지 않았다고 합니다. 그런데 그 젊은 나이에 죽음을 맛보고 나더니 그 인생이 확 달라지게 된 것입니다. 그리고 그 후부터는 얼마나 믿음생활을 잘하는지 모릅니다. 새벽기도도 빠지지 않습니다.

이것이 죽음을 맛본 사람의 변화입니다. 그런데 꼭 죽음을 맛보아야지만 알 수 있겠습니까? 만일 우리가 의사가 죽는다고 하고 다 그렇게 죽음의 경험을 하고 난다면 예수님을 믿지 않을 사람은 아무도 없을 것입니다. 그런데 꼭 우리가 그러한 상황에 다다라서 그제야 예수님을 알고 그제야 죽음을 준비하고 그제야 믿음을 가져야 하겠습니까? 그렇게 해보고 예수를 믿어야 하겠습니까?

건강할 때, 인생의 커다란 고난이 없을 때, 교회마다 갖게 되는 새신자초청 잔치 같은 때 주님을 믿고 죽어도 살겠고 무릇 살아서 믿는 자는 영원히 죽지 아니하는 그러한 복을 받아 누리는 우리가 되기를 간절히 바라고 또 바랍니다.

오늘날은 물질 만능시대입니다. 그래서 돈만 있으면 다 된다고 생각하는 사람들이 얼마나 많은지 모릅니다. 그런데 정말 중요하고 소중한 것은 돈으로 되는 것이 많지 않습니다.

예를 들어보겠습니다. 건강을 돈으로 살 수 없고 잠을 돈으로 살 수 없으며 가정의 행복도 돈으로 살 수 없습니다. 우리가 많은 돈을 가지고 흘러내리는 물을 가로막을 댐을 건설할 수는 있습니다. 많은 돈이 있으면 그도 가능한 일입니다. 그러나 우리들에게 하루하루 다가오는 죽음을 막을 수 있는 사람은 아무도 없습니다. 그 무엇으로도 그 누구도 내게 다가오는 죽음을 막을 수는 없는 것입니다.

성경에 말씀이 기록되어 있습니다. 죽음을 이길 수 있는, 죽음을 막을 수 있는, 죽음의 문제를 해결할 수 있는 유일한 방법을 예수님께서 말씀해주고 계십니다.

그런데 여기에는 놀라운 조건이 전제되어야 합니다.

"나를 믿는 자"

그리고 이어서 이렇게 말씀하십니다.

"예수께서 이르시되 나는 부활이요 생명이니 나를 믿는 자는 죽어도 살겠고 무릇 살아서 나를 믿는 자는 영원히 죽지 아니하리니 이것을 네가 믿느냐"

예수님을 믿는 사람은 죽음의 문제를 해결할 수 있고 죽음을 이길 수 있다고 말씀하고 계십니다. 죽음이 주는 두려움을 해결할 수 있고 그 누구도 풀지 못한 죽음의 문제를 끝장낼 수 있다고 성경은 우리에게 말씀하고 계신 것입니다. '예수 그리스도를 믿는 것'이 유일하다고 말씀해주고 있습니다.

"그럼 예수님을 믿는 방법이 도대체 무엇입니까?

"영접하는 자 곧 그 이름을 믿는 자들에게는 하나님의 자녀가 되는 권세를 주셨으니 이는 혈통으로나 육정으로나 사람의 뜻으로 나지 아니하고 오직 하나님께로부터 난 자들이니라"(요 1:12,13)

예수님을 믿는다는 것은 예수님을 내 마음에 모시는, 예수님을 내 맘에 영접하는 것입니다.

'영접하는 자 곧 그 이름을 믿는 자'

예수님을 믿는 것은 내 마음에 예수님을 영접하는 것이고 그렇게 예수님을 영접하는 것이 곧 예수님을 믿는 것이 됩니다. 이것이 예수님이 우리에게 하신 말씀입니다.

"목사님, 그럼 쉽겠네요."

그렇습니다. 쉽습니다. 어렵게 하면 우리 인간들이 구원을 받을 수 없으니까 주님께서는 예수님을 내 마음에 영접하기만 하면 구원해주시는 쉬운 길을 오늘 우리들에게 열어주셨다고 성경은 분명하게 말씀하십니다.

주님은 언제나 믿지 않는 자들의 마음의 문을 노크하고 계십니다.

"볼지어다 내가 문 밖에 서서 두드리노니 누구든지 내 음성을 듣고 문을 열면 내가 그에게로 들어가 그와 더불어 먹고 그는 나와 더불어 먹으리라"(계 3:20)

누구든지 자신의 마음을 열면 예수님이 그 마음 안으로 들어가셔서 그 사람을 구원해주시겠다고 분명하게 말씀하고 계십니다. 아주 쉬운 방법입니다.

'예수님이 나를 위해 죽으셨구나.'
'예수님이 하나님의 아들이셨구나.'
'나도 그 예수님을 영접하고 내 마음에 모셔 들이고 죽음의 문제를 해결하고 영원히 사는 천국의 주인공이 되고 싶다.'는 고백을 드리십시오.

하나님이 여러분을 부르시고, 여러분들에게 요청하십니다.

'마음 문만 열고 나를 받아들이라. 그러면 내가 너희를 구원해주겠다. 죽음을 이기게 해주겠다. 죽음을 면제해주겠다. 나를 믿는 자는 영원히 살리라. 영생하리라.'

이렇게 말씀하고 계십니다.

죽음의 문제를 해결받고 영생을 보장받기를 원하신다면 찾고 부르시고 만나기 원하시는 예수님을 마음에 모시고 구원받으십시오.

14장

선물
받으세요

너희는 그 은혜에 의하여 믿음으로 말미암아 구원을 받았으니 이것은 너희에게서 난 것이 아니요 하나님의 선물이라 행위에서 난 것이 아니니 이는 누구든지 자랑하지 못하게 함이라 우리는 그가 만드신 바라 그리스도 예수 안에서 선한 일을 위하여 지으심을 받은 자니 이 일은 하나님이 전에 예비하사 우리로 그 가운데서 행하게 하심이니라 _에베소서 2:8-10

사람들은 누구나 구원을 받기를 원하며 죽어서 누구나 좋은 곳에 가기를 원합니다. 무신론자가 되었든 유신론자가 되었든 믿든 믿지 않든 기독교인이든 다른 종교를 믿든 모든 사람은 공통적으로 좋은 곳에 가고 싶고 구원받고 싶은 욕구들이 다 있습니다. 그런 욕구가 없는 사람들은 아무도 없습니다.

저희 교회 성도 중 한 부부의 이모부가 위독하다며 복음을 전해줄 것을 요청했습니다.

"이모부는 공무원 출신인데 성격이 대쪽과 같습니다. 그 어르신의 부인과 딸이 교회를 다니는데 그 교회의 목사님이 그 집에 심방을 왔다가 그 어르신에게 따귀를 맞고 쫓겨났습니다. 그렇게 성질이 대단한 어르신입니다. 그런데 그 분이 간암에 걸려서 사형선고를 받고 누워계십니다."라고 말합니다.

"하나님을 믿느니 내 주먹을 믿어라. 죽으면 끝이지 천국이고 지옥이고 그런 게 어디 있냐? 웃기는 소리 하지 마라!"이렇게 외쳤던 사람입니다.

그 사실을 알았기 때문에 저는 두렵고 떨리는 마음으로 그 병원에 갔습니다. 그런데 죽음 앞에 서 있는 그 분은 대쪽 같은 성격은 온 데 간 데 없고 무쪽이 되어서 혹 죽을까 벌벌 떨고 있었습니다. 제가 목사라고 하니까 제게 이런 부탁을 합니다.

"저를 좀 살려주십시오. 저를 좋은 곳으로 좀 보내주십시오."

제가 그 어르신의 말을 들으면서 깨달은 것이 있습니다.

"그렇구나. 인간은 죽음 앞에 직면하면 다 구원 받고 싶고 좋은 곳에 가고 싶은 마음이 있는 거로구나."

그래서 모든 사람들은 나름대로 다 노력하고 애를 씁니다. 무신론자이든, 그리스도인이든, 타종교인이든 누구든지 죽으면 그만이라고 그러면서도 나름대로 좋은 데를 가려고 노력하고 있습니다. 그래서 인지도를 닦든지, 고행을 하든지, 금욕을 하든지, 도덕적으로 윤리적으로 깨끗하게 살든지, 아니면 교회 생활을 하든지, 절에 다니든지 하는 종교행위를 합니다. 그것도 아니면 착한 일, 선행, 구제, 남을 돕는 일을 많이 하든지 여하튼 무엇을 하든지 나름대로 노력을 합니다. 죽으면 끝이라고 하면서도 말입니다.

제가 만났던 죽음 앞에선 한 분이 이런 이야기를 했습니다.

"내가 이렇게 죽을 줄 알았더라면 이렇게 살지 않았을 터인데 잘못 살았습니다. 내가 가진 것을 나누어주고 사회에 다시 환원하면서라도 내가 좋은 곳에 갈 수 있도록 준비해야겠습니다. 이렇게 악하게 살고 악하게 돈을 벌면서도 내가 이 모든 것을 버려두고 간다면 내가 잘못된 곳, 좋지 않은 곳으로 갈까봐 두렵습니다."

이렇듯 모든 사람들은 좋은 곳에 가고 싶어 하는 마음이 있고 그것을 준비하는 노력이 각자 방법은 다르지만 다 있더라 이 말입니다.

1. 그 어떤 행동으로도 갈 수 없는 천국

본문 속 에베소교회 성도들은 정말 구원을 받기 위해서, 천국에 가기 위해서, 좋은 곳에 가기 위해서 얼마나 애를 썼는지 모릅니다. 이 사람들은 예배를 한 번도 빠지지 않았습니다. 금식하며 기도하고 전도도 열심히 하며 새벽기도도 열심입니다. 교회 일은 앞장서서 제일 먼저 헌신하고 충성하고 봉사합니다. 그것만 하는 것이 아닙니다. 가난한 사람도 도와주는 등 좋은 일을 많이 하고 죄를 짓지 않습니다. 혹 실수로 죄를 짓게 되면 눈물로 회개를 합니다. 왜 그렇게 하는지 아십니까? 그렇게 해서 좋은 곳, 천국에 가고 싶은 마음이 그들에게 있었기 때문입니다. 그러니 얼마나 귀하고 아름다운 모습입니까?

그래서 에베소교회 성도들 가운데에서는 자신감이 있고 확신이 있습니다.

'내가 이 정도 선하게 살았고, 내가 이 정도로 주님의 일을 많이 했

고, 내가 이렇게 노력을 했으니 지금 죽더라도 천국에 갈 수 있을 거야.'

그러나 그 행위가 부족한 사람들은 이렇게 생각을 했습니다.

'내가 좀 더 노력해야지. 좀 더 노력해서 자신 있게 좋은 데 갈 수 있도록 준비를 해야지.'

이들이 좋은 곳, 천국에 가기 위해서 이토록 애쓰고 노력하는 모습은 참으로 귀하고 아름다운 것입니다. 하나님께서 기특하다고 대견하다고 칭찬해주실 줄로 알았습니다. 그런데 하나님께서 사도 바울을 통해서 말씀하시기를 그들에게는 충격적인 벼락같은 말씀을 하시는 것입니다.

"에베소교회 성도들아! 천국은, 구원은, 좋은 곳은 너희들의 행위와 노력으로 가는 것이 아니다. 너희들이 아무리 예배를 잘 드리고 선한 일을 많이 한다고 하더라도, 너희들이 아무리 몸부림을 치고 노력을 하더라도 너희들의 그 노력과 행위와 좋은 일들로는 천국에 갈 수 없다!"

그렇게 선포를 하셨습니다.

그러면서 어떤 사람들이 천국에 가는지 말씀을 하십니다. 하나님의 은혜를 받는 사람, 하나님의 선물을 받는 사람이 값없이 공짜로 가는 것이라고 말씀을 하십니다. 그러니 에베소교회 사람들이 얼마나 놀랐는지 모릅니다.

에베소 성도들의 입장에서 볼 때에는 자기들이 선하게 살고 노력하고 주님의 일을 많이 하면 천국에 가는 줄로 알았습니다. 그래서 그렇게 하고 있는데 거기에 폭탄을 떨어뜨린 것과 같은 말씀을 하고 계신 것입니다. 그렇게 해서 천국에 가는 것이 아니라고 말씀하고 있습니다. 너희들은 다 헛수고하고 있다고 말씀하시는 것입니다.

에베소교회 성도들은 반문을 하기 시작했습니다. 그리고 그들은 절망을 합니다. 힘이 빠집니다. 맥이 빠집니다. 주의 일을 할 마음이 도무지 생기지 않습니다. 선하게 살고 싶은 마음이 생기지 않습니다. 완전 자포자기 좌절의 상태에 머물러 있습니다.

'이렇게 해봐야 이것이 구원을 받는 기준이 아니라고 말씀하시는데 고생하며 그렇게 열심히 주의 일을 하고 착한 일을 할 필요가 무엇이 있단 말인가?' 하고 포기해버리고 말았습니다.

어떤 사람들은 이렇게 생각을 합니다.

'아니, 은혜로 공짜로 구원을 받는다고? 어차피 은혜고 공짜인데 주의 일을 할 필요가 없지 않는가?'

방탕하고 타락한 생활을 하는 사람들도 있었습니다. 에베소교회 교인들이 항변을 합니다.

"하나님, 그렇다면 이렇게 예배 잘 드리고 교회 생활도 잘하고 착하고 좋은 일도 많이 하고 죄 짓지 않고 살려고 몸부림 치는 사람들이 천국에 가지 못하고 구원을 받지 못한다고 한다면 도대체 어떤 인간을 천국에 데리고 가려고 하십니까?"

이것이 에베소교회 성도들의 불평이었습니다.

제가 전도를 하다 보면 어떤 사람들이 제게 이런 말을 합니다.

"목사님! 교회 다니는 인간들보다 제가 착한 일 더 많이 하고 좋은 일 더 많이 하고 죄도 더 짓지 않습니다. 교회 다닌다고 하면서 죄 짓고 악한 일을 더 많이 하고 어려운 사람도 도와주지 않는 인간들이 얼마나 많은지 모릅니다. 그러니 혹시 지옥이 있다고 한다면 그런 인간들이 지옥에 가고 천국이 있다면 나 같은 사람이 천국에 갈 것입니다."

이렇게 당당하게 저에게 말하는 분들이 있습니다. 그런 분들에게 과감하게 말할 수 있습니다.

"틀렸습니다. 사람을 600만 명 죽인 히틀러도 그가 만일 하나님의 은혜를 받아들였고 믿음을 가졌다면 천국에 갈 수 있지만 600만 명을 살린 사람이 있다손 치더라도 그가 하나님의 은혜를 받아들이지 못하고, 수천만 가지의 착한 일을 한 사람일찌라도 예수님을 믿지 않는다면 지옥에 갑니다."

이런 사실을 전하면 얼마나 화를 내는지 모릅니다. 그런데 그것은 분명히 성경에서 말씀하시는 주님의 말씀입니다.

제가 언젠가 시골에 갔다가 저희 어머님이 농사를 지으시는데 물꼬를 잠시 보라고 하셔서 물꼬를 보러 간 적이 있었습니다. 그래서 그 심부름을 하고 오는데 친구 아버님이 삽을 어깨에 지고 오고 계셨습니다.

- "어르신, 오랜만입니다."
- "자네 언제 왔는가?"
- "방금 왔습니다. 그런데 어르신 연세도 높으신데 예수님 믿고 천국에 가야 하지 않겠습니까?"

그랬더니 이 분이 대뜸 이런 말씀을 하십니다.

- "예수 믿는 놈이 남의 논의 물을 빼가나?"

깜짝 놀라서 다시 물었습니다.

- "예? 무슨 말씀이십니까?"

천수답 논을 아십니까? 계단식 논입니다. 가뭄이 들어서 양수기를 돌려서 밤새 물을 대놓았는데 그 바로 밑에 교회 다니는 할아버지 집사님이 구멍을 내서 물을 다 빼내가고 만 것입니다. 적당히 빼면 표시도 나지 않을 것을 아주 많이 바닥이 나게 빼간 것입니다. 어제까지만 하더라도 위의 논에 물이 꽉 찼었는데 위 논은 물이 다 마르고 밑에 논에 물이 꽉 찬 것입니다. 구멍을 내서 물을 다 빼내간 것입니다. 그러니 이 할아버지는 예수 믿는 놈은 물론이고 예수도 믿을 수가 없는 것입니다. 그래서 제가 전도를 하려고 하자 예수 믿는 놈이 남의 논에 물을 "빼 가느냐?"고 역정을 내셨던 것입니다.

  - "어르신, 예수 믿는 놈은 물을 빼갈지 몰라도 우리 예수님은 물을 빼가지 않습니다."

그랬더니 이 어르신이 그래도 본인은 예수님이 불공평하기 때문에 예수님을 믿을 수 없다고 합니다.

  - "아니, 그 예수는 믿기만 하면 다 용서해주고 다 천국에 데리고 간다며?"

  - "예!"

  - "거봐! 불공평하지. 내 눈에서 물 빼간 그 놈은 예수 믿는다고 하면서도 나보다 몇 배나 더 많은 죄를 짓는데 예수 믿는다고 해서 천국 간다면 공평한 건 아니지."

본인이 생각할 때 자신은 그 영감보다 훨씬 더 착하게 산다는 것입니다. 그러면서 죄를 많이 지은 그 사람도 그리고 죄를 많이 짓지 않은 나도 다 예수만 믿기만 하면 천국을 데리고 가준다고 한다면 불공평한 것이 아닌가 되묻습니다. 제가 보니까 이 어르신이 이런 분야에 있어서 생각을 많이 하신 분 같아 보였습니다. 제가 할 말이 별로 없을 것 같은데 그때 성령님께서 제게 지혜를 주십니다. 그래서 이렇게 말했습니다.

  - "어르신, 집에 세탁기 있으십니까?"

  - "있지! 요새 세탁기 없는 사람이 어디 있나?"

  - "어르신, 그 세탁기 불공평하니까 갖다 버리십시오."

  - "왜?"

- "세탁기는 많이 더러운 옷이나 조금 더러운 옷이나 같이 넣으면 다 깨끗하게 빨아주니까 불공평하지 않습니까? 그러니까 그 불공평한 세탁기 갖다 버리십시오."

이렇게 말하자 그 어르신이 나를 물끄러미 보면서 아무 말도 하지 못하십니다.

오늘날 참으로 많은 사람들이 자신의 행위로 구원을 받는다고 생각을 합니다. 그렇기 때문에 내가 착하게 살면 얼마든지 좋은 데 갈 수 있다고 생각을 합니다. 성경은 그에 관하여 과감하게 'no'라고 말하고 있습니다. 구원받는 방법이 뭔지 모르는 사람은 계속해서 내 행위로, 내 노력으로, 내가 죄를 덜 지음으로, 내가 착한 일을 함으로, 내가 금욕을 함으로 구원받는다고 생각하고 거기에 올인을 하고 있습니다. 하지만 그 결과는 반드시 실패입니다.

본문 속에 하나님께서는 사도 바울을 통해서 에베소 성도들에게 정말 착한 일하고 좋은 일하고 죄도 짓지 않아서 천국에 가려고 준비하고 있는 그들을 향하여 벼락 같은 말씀을 던져 은혜로, 선물로, 공짜로 구원을 받는다고 말씀하고 계십니다.

왜 그렇게 하셨겠습니까? 에베소교회의 성도들로 하여금 주의 일을 하지 못하도록 하고 착한 일도 하지 못하도록 하고 낙심하고 좌절해서 그 모든 일을 포기하게 하려고 그렇게 하신 것이라고 생각하십니까? 아니면 구원은 은혜로, 선물로, 공짜고 받는 것이니까 방탕하게 마음대로 살라고 그렇게 말씀하신 것이라고 생각하십니까?

에베소교회 성도들이 하나님께서 성경에서 알려주신 정확한 구원받는 길을 백 퍼센트 잘 모를 뿐 아니라 반대로 행하고 있었습니다. 에베소교회 성도들에게 하나님께서 구원하시는 진짜 정확한 길, 정도를 알려주어서 그들로 하여금 진정으로 구원받는 길을 선택할 수 있도록 하기 위해서 하나님께서 친히 말씀하신 것입니다.

그런데 문제는 오늘을 살고 있는 현대인들도 심지어 교회를 다니는 사람들 가운데에서도 내가 교회 일을 많이 하고 헌금도 많이 하고 기도도 많이 하고 전도도 많이 하고 충성도 많이 하고 이러한 착한 일과 좋은 일을 많이 했기 때문에 좋은 곳 곧 천국에 간다고 생각하는 사람들도 적지 않다는 것입니다.

교회에 다니지 않지만 법 없이도 살 정도로 바르게 사는 사람들이 많습니다. 그들은 도덕적으로나 윤리적으로 다른 사람들에게 해코지 하지 않고 살았고 다른 사람들에게 오히려 좋은 일을 많이 하고 살았기 때문에 만일 천국과 지옥이 있다고 한다면 자기는 천국에 즉 좋은 곳에 간다고 생각합니다.

제가 고등학교 2학년 때 일입니다. 저는 고등학교 2학년과 3학년 때 학생회 회장을 연달아 2년 동안 했었습니다. 그런데 고등학교 2학년 때 교회에서 무슨 일이 있어서 제가 시험이 들어 교회를 두 주 동안 가지 않았던 적이 있습니다. 그런데 참으로 희한합니다. 두 주 동안 교회에 가지 않으니까 제 안에 이런 생각이 듭니다.

'예배도 드리지 않고 주일도 지키지 않으니 나 같은 사람은 천국에 갈 리가 없다. 그러니까 난 지옥에 갈 것이다.'

그런데 목사님이 저를 찾아오셔서 상담을 해주시고 그 맘을 바꾸어 다시 교회에 나가게 되니 또 내 맘 속에 이런 생각이 듭니다.

'아이고, 이제 천국에 갈 수 있을 것 같다.'

'참 이상하네. 그럼 교회에 나오지 않았던 2주 전에는 내가 마귀 자녀이고 이제 다시 교회 나오면 하나님의 자녀가 된 것인가?'

또 한 가지 생각이 듭니다.

'내가 죄를 지을 때에는 마귀 자녀라 지옥에 가고 착하게 살고 있으면 하나님 자녀라 천국에 가는 것인가? 그러면 내가 하나님 자녀 되었다가 마귀 자녀 되었다가 그렇게 된단 말인가? 이럴 리가 없다. 그럴 수는 없는 것이다.'

그러한 의구심을 품고 성경책을 보다 깨달았습니다.

'아니구나! 세상의 아버지도 족보에 자식이라고 적혀 있으면 죽을 때까지 그 아버지 자식인데 가출 한 번 했다고, 성적 한 번 내려갔다고, 엄마 말 한 번 듣지 않았다고 그 아버지 자식이 안 되는 것은 아니지 않은가? 세상의 아버지도 그럴진대 하나님 아버지가 그럴 리가 없다.'

이렇게 아니라고 하는 사실을 발견했습니다.

구원받는 것, 좋은 곳에 들어가는 것은 여러분의 행위와 노력으로 가능한 것이 아닙니다. 그냥 하나님의 은혜와 사랑을 받으면 되는 것입니다. 스스로 돌이켜 생각해 보십시오. 여러분은 주님께서 하신 말씀을 다 잘 지키고 착한 일과 좋은 일을 많이 하고 하나도 죄를 짓지 않고 완벽한 의인이 되어서 내 힘으로, 내 노력으로 천국에 가 보겠다고 해보십시오. 그것이 만일 기준이라고 한다면 좋은 데 갈 사람, 구원 받을 사람, 천국에 들어갈 사람은 이 지구상에 단 한 사람도 없습니다. 인간 스스로의 힘으로는 도저히 불가능한 일인 것입니다.

그러한 사실을 지금 에베소교회 성도들에게 깨우쳐주고 지금 이 말씀을 듣고 있는 우리들에게도 깨우쳐주고 계시단 말씀입니다. 하나님께서는 에베소교회의 성도들로 하여금 하나님의 은혜와 선물을 받으면 구원을 받는다고 하는 사실을 깨우쳐주기 위해서 본문에서 이렇게 말씀하고 계십니다.

"너희는 그 은혜에 의하여 믿음으로 말미암아 구원을 받았으니 이것은 너희에게서 난 것이 아니요 하나님의 선물이라 행위에서 난 것이 아니니 이는 누구든지 자랑하지 못하게 함이라 우리는 그가 만드신 바라 그리스도 예수 안에서 선한 일을 위하여 지으심을 받은 자니 이 일은 하나님이 전에 예비하사 우리로 그 가운데서 행하게 하려 하심이니라"

에베소교회 교인들을 향하여 하나님은 과감하게 말씀하십니다.

"아니다! 구원은 너희에게서 나는 것이 아니다. 행위에서 나는 것은 더더욱 아니다!"

하나님께서 이 말씀을 하시지 않았다고 한다면 에베소교회 성도들은 계속해서 자신들이 착한 일을 해서 구원을 받는 것인 줄로 알았을 것입니다. 때문에 계속해서 그 일만 하다가 평생 주의 일을 하고 평생 착한 일만 하다가 지옥에 갔을지도 모릅니다. 때문에 하나님께서 에베소교회 성도들에게 이러한 기막힌 사실을 알려주심으로 그들은 깨닫게 된 것입니다.

2. 믿기만 하면 백 점 만점에 백 점

장로님들 가운데에서 가장 존경받는 80세가 다 되어 가시는 연로하신 장로님이 한 분 계셨습니다. 그런데 죽기 얼마 전에 꿈을 꾸었습니다. 실제 있었던 일입니다. 자신이 죽어서 천국 문 앞에 가니까 사도 베드로가 천국 문 앞에 천사들과 함께 서 있었다고 합니다. 그런데 그 사도 베드로가 하는 말이 이랬다고 합니다.

- "이 천국은 이 땅에서의 삶을 평가해서 백 점이 되는 사람만 들어

갈 수 있는 곳입니다."

사람들이 쭉 줄을 서 있는데 아무도 그문 앞에 당당히 서지 못하는 것입니다. 이 땅에서의 삶이 자신이 없었기 때문입니다. 그런데 이 장로님은 자신이 있었기 때문에 성큼성큼 걸어가 그 앞에 딱 섰습니다.

- "내가 한 55년 새벽기도를 다녔습니다. 몇 점입니까?"

이렇게 당당하게 묻는 장로님에게 베드로가 말을 합니다.

- "1점입니다."

- "내가 예수님을 믿고 난 후 평생 동안 한 번도 주일 예배를 빠진 적이 없습니다. 몇 점입니까?"

- "1점입니다."

- "내가 얼마나 많은 사람들을 물질적으로 도와주었는지 모릅니다. 그렇다면 그것은 몇 점입니까?"

- "1점입니다."

- "내가 얼마나 많이 전도를 했는지 아십니까? 그렇다면 그것은 몇 점입니까?"

그래도 그것도 몇 점 되지 않더랍니다. 그래서 자신이 말한 그 모든 것을 다 더하고 또 더해도 10점이 되지 않아 화가 난 장로님은 이렇게 물었다고 합니다.

- "아니 이게 말이 됩니까? 나 같은 사람이 천국을 가지 못한다면 과연 누가 천국에 들어갈 수 있단 말입니까? 다 지옥에 간단 말 아닙니까?" 이때 베드로가 대답합니다.

- "여러분들의 행위는 누구라고 하더라도 다 합해봐야 10점이 넘는 사람이 없습니다. 그것으로 구원받는 것이 아닙니다. 예수님의 은혜와

예수님의 선물을 받아들인 사람만 100점입니다. 나의 행위와 나의 노력이 아니라 예수님이 나를 위해서 죽으셨고 나를 위해 부활하신 것, 그 예수님이 내 죄를 다 짊어지신 그것을 그 은혜와 사랑을 받아들인 자는 100점입니다. 때문에 그 사람만 들어갈 수 있습니다."

그렇습니다. 세상의 어떤 사람이 완벽한 행위를 할 수 있을 것이며, 어떤 사람이 죄를 짓지 않고 일생을 살 수 있을 것이며, 어떤 사람이 성경을 완벽하게 다 지키면서 살 수 있단 말입니까? 만일 그것이 구원의 기준이 된다고 한다면 목사도 천국에 들어갈 사람이 아무도 없을 것입니다.

다른 종교의 기독교와의 차이점은 선행으로 구원을 받는다고 가르치는 것입니다. 어떤 종교든지 내가 착하게 살아야 하고, 내가 죄를 짓지 말아야 하고, 내가 좋은 일을 해야 한다고 가르칩니다. 그래야 해탈의 경지를 이르게 되고 극락에 간다고 가르칩니다. 그런데 기독교는 반대로 인간이 아무리 노력을 한다손 치더라도, 아무리 착하게 산다 하더라도, 아무리 죄를 짓지 않고 살고자 노력한다 하더라도 인간은 스스로 구원받을 수 없다고 가르칩니다. 그것은 인간의 힘으로 할 수 있는 것이 아니기 때문에 하나님께서 예수님을 이 땅에 보내주셔서 우리를 위해 십자가에서 피 흘려 대신 죽게 하시므로 우리가 지은 잘못과 죄를 다 예수님께 전가하므로 그 사실을 믿고 받아들인 우리를 천국에 데리고 들어가신다고 약속해주십니다.

30년 동안 도를 닦으셨다고 하는 스님을 만났던 적이 있습니다. 그런데 그 스님의 말씀에 의하면 여전히 죄를 짓는다고 하십니다. 자꾸만 이상한 생각이 떠오른다고 하십니다.

인간은 아무리 성자고 군자고 성인이라 하더라도 인간 스스로 죄를 짓지 아니하고 인간 스스로의 행동으로 완벽해서 좋은 곳에 오를 수 있는 사람은 단 한 사람도 없습니다. 도무지 불가능한 일입니다. 그런데 우리 하나님께서는 도무지 안 되는 일을 예수님을 죽여서라도 대신 죄를 용서해놓으시고 받아들이고 믿으면 천국에 가게 해주시겠다고 약속하시는 것입니다. 그런데 왜 이것을 거부하는지 도무지 모르겠습니다.

에베소교회 성도들에게 절대로 행위와 노력으로 구원받을 수 있는 것은 아니라고 말씀하셨던 주님께서 오늘을 사는 우리들을 향해서도 동일하게 그와 같이 말씀하고 계십니다.

"너희는 그 은혜에 의하여 믿음으로 말미암아 구원을 받았으니 이것은 너희에게서 난 것이 아니요 하나님의 선물이라"(엡 2:8)

구원은 너희에게서 나는 것이 아니라고 분명히 말씀하고 계십니다. 교회에 나가 예배드리고, 헌금하고, 전도하고, 봉사를 해야지 구원받는 것이 아닙니다.

그렇습니다. 구원은 하나님의 선물을 받기만 하면 되는 것입니다. 하나님께서 너희의 죄를 용서해주시기 위해서 베풀어놓으신 엄청난 은혜와 사랑을 받아들이면 된다고, 이것 외에는 구원에 이르는 길이 없다고 말씀하십니다.

3. 믿는 자에게 주시는 선물, 천국

많은 사람들이 인간 스스로 구원받을 수 있다고 생각해서 그 방법을 추구하지만 그 방법은 이미 안 되는 것이라고 말씀하셨습니다. 주님이 이미 베풀어놓으신 용서를 받아들이는 것 외에는 다른 방법이 없다고 말씀하셨습니다. 그것이 성경이 분명하게 하시는 말씀입니다.

"은혜로, 선물로, 공짜로, 값없이 구원을 선물로 받는다고 한다면 구원 받지 못할 사람이 누가 있습니까?" 하는 분들이 있습니다.

맞는 말입니다. 그렇습니다. 다 구원받을 수 있습니다.

너무 쉽고 가소로워서 믿을 수 없다고 합니다.

"그렇다면 어렵게 해드릴까요? 만일 성경에 백억 헌금하는 사람이 천국에 간다고 적혀있다고 가정해 보십시오. 그렇다면 당신은 백억을 벌기 위해서 평생을 살아야 할 것입니다. 그렇지 않습니까?"

때문에 돈 백억보다 더 귀한 예수님을 우리 죄 때문에 대신 죽이시고 그것을 믿기만 하면 우리를 구원해주신다고 말씀하신 것입니다.

"행위에서 난 것이 아니니 이는 누구든지 자랑하지 못하게 함이라"(엡 2:9)

구원은 행위를 통해서 받는 것이 아니라고 분명히 말씀하고 계십니다. 내가 남을 돕는 구제와 선행을 베풀어야 구원받는 것이 아닙니다. 예수님이 우리들이 태어나서 늙어 죽을 때까지의 죄를 대신 다 짊어지고 죽으셨습니다. 그 사실을 받아들이기만 하면 우리들의 죄는 주님께서 갚아 주시는 것입니다. 만일 어떤 사람이 일억 빚을 졌다고 하더라도 누군가 그 돈을 대신 갚아준다고 한다면 그 사람은 더 이상 빚쟁이가 아니듯 우리들이 어떠한 죄를 지었더라도 예수님이 우리를 대신해서 죽어주셨다고 한다면 그 예수님을 받아들이기만 한다면 우리들은 더 이상 죄인이 아닙니다. 좋은 곳에 갈 수 있다고 성경은 우리에게 말씀하고 계십니다. 구원에 이를 수 있다는 말입니다.

이처럼 구원은 은혜로, 선물로 받는 것입니다.

에베소교회 성도들은 이 말씀을 받은 후 자기들이 착각했다고 하는 것을 깨닫고 행위로, 선행으로, 노력이 아닌 주님의 그 십자가의 사랑을 받아들이고 하나님의 놀라운 사랑을 우리가 수용함으로 구원의 확신을 가지고 구원을 받을 수 있는 사람이 된 것입니다.

예수님이 십자가에 달리셨을 때 좌우에 있었던 두 강도는 사람을 굉장히 많이 죽인 살인마들입니다. 우리나라로 치자면 지존파와 같은 사람들이라고 보면 될 것입니다. 이 두 강도들은 둘다 예수님을 욕하고 있었습니다.

그런데 한 강도가 못박힌 예수님을 향하여 계속하여 욕을 퍼부었습니다.

"네가 하나님의 아들이냐? 네가 바보처럼 왜 죽냐? 다른 사람들은 살리고 기적도 행했다고 하면서 너는 왜 너 자신을 구하지 못하고 죽냐?"

그런데 다른 한 강도는 태도가 다릅니다. '이상하다. 나는 죽는 것이 두려운데 저 예수라고 하는 사람은 죽는 것을 두려워하지 않네. 게다가 나는 죄를 지었으니 죽는 것이 당연하다 하지만 저 예수라고 하는 사람은 착한일밖에 한 것이 없다 들었는데 왜 저렇게 죽어야 하는 거지? 나는 능력이 없어서 어쩔 수 없이 십자가 위에서 죽어야 한다고 하지만 얼마나 능력이 있던지 죽은 자도 살리는 것을 봤는데 십자가에서 내려올 수 있을 터인데 왜 그러한 능력을 행하지 아니하고 저대로 죽는 것을 받아들이는 것일까? 게다가 나는 나를 찌르는 용사들을 향하여 욕이 절로 나오던데 저 예수라고 하는 사람은 가만히 옆에서 들어보니 오히려 하나님 아버지께 나를 찌르고 못 박는 저 용사들의 죄를 용서

해달라고 하네. 저들이 몰라서 저렇게 하는 거니까 용서를 해달라고 말이야.'

그리고는 계속해서 예수님을 욕하고 있는 다른 강도를 향하여 말합니다.

"예수님을 욕하지 마라. 하나님이 두렵지 아니하냐?"

이 강도는 하나님이 있구나, 하나님이 두렵구나 하는 말을 드디어 입 밖으로 꺼내 말을 했습니다. 계속해서 욕을 하는 자기 형제를 향하여 말합니다.

"너와 나는 죽을죄를 지었으니 죽는 것이 당연한데 이 예수라고 하는 사람은 죄도 없는데 죽지 않느냐?"

이렇게 자신이 철저한 죄인임을 고백했습니다. 그리고 이 강도는 예수님을 향하여 놀라운 한마디를 합니다.

"천국 갈 때 나도 좀 데리고 가세요."

이 강도는 천국을 믿었습니다. 하나님을 믿었기 때문에 하나님을 향한 두려움이 있었고, 자신이 죄인임을 철저하게 깨달아, 천국이 있음을 믿고 그 천국에 갈 때 자신도 좀 데리고 가 달라고 하는 이 세 마디 말만 했습니다.

비난하고 욕할때는 침묵하시던 예수님께서 이 강도의 고백을 들으시고는 곧 바로 입을 열어 선포하셨습니다.

"예수께서 이르시되 내가 진실로 네게 이르노니 오늘 네가 나와 함께 낙원에 있으리라 하시니라"(눅 23:43)

함께 천국에 갈 것을 말씀해주신 것입니다. 그렇다면 이 강도가 천국에 갔습니까, 못 갔습니까? 그렇다면 이 강도가 천국에 가기 위해서 한 일이 무엇입니까? 예배를 드렸습니까? 전도를 했습니까? 헌금을 드렸습니까? 아니면 봉사를 했습니까? 새벽기도를 나온 것도 아니고 착한 일을 한 것도 아니고 좋은 일을 한 것도 아닙니다. 그가 한 일이라고는 사람을 죽이고 돈을 빼앗고 강도짓을 한 것이 전부입니다. 도덕적으로 얼마나 큰 잘못을 했는지 십자가에 못 박혀서 사형을 받을 정도였습니다. 그런데 죽기 전에 그에게 어떠한 변화가 일어났습니까? 행위가 변한 것이 아닙니다. 그저 마음이 변한 것입니다. 하나님을 믿기 시작했습니다. 자신이 죄인임을 고백했습니다. 그리고 천국이 있음을 확신했고 자신도 천국에 들어가고 싶다고 요청을 했습니다. 옆의 강도가 예수님을 향하여 욕을 퍼부을 때 그는 예수님께 자신을 구원해달라고 부탁을 했습니다. 그런데 주님이 그 고백을 들으시고 당장 천국으로 인도해주시고 구원해주시어서 그는 좋은 곳으로 들어갈 수 있었습니다.

이러한 흉측한 강도도 그렇게 해서 천국에 들어갈 수 있다면 이 땅에 사는 사람들 가운데 천국에 가지 못할 사람이 어디 있겠습니까?

지존파들이 잡혔을 때 뭐라고 말했는지 아십니까? 더 많은 사람을 죽이지 못하고 감옥에 들어가는 것이 억울하다고 말했습니다. 그들이 그렇게 감옥에 들어갈 때에는 조금도 뉘우치지 않았었습니다.

한 교회에서 교도소에 편지를 계속 보냈지만 그 편지를 받고도 뜯어보지도 않는 그런 잔학한 인간들이었습니다. 그런데 사형 받기 며칠 전, 자기들도 인간인지라 끊임없이 한 사람의 이름으로 그렇게 많은 편지들이 날아오니 양심적으로 한 번 읽어보자 하는 마음이 들어 처음으로 편지를 뜯어 읽어보았습니다. 그런데 놀랍게도 그 편지를 읽으면서 그 내용에 감동을 받고 마음이 움직이기 시작합니다.

그렇게 변화된 이들이 마지막 유언으로 자신들에게 이렇게 지속적으로 편지를 보내준 사람들을 만나게 해달라고 요청합니다. 그래서 편지를 보낸 사람들이 왔고 그들은 복음을 전했습니다. 그때 이 지존파 사람들이 눈물을 흘리면서 주님을 영접하게 됩니다.

"내가 왜 예수님을 이제 알게 되었을까? 이 사실을 내가 왜 이제야 받아들였을까? 내가 미리 이러한 일을 알고 받아들였다면 이렇게 살지는 않았을 것인데. 내가 만일 세상에 나갈 수 있다면 내가 잘못한 것을 갚으면서 살 수 있을 것인데 기회가 없습니다."

그렇게 말하더니 가슴을 치면서 웁니다.

그리고는 사형을 집행하는 사람들에게 울면서 이렇게 말을 합니다.

"여러분, 나는 예수님 믿고 천국에 갑니다. 여러분들도 예수님을 믿고 다 천국에서 만났으면 좋겠습니다."

그리고는 찬양을 합니다.

나는 부족하여도 영접하실 터이니 예수 공로 의지하여….

인간의 모습으로라면 백 번이든 천 번이든 지옥에 가야 마땅한 잔학한 인간이지만 그 은혜를 받아들이는 순간 예수님의 보혈, 주님이 내 대신 죽으신 그 영생의 보혈로 인하여 그 은혜로 인하여 예수 그리스도의 공로 때문에 자신이 천국에 가게 된다고 고백을 합니다. 그리고 사형을 받으러 가는 날 사형장을 향해 그들이 가면서 불렀던 찬양입니다.

하늘 가는 밝은 길이 내 앞에 있으니

슬픈 일을 많이 보고 늘 고생하여도
하늘 영광 밝음이 어둔 그늘 헤치니
예수 공로 의지하여 항상 빛을 보도다

나는 부족하다, 나는 백 번이든 천 번이든 지옥에 가야 마땅하다. 나는 하늘나라에 갈 사람이 되지 못한다. 그러나 예수님의 공로를 의지하여서 나는 천국에 간다.

우리 가운데 다른 사람과 비교하여서 나는 저 사람보다는 착하게 살았고, 저 사람보다는 좋은 일을 많이 했고, 나는 저 사람보다 죄를 덜 지었기 때문에 천국에 갈 수 있다고 생각하시는 분이 계십니까? 저마다 다 죄를 지었습니다. 죄 없는 사람이 없습니다. 자신의 행위를 가지고는 구원에 이를 수 있는 사람이 단 한 사람도 없습니다. 강도를 욕할 수 없습니다. 주님은 십자가에 달렸던 우측에 매달린 강도나 지존파와 같은 사람들조차도 행위로는 구원에 이를 자가 단 한 사람도 없지만 주의 공로를 의지하고 주님의 사랑을 받아들임으로 그들을 구원하셨다고 우리에게 말씀해주고 계십니다.

그렇다면 여러분은 어떻게 하시겠습니까? 예수님의 좌편에 있던 강도처럼 우리 예수님을 비난만 하시겠습니까? 아니면 우측에 있던 강도처럼 생각을 바꾸어서 이 주님의 사랑을 받아들이겠습니까? 에베소교회의 성도들처럼 처음에는 행위로 구원을 받는 줄 알고 몸부림을 치다가 아닌 것을 깨닫고 주님의 은혜와 선물을 받아들이므로 구원을 받은 것처럼 여러분들도 그러한 구원에 이르기를 원하십니까?

만일 대통령이 오늘 밤 10시에 여러분의 집에 찾아온다면 여러분은 대통령을 맞이하기 위해서 무엇을 준비하겠습니까? 맛있는 음식, 좋은 옷, 아니면 깨끗하게 청소를 하면서 귀한 대통령을 받아들이고 영접할 준비를 하지 않겠습니까? 지금 이 시간 대통령과는 비교도 되지 아니하는 만왕의 왕 되시는 하나님 아버지의 아들 예수 그리스도를 우리의 마음속에 영접해야 합니다. 우리들이 태어나서 늙어 죽을 때까지 지을 모든 죄를 대신 용서하기 위해서 십자가 위에서 그토록 참혹하게 죽으신 예수 그리스도를 내 마음속에 모셔 들여야 합니다. 진실된 마음, 진지한 마음, 솔직한 마음만 준비하면 됩니다.

15장

내 아들을
돌려다오

또 이르시되 어떤 사람에게 두 아들이 있는데 그 둘째가 아버지에게 말하되 아버지여 재산 중에서 내게 돌아올 분깃을 내게 주소서 하는지라 아버지가 그 살림을 각각 나눠 주었더니 그 후 며칠이 안 되어 둘째 아들이 재물을 다 모아 가지고 먼 나라에 가 거기서 허랑방탕하여 그 재산을 낭비하더니 다 없앤 후 그 나라에 크게 흉년이 들어 그가 비로소 궁핍한지라 가서 그 나라 백성 중 한 사람에게 붙여 사니 그가 그를 들로 보내어 돼지를 치게 하였는데 그가 돼지 먹는 쥐엄 열매로 배를 채우고자 하되 주는 자가 없는지라 이에 스스로 돌이켜 이르되 내 아버지에게는 양식이 풍족한 품꾼이 얼마나 많은가 나는 여기서 주려 죽는구나 내가 일어나 아버지께 가서 이르기를 아버지 내가 하늘과 아버지께 죄를 지었사오니 지금부터는 아버지의 아들이라 일컬음을 감당하지 못하겠나이다 나를 품꾼의 하나로 보소서 하리라 하고 이에 일어나서 아버지께로 돌아가니라 아직도 거리가 먼데 아버지가 그를 보고 측은히 여겨 달려가 목을 안고 입을 맞추니 아들이 이르되 아버지 내가 하늘과 아버지께 죄를 지었사오니 지금부터는 아버지의 아들이라 일컬음을 감당하지 못하겠나이다 하나 아버지는 종들

에게 이르되 제일 좋은 옷을 내어다가 입히고 손에 가락지를 끼우고 발에 신을 신기라 그리고 살진 송아지를 끌어다가 잡으라 우리가 먹고 즐기자 이 내 아들은 죽었다가 다시 살아났으며 내가 잃었다가 다시 얻었노라 하니 그들이 즐거워하더라 _누가복음 15:11-24

어떤 동네에 한 바보가 있었습니다. 사람들이 백 원짜리 동전 하나랑 오십 원짜리 동전 하나를 놓으면 열이면 열 늘 오십 원짜리 동전을 가지고 갑니다. 그러니 얼마나 바보입니까?

- "아이고 이 바보야! 넌 어쩜 그렇게 바보냐? 백 원짜리를 집어야지. 오십 원짜리는 사탕 한 개밖에 사지 못하지만 백 원짜리는 사탕 두 개 살 수 있잖아."

그때 바보가 대답합니다.

- "나도 알아. 그런데 내가 백 원짜리 집으면 그 다음부터 사람들이 나한테 돈 안 주잖아."

보십시오. 남들은 이 사람을 바보라고 하지만 실제로는 이 바보가 더 똑똑한 사람이며 이 바보를 놀린 사람들이 똑똑한 것 같았지만 사실은 그들이 더 바보입니다. 그들은 가진 돈 빼앗기고 이 바보는 주머니가 묵직해집니다. 그러니 이 바보라 불린 사람이 얼마나 비상한 녀석입니까?

그런데 이 세상은 바보 같으나 똑똑한 사람이 있기도 하고 또 반대로 똑똑한 사람 같은데 바보가 있습니다. 성경은 다음과 같이 말씀하십니다.

"어리석은 자는 그의 마음에 이르기를 하나님이 없다 하는도다 그들은 부패하고 그 행실이 가증하니 선을 행하는 자가 없도다"(시 14:1)

하나님이 없다고 하는 사람이 바보고 어리석은 자입니다. 반대로 하나님이 있다고 믿는 사람들은 똑똑한 자들입니다. 그런데 이상하게도 하나님을 믿지 않은 사람들은 예수님을 믿는 우리를 향해서 바보 같다고 말합니다. 모처럼 쉬는 주일이 되어도 놀러가지도 못하고 늘 교회에만 가야 한다고, 그렇게 힘들게 벌어서 십일조로 다 가져다 바친다며 바보 같다고 합니다. 그리고 그렇게 하지 않는 자신들이 똑똑하다고 말합니다.

그런데 하나님은 우리를 향하여 똑똑하다 하시고 우리를 지혜롭다고 말씀하십니다. 반대로 믿지 않는 자들을 향하여 어리석고 바보 같다고 말씀하십니다. 똑똑한 것 같으나 바보 같고 바보 같으나 똑똑한 시대를 우리는 살아가고 있습니다.

본문 말씀이 이와 비슷한 상황입니다. 옛날에 큰 부자가 두 아들과 함께 행복하게 살고 있었습니다. 이 두 아들은 너무나도 착하고 성실했습니다. 알아서 척척 자기 일을 잘 감당했기 때문에 아버지가 잔소리할 것이 없을 정도였습니다. 정말 충실한 자녀들이었습니다. 게다가 예의도 있고 순종적인 자녀들이었습니다. 동네 어른들에게는 얼마나 인사를 잘하는지 모릅니다. 아버지가 하라고 하신 말에는 말대꾸 하거나 반항한 적도 없습니다. 무조건 '예'하고 순종했습니다.

그래서 이 두 아들은 효성이 지극한 효자라고 온 동네에 소문이 자자했고 온 동네 사람들은 이 가정을 부러워합니다. 잘 살기도 하지만 자녀 교육을 너무나도 잘 시켰기 때문입니다. 그렇게 모든 사람의 존경을 받으면서 아버지는 두 아들과 함께 행복하게 살고 있었습니다.

그러나 인생이 늘 행복할 수만은 없습니다. 이 가정에도 드디어 어둠의 그림자가 드리우기 시작했고 불행의 씨앗이 나타나기 시작했습니다. 순종하며 말대꾸조차 하지 않던 둘째 아들이 어느 날인가부터 빗나가고 비뚤어지기 시작했습니다. 아버지에게 말대꾸하기 시작하고 대들기 시작합니다. 그리고 점점 더 불순종하기 시작하더니 아버지를 향하여 불평과 불만이 가득차기 시작했습니다. 아버지에게 반항하고 따지기 시작합니다.

그러던 어느 날 이 아들이 아버지를 찾아와서는 당돌하게 이야기합니다.

"아버지가 늙어서 돌아가시면 어차피 상속해주실 유산인데 지금 재산의 절반을 뚝 반으로 잘라 제게 주십시오. 나도 내 인생을 멋지게 한번 살아보고 싶습니다."

이렇게 아버지에게 도전을 했습니다. 이런 둘째 아들의 말을 들은 아버지는 쇼크를 받게 됩니다. 원래 평소에 대들고 따지고 속을 상하게 하던 자식이 그렇게 말한다면 아버지로서 그만큼 큰 충격을 받지 않았을 것인데 너무나도 순종 잘하던 둘째 아들이 갑자기 당돌한 요구를 했으니 아버지는 얼마나 큰 충격을 받았겠습니까?

아버지는 아들의 요구를 들어줄 수가 없습니다. 물론 둘째 아들에게 갈 재산입니다. 그러니 아들에게 잘라 줄 수도 있을 것입니다. 만일 그렇게 한다면 아직 철도 들지 않고 돈 관리도 잘 할 수 없는 이 아들이 반드시 돈을 다 엉뚱한 곳에 허비하고 낭비할 것이며 허랑방탕하게 살 것입니다. 그래서 결국 돈이 아들을 망치게 될 것이 뻔합니다.

그것을 뻔히 아는데 어떤 아버지가 아들에게 재산을 반 잘라서 주겠습니까? 그리고 그 재산이 한두 푼 하는 것도 아니고 어마어마한 돈인데 말입니다.

그런데 이 아들은 계속해서 집요하게 아버지를 찾아와 돈을 달라고 요구합니다. 돈을 주지 않으면 죽어버리겠다고 말을 하기도 합니다. 별의별 말을 다 합니다.

인격적인 아버지는 이 아들을 믿고 신뢰하기로 결정합니다.

"그래, 네 명의로 돈을 가지고 잘 살아보아라."

믿음과 기대를 가지고 재산 절반을 딱 잘라 나누어주었습니다. 우리말로 하자면 부동산 명의를, 논과 밭과 집을 그 아들의 이름으로 다 주었다는 말입니다.

그런데 이 아들은 며칠도 지나지 않아 자신의 모든 재산을 다 현금으로 바꾸고는 뒤도 돌아보지 않고 머나먼 다른 나라로 떠나버렸습니다.

이 사실을 며칠 후에 알게 된 아버지는 하늘이 무너지는 충격을 받게 됩니다. 견딜 수 없는 고통 가운데 땅바닥에 털썩 주저앉고 가슴을 쥐어짜며 통곡을 합니다. 버림받은 억울함 때문에, 자신을 배신한 아들 때문이 아닙니다.

'저 놈이 분명히 고생을 할 것인데, 저 놈이 분명히 망할 것인데, 저 놈이 분명히 고통을 당할 것인데, 저 놈이 분명히 허랑방탕한 삶을 살 수밖에 없을 것인데…'

그렇게 아들을 생각하면서 눈물 흘리며 절규하고 아파하는 아버지입니다. 그런데 이 아들은 눈물 한 방울 흘리지 않고 큰 소리 치고 웃으면서 기쁨으로 신나게 아버지의 곁을 떠나 머나먼 여행길에 오릅니다. 돈도 두둑하겠다, 희망과 미래에 부풀었습니다. 앞으로 멋진 인생이 펼쳐질 것이라고 하는 생각을 가지고 출발을 했던 것입니다.

아버지는 울고 있습니다. 그런데 아들은 웃고 있습니다.

아버지는 슬퍼하며 통곡을 하고 있습니다. 그런데 아들은 기분이 좋아서 신나게 떠났습니다.

둘째 아들이 왜 아버지의 곁을 떠났다고 생각을 하십니까? 두 가지 착각 때문입니다.

둘째 아들은 아버지의 잔소리가 귀찮았습니다. 아버지의 간섭과 통제가 싫었습니다. 아버지의 구속을 받으면서 사는 것 같았습니다. 빨리 일어나라고 하는 것도, 나쁜 친구니까 사귀지 말라고 하는 것도, 갈 곳이 아니니 가지 말라고 하는 것도 이런저런 계속적인 잔소리와 구속과 통제를 벗어나고 싶었습니다. 내 맘대로 하고 싶은 대로 다 해보면서 자유를 누리면서 살고 싶었습니다. 그렇게 자유를 동경하면서 아버지의 집을 떠난 것입니다.

완전한 착각 아닙니까? 아이들이 엄마 아빠가 이것은 하고 저것은 하지 말라고 하면 귀찮아서 벗어나고 싶어서 가출을 하지 않습니까? 그것이 자유를 제한한다고 생각하여 구속에서 벗어나고 싶다는 생각에 아이들이 가출을 했다가 붙잡혀서 성적인 노예가 되기도 하고 감시와 통제를 받기도 하고 한 발자국도 함부로 떼지 못하는 비참한 통제와 구속 가운데 갇히는 아이들이 얼마나 많은지 아십니까? 완전한 착각이었습니다.

두 번째로 이 아들은 자기가 아버지의 일을 하느라고 손해 보고 고생하고 희생한다고 생각을 했습니다. 내가 죽어라 일하고 돈을 벌어봐야 전부 다 아버지의 것이 되는 것 같았습니다. 도무지 자기 것은 없는 것 같습니다. 그래서 이렇게 생각합니다.

'나도 내 인생을 살고 싶어.'

'나도 내 소유를 갖고 싶어.'

'아버지를 위해서 내 인생을 희생할 필요는 없는 거 아니야?'

'나도 내 재산 가지고 내 힘으로 사업해서 엄청난 돈을 벌어보고 싶어.'

이런 자신도 생겼습니다. 그런데 그것은 정말 착각이었습니다. 아버지가 일을 시켜서 아버지의 돈을 벌려고 하는 것이 아니었습니다. 아버지의 돈이 다 자신의 돈 아닙니까? 아버지가 돌아가시면 단 한 푼인들 가지고 가시겠습니까?

조금이라도 돈을 더 벌어서 더 많은 돈을 아들들에게 주려고 했는데 이 사실을 전혀 알지 못하고 아들은 착각한 것입니다.

'억울하다. 나는 아버지를 위해서 일을 할 수 없다.'

'내 인생을 내가 살아가리라.' 하고서는 돈을 챙겨서 떠나갔던 것입니다. 그러니 이 아버지의 입장에서는 가슴을 치며 통곡할 수밖에 없는 것입니다. 그리고 아들에 대한 걱정에 사로잡혔습니다. 밥을 먹어도 모래를 씹는 것만 같습니다. 잠인들 오겠습니까? 밤마다 눈물짓습니다. 꿈에서조차 아들이 나타납니다.

'우리 둘째는 어떻게 되었을까?'

이러한 걱정에도 불구하고 들려오는 소문은 너무나도 기가 막힙니다. 외국에서 허랑방탕하게 지내고 있다고 합니다. 아버지는 가슴이 무너져 내립니다.

'내가 바보야. 다 내 탓이야. 아버지인 내가 잘못했어. 그 철없는 녀석이 달라고 한들 내가 왜 다 줬을까? 내가 돈을 주지 않아서 그냥 내쫓았다면 돈이 없어서라도 그냥 돌아왔을 것인데, 그 많은 재산을 가지고 떠났으니 이 녀석이 무슨 일인들 못할까? 내가 잘못했다. 내 탓이다. 내가 잘못했어.'

오늘날 많은 사람들이 교회에 왔다가 교회를 떠나는 사람, 아버지께 왔다가 아버지의 품을 떠나는 사람은 둘째 아들과 똑같습니다. 오늘날 많은 사람들이 교회에 오지 못하고 아버지 품에, 주님 품에 오지 못하고 세상 속에 빠져 살아갑니다. 그런 이유가 이 둘째 아들과 똑같다는 말입니다. 아니, 교회 예배당 속에 몸은 와 있지만 마음은 세상에 빠져 있는, 마음은 온전히 주께 돌아오지 못한 사람들의 이유 역시 이 둘째 아들의 두 가지 이유와 똑같다는 말입니다.

"이 백성이 입술로는 나를 공경하되 마음은 내게서 멀도다"(마 15:8)

"여호와께서 말씀하시되 너희의 무수한 제물이 내게 무엇이 유익하뇨 나는 숫양의 번제와 살진 짐승의 기름에 배불렀고 나는 수송아지나 어린 양이나 숫염소의 피를 기뻐하지 아니하노라 너희가 내 앞에 보이러 오니 이것을 누가 너희에게 요구하였느냐 내 마당만 밟을 뿐이니라"(사 1:11, 12)

"너희가 날마다 짐승을 가지고 나에게 제사를 하지만 내 마당만 밟을 뿐이다. 지긋지긋한 너희의 예배를 나는 받고 싶지 않다."하는 말씀은 이스라엘 백성들이 하나님 앞에 예배했고 하나님께 예물도 드렸고 또 하나님도 잘 섬겼습니다. 하지만 하나님은 받지 않으십니다. 왜 그렇게 하셨습니까? 마음이 떠나있었기 때문입니다.

그래서 이스라엘 백성을 향하여 말씀하십니다.

"내게로 돌아오라."

이 말에 이스라엘 백성들이 따집니다.

"언제 저희가 아버지를 떠났습니까? 언제 우리가 하나님을 떠났습니까? 떠났어야지 돌아오는 것 아닙니까?"

이렇게 따집니다. 하지만 하나님은 말씀하십니다.

"너희들이 나를 버리고 떠났다."

하지만 이스라엘 백성들은 절대 버리지 않았고 떠나지 않았다고 생각합니다. 그들은 매일 예배를 잘 드렸기 때문입니다.

그렇다면 혹시 우리 가운데 이 음성을 들어야 하는 사람이 있는 것은 아닙니까? 몸은 교회에 와 있지만 마음은 떠나 있는, 주일에 예배는 드리지만 실제 삶에서는 하나님과 관계없이 살아가는 그런 사람들이 우리 가운데에도 많다는 말입니다.

그것은 둘째 아들과 똑같습니다. 교회의 목사님 설교는 잔소리 같이 들리고 교회에 오면 마치 구속받는 것처럼 느껴집니다. 날마다 구속받는 것 같습니다. 주일이 되어도 여행도 가지 못하고 놀러 가지도 못하고 이 좋은 날에 교회에 와서 청승맞게 앉아 있어야 한다는 생각이 됩니다.

죄를 지을 때에도 죄책감 때문에 맘이 무겁습니다. 말과 행동, 술이나 담배가 마음을 힘들게 합니다. 교회에 오고 예수님을 믿으면 마치 자유가 제한되는 것 같습니다. 그래서 마음껏 자유롭게 살고 싶어서 교회에 오지 않습니다. 혹 온다고 하더라도 왔다가 곧 떠납니다.

이런 생각은 모두 착각입니다. 떠난 사람들이 자유롭고 행복하게 사는 줄 아십니까? 여지없이 비참해져서 전부 손 들고 다시 오게 된다는 말입니다.

두 번째로 손해 보는 것 같고 피해를 보는 것 같고 희생하는 것 같아 사람들이 아버지 품에 오지 못하고 왔다가도 다시 아버지 품을 떠납니다.

교회에 오면 시간을 내야 하고 돈도 내야 하고 헌신도 하라고 합니다. 그러니 내 인생은 없고 마치 주님을 위해서 수고와 희생만 하는 손해를 보는 것 같습니다. 나를 위해서 내 인생을 사는 것이 아니라 주님의 종이 되어서 주님을 위해서 희생하는 것 같습니다. 그래서 내 인생은 나의 것이라고 하면서 주님을 떠나가는 사람들이 많습니다.

하나님은 우리에게 작은 일을 하게 하심으로 더 큰 상으로 복을 내려주십니다. 그렇게 엄청나게 갚아주시기 위함인데 그 사실을 알지 못한 채 착각하고 주님을 떠나갑니다. 또 주님 품에 오려다가도 그것 때문에 오지 않는 사람들이 있습니다. 또 교회 속에 오긴 했지만 온전히 주님 품에 헌신하지 못합니다.

믿음의 사람들은 영원한 자유를 위하여 순간의 자유를 포기합니다. 믿음이 충만한 사람은 영원한 상급을 위하여 작은 수고와 희생을 기꺼이 감당하지만 믿음이 없는 사람은 순간적인 작은 기쁨과 혜택을 누리기 위해서 손해 보지 않기 위해서 영원한 축복과 가장 큰 상급을 포기합니다.

그렇다면 여러분들은 어떤 사람들이십니까?

본문에서 말씀하시는 아버지는 하나님이십니다. 그리고 본문에서 둘째 아들이 떠났던 곳은 다른 나라가 아니라 세상입니다. 그렇다면 둘째 아들이 누구입니까? 어쩌면 교회를 다니지 않다가 오늘 처음 교회에 나온 사람일 수 있습니다. 또 교회를 떠나 있던 사람일 수도 있고 어쩌면 교회 안에 와서 늘 예배하고 있지만 마음은 세상에 빠져 있어 백 퍼센트 전심으로 주님께 향하지 못한 사람들이 바로 둘째 아들입니다. 때문에 어쩌면 우리들 가운데에서도 둘째 아들이 있을 수 있습니다.

하나님께서는 이 둘째 아들이 아버지 품으로, 하나님 품으로 돌아오기를 간절히 소원하셨습니다. 둘째 아들을 빨리 돌아오게 하기 위한 하나님의 네 가지 작전이 진행이 되었습니다.

첫 번째 작전에 걸려서 이 아들이 돌아왔다면 고생을 덜 했을 것인데 미련한 이 아들은 네 번째 하나님의 작전까지 다 고통스럽게 겪고 돌아왔습니다. 어리석었지만 어쩔 수 없었습니다.

혹 주님을 떠나있는 사람이라고 한다면, 아니면 몸은 교회에 와 있지만 마음은 교회에서 멀리 떨어져 있는 사람이라고 한다면 네 가지 전략 가운데 첫 번째 하나님의 작전 앞에 고개 숙이고 엎드려 주께로 온전히 돌아오시기 바랍니다.

1. 재산을 없애게 할지라도

하나님께서 둘째 아들을 빨리 돌아오게 하기 위한 첫 번째 작전은 그가 가진 엄청난 재산을 다 허비하게 만드셨습니다.

> "그 후 며칠이 안 되어 둘째 아들이 재물을 다 모아 가지고 먼 나라에 가 거기서 허랑방탕하여 그 재산을 낭비하더니 다 없앤 후 그 나라에 크게 흉년이 들어 그가 비로소 궁핍한지라"(눅 15:13, 14)

처음에 저는 이 아들이 돈을 다 허비한 줄 알았습니다. 이 아들이 다 날린 줄 알았습니다. 그런데 성경은 '비로소 궁핍한지라'라고 말씀하십니다. 즉 하나님은 이 아들의 돈이 다 없어지기를 그래서 궁핍하여지기를 기다리셨습니다. 이 둘째 아들에게 예쁜 여자를 접근하게 하셨습니다. 이 예쁜 여자는 남자의 지갑을 열게 하고 꺼내게 하는 도사였습니다. 그런 여자를 붙이셔서 돈을 빼내도록 하셨습니다. 그런데 이 둘째 아들은 그 여자를 하나님이 보내신 여자인 줄 몰랐습니다. 또 하나님은 이 둘째 아들의 돈을 다 빼내시기 위하여 부도나는 사업가들을 만나게 하셨습니다. 그래서 그들로 하여금 둘째 아들의 돈을 투자하게 하셨습니다. 그렇게 그들을 만나 투자하게 하셨고 그렇게 돈을 다 날리게 하셨습니다. 사기꾼 같은 친구들만 만나게 하셨습니다. 다 빌려주고 사기당해서 떼어먹고 받지 못하게 만드셨단 말입니다. 하나님이 그렇게 하지 않으셨다면 그 많던 돈이 이렇게 빨리 다 사라지고 다 허비될 수가 없는 것입니다.

둘째 아들의 주머니에 돈이 남아 있으면 아버지의 집에 돌아올 리가 없습니다. 돌아올 필요가 없습니다. 대신 마음껏 즐겼을 것입니다. 돈이 다 떨어져야지 돌아올 것임을 알았기 때문에 하나님께서는 나쁜 사람들을 붙여서 호주머니에 있는 돈을 다 쓰게 만들었습니다.

성경에 보면 베드로가 부활하신 주님을 보고도 주님을 버리고 주의 사명을 버리고 고기를 잡으러 갔을 때 밤이 새도록 그물을 내렸으나 한 마리도 고기가 잡히지 않았습니다. 그것이 기적입니다. 그런데 고기가 잘 잡혔다고 생각해 보십시오. 그럼 베드로는 아버지께로 돌아오지 않았을 것입니다. 주님의 일을 하러 오지 않았을 것입니다. 때문에 하나님은 고기를 한 마리도 잡히지 않게 하셨던 것입니다.

솔직히 예수님을 믿는 사람들 가운데 한계 상황에 다다라서 죽을 고비에 이르러서야 '천부여 의지 없어서 손들고 옵니다' 하며 주께로 오는 사람들이 많습니다. 하나님이 주님을 떠나 있는 세상 가운데 있는 그들을 주께로 불러들이기 위해서 그들을 망하게 하고 그들의 돈을 모두 빼앗아 가시는 것입니다. 그렇게 해서라도 주님께 돌아오지 않으면 안 될 수밖에 없도록 하기 위해서 그렇게 하시는 것이란 말입니다.

혹시 가정 경제가 어렵고 돈이 다 빠져나갑니까? 물론 다른 이유가 있을 수도 있습니다. 하지만 본문에서 말하는 정확한 이유가 한 가지 있습니다.

'내가 아버지께로 돌아오지 않았기 때문에 주님께서 돌아오라고 돈을 빼앗아 가신 것이로구나.'

'내가 주님께 와서 예배한다고 하긴 했지만 내 마음은 두 마음을 품고 있었고 양다리를 걸치고 있었고 온전히 주님께 돌아오지 못하고 있었기 때문에 주님이 나를 완전히 돌아오라고, 주님께만 온전히 올인 하라고 나의 돈을 다 빼앗아 가신 것이로구나.'

이렇게 깨닫고 주님께로 온전히 돌아오는 우리가 되기를 바랍니다.

2. 버림받고 외면당하게 할지라도

하나님께서 둘째 아들을 빨리 집에 돌아오게 하기 위한 두 번째 작전은 믿었던 사람들로부터 버림받고 외면 당하게 하신 것입니다.

> "가서 그 나라 백성 중 한 사람에게 붙여 사니 그가 그를 들로 보내어 돼지를 치게 하였는데"(눅 15:15)

이 탕자가 그 나라 백성 한 사람에게 붙여 살고 그는 탕자에게 돼지 치는 일을 하게 합니다. 물론 이 탕자가 돈이 많았을 때에는 여자들과 친구이 많았습니다. 그때에는 주변에 돈 많은 친구들도 많았습니다. 그런데 돈이 다 떨어지고 거지가 되고 나니 밥 한 끼 사주는 사람 없고 하룻밤 재워주는 사람도 없었습니다. 그렇게 붙어 살 데가 없게 되니 급기야 돼지 먹이는 일을 하는 비참한 신세가 되고 말았다는 것입니다.

무슨 말입니까? 하나님이 이 아들을 돌아오게 하시기 위한 두 번째 전략은 모든 사람으로부터 버림받고 외면당하고 배신당하고 왕따 되도록 만드셨습니다. 왜냐하면 아무도 도와주는 사람이 없어야 아버지께로 돌아오기 때문입니다. 만약 호주머니에 돈이 없어도 친하게 지내던 여자들이나 친구나 거래처 사장들이 먹여주고 재워주면 아버지에게로 돌아가지 않습니다. 그래서 하나님이 그 친구들로 하여금, 그 애인들로 하여금 그 주변 사람들로 하여금 완전히 왕따가 되도록 만드시고 말았습니다.

이제는 자기 혼자밖에 없습니다. 그러니 얼마나 처절합니까? 얼마나 억울합니까? 얼마나 괘씸합니까? 문도 열어주지 않습니다. 쌀쌀맞습니다. 그렇게 가깝던 사람들이 거지 취급을 합니다.

이 정도라면 돌아와야 하는 것 아닙니까? 그런데도 이 아들이 돌아오지 않습니다.

우리들이 세상 가운데 빠져 있고 온전히 주님께로 돌아오지 않으면 우리들과 지금 같이 놀고 있는, 우리들을 기쁘게 해주는, 우리를 도와주고 있는 그들과 다 원수가 될 수도 있다는 사실을 잊지 마십시오. 관계가 깨질 수 있습니다. 배신을 당할 수 있습니다. 그들로부터 왕따를 당할 수 있습니다.

우리가 지금은 성전에 와 있지만, 믿음을 가졌다고 하지만, 온전히 주께로 돌아오지 못하고 아직까지 두 마음을 품고 양 다리 걸치고 하나님도 믿고 거래처 사장님도 믿고, 하나님도 믿고 돈도 믿으면 하나님은 돈으로부터 왕따를 당하게 만들기도 하시고 나를 돕는 자들로부터 버림받게 만들게도 하십니다. 그래서 나로 하여금 고독하게 만드십니다.

그렇게 해서라도 나를 온전히 사랑하시고 우리를 천국으로 데려가시고자 하시는 하나님의 사랑이십니다. 더 버림받기 전에, 더 배신당하기 전에, 더 왕따 당하기 전에 주님 앞에 돌아오시기 바랍니다.

3. 흉년들게 할지라도

하나님께서는 둘째 아들이 주님의 품으로 빨리 돌아오도록 하기 위해서 세 번째로 하신 작전이 있습니다. 그 아들이 머물고 있는 나라에 큰 흉년이 들도록 하신 것입니다.

"그 나라에 크게 흉년이 들어"(눅 15:14)

친했던 사람들에게 버림받고 배신당해도 이 아들이 돌아오지 않습니다. 그렇게 버티고 있습니다. 아르바이트를 하든지 직장에 들어가면 되기 때문에 돌아오지 않은 것입니다. 그래서 하나님께서는 이 아들이 발을 붙일 수 없도록 하기 위하여 그 나라의 전체에 크게 흉년이 들도록 만드셨습니다. 다시 말해서 그 주변의 환경을 전부 다 막아버리셨다는 말씀입니다. 우리 하나님은 하나님의 자녀들을 이토록 사랑하십니다. 내 아들 하나 돌아오도록 하기 위해서, 내 아들 하나 다시 아버지 품에 품기 위해서 우리 하나님 아버지는 나라까지도 망하게 하십니다. 한 나라의 흉년을 들게 하시는 하나님 아버지이십니다.

성경에는 이런 말씀이 얼마나 많은지 모릅니다. 요나가 니느웨로 가지 않고 다시스로 갔을 때 하나님은 하나님의 아들을 찾기 위해서 요나가 탄 배가 가는 그 바다에 큰 풍랑을 일으킵니다. 하나님이 손을 친히 바다에 넣으셔서 바다를 뒤집어놓으십니다. 그렇게 요나가 탄 배를 뒤흔들어놓으시는 것입니다. 왜 그렇게 하십니까? 내 아들을 내어놓으라는 말씀이십니다. 내 아들이 그 배에 타고 있으니 내 아들을 내놓지 않으면 그 배에 타고 있는 사람은 다 죽는다는 것입니다. 그래서 그들이 하나님의 아들 요나를 바다에 던져야만 했고 그후 풍랑이 곧 잠잠해졌습니다.

나오미가 성지인 베들레헴에 흉년이 들자 그 곳을 떠나 풍년이 든 모압으로 갔습니다. 그런데 그 모압 땅이 하나님의 딸인 나오미를 내놓지 않을 때 하나님이 모압 땅에 흉년을 주고 그 땅이 딸을 내놓을 때까지 모압 사람들을 괴롭히는 그의 가족들을 괴롭히는 하나님이십니다. 우리들 때문에 우리나라가 망할 수도 있고 우리 지역이 망할 수도 있습니다. 수중에 있는 돈이 다 빠져나갔는데도 정신을 차리지 못하고 온전히 돌아오지 못하면 하나님은 돌아오게 하시기 위하여 여러분의 공동체를, 여러분의 주변을 다 망하게 하실 수도 있습니다.

"이 녀석들아, 내 아들을 내놓아라! 내 아들을 내놓지 않으면 크게 흉년 드는 것이 문제가 아니라 다 죽는다!"

생각해보십시오. 실제로 잘못은 누가 했습니까? 둘째 아들이 했습니다. 그런데 벌은 누가 받고 있습니까? 그 나라가 받고 있습니다. 이처럼 지구는 하나님의 아들딸을 중심으로 움직인다고 하는 사실을 믿으십시오.

역사를 보십시오. 세계사 중심으로 역사가 기록됩니다. 강대국만 나옵니다. 그리고 이스라엘은 조금만 나옵니다. 성경을 보십시오. 하나님의 나라, 이스라엘을 중심으로 역사가 기록됩니다. 애굽, 바벨론, 앗수

르가 나오기는 합니다만 몇 마디밖에 나오지 않습니다. 하지만 이스라엘은 얼마나 많이 등장합니까? 하나님은 하나님의 백성이 중요하기 때문입니다.

큰 나라의 사람들은 자기들이 강대국이고 큰 나라이고 힘이 있기 때문에 자기들이 중요하다고 생각할지 모르겠지만 그 나라 바벨론, 애굽 백성들은 하나님의 백성들이 죄를 지었을 때 징계의 채찍으로 사용하시고자 잠시 강하게 해주셨을 뿐이란 말입니다. 지금 보십시오. 그 나라의 흔적인들 찾을 수 있습니까? 다 약해지고 없습니다. 하지만 하나님의 백성인 이스라엘 백성은 하나님이 여전히 건재하게 지켜주고 계십니다.

빨리 돌아오십시오. 그렇게 빨리 아버지의 품으로 돌아오시고 다시는 떠나지 마십시오. 그래야만이 여러분도 살고 여러분의 가정도 살고 나라도 사는 것입니다.

어떤 부인과 상담을 하는데 얼마나 가슴이 아픈지 모르겠습니다. 상담을 듣고 있자니 자신 때문에 자기의 가족들이 그렇게 힘들어지고 있는데 그것을 정작 본인은 모르고 있더란 말입니다. 그리고 자기는 자식들 때문에 자신이 못살게 되었다고 생각하고 있습니다. 심지어 자살하고 싶다고까지 말하고 있습니다. 그래서 제가 당신을 다시 하나님의 품으로 돌아오게 하시기 위해서 당신 때문에 가족들이 속상하게 하는 것이라고 권면한 적이 있습니다. 당신이 돌아오고 진심으로 예수님을 믿게 되면 가정의 어려움은 동시에 사라질 것이라고 말했습니다. 물론 처음에는 제 말을 거부했습니다. 그러나 지금은 받아들이고 있습니다.

4. 비참한 신세가 되게 할지라도

마지막 네 번째로 하나님이 이 아들을 빨리 돌아오게 하고 싶으셔서 하신 일이 있습니다. 짐승보다 못한 취급을 받게 하신 것입니다.

"그가 돼지 먹는 쥐엄 열매로 배를 채우고자 하되 주는 자가 없는지라"(눅 15:16)

돼지가 먹는 쥐엄나무 열매도 함부로 먹지 못하는 비참한 신세를 만들어버리고 말았습니다. 다시 말하면 돼지만도 못한 인생을 만들어버리고 말았습니다. 인간 이하의 취급을 받도록 만드십니다. 처음 하나님을 알게 된 사람이 있다면 내 삶이 왜 이렇게 어렵게 되었는가를 한번 생각해 보시고 4단계까지 가기 전에 빨리 아버지 품으로 돌아오시기 바랍니다. 1단계, 2단계일 때 빨리 아버지 품으로 돌아오기를 바랍니다. 그래서 더 이상의 고통을 겪지 않고 주님의 사랑과 축복을 받으면서 살아가는 우리가 되기를 바랍니다.

어떤 목사님이 개와 함께 계속 조깅을 하시는데 개가 먼저 달려가고 목사님이 그 뒤를 따라갔더니 지나가는 사람이 이렇게 말하더랍니다.

"개보다 못한 놈."

하도 열 받아 이번에는 자기가 앞서 가고 개를 따라오게 했다고 합니다. 그랬더니 이번에는 지나가는 사람이 이렇게 말하더랍니다.

"개보다 더한 놈."

열을 받아서 이번에는 개하고 같이 뛰었다고 합니다. 그랬더니 이번에는 이렇게 말하더랍니다.

"개 같은 놈."

우리가 고집을 부리고 세상에 빠져서 주께로 돌아오지 못하고 예수 믿지 못하면, 믿는다고 하더라도 엉성하게 믿어 반 마음 가지고 믿음 생활을 하면 하나님께서 인간 이하의 취급을 받게 만들어서라도 낮추고 또 낮추어서라도 우리를 돌아오게 하시고 품기를 원하십니다. 안타깝게도 이 둘째 아들은 4단계까지 다 가서야 그제야 스스로 뉘우칩니다.

"이에 스스로 돌이켜 이르되 내 아버지에게는 양식이 풍족한 품꾼이 얼마나 많은가 나는 여기서 주려 죽는구나 내가 일어나 아버지께 가서 이르기를 아버지 내가 하늘과 아버지께 죄를 지었사오니 지금부터는 아버지의 아들이라 일컬음을 감당하지 못하겠나이다 나를 품꾼의 하나로 보소서 하리라"

그리고 아버지 집으로 돌아옵니다. 그런데 밤마다 문을 열어놓고 아들 돌아오기만 기다렸던 아버지가 어떻게 하십니까? 성경을 자세히 보십시오. 아들이 아버지를 먼저 보는 것이 아니라 아버지가 아들을 먼저 봅니다. 아들이 아버지를 향하여 달려오는 것이 아니라 아버지가 아들을 향하여 달려갑니다. 아들이 아버지를 끌어안는 것이 아니라 아버지가 아들을 끌어안습니다. 아버지가 아들을 얼싸안고 입을 맞추었다고 성경은 분명하게 말씀하십니다. 그리고 아버지는 아들을 목욕을 시키고 신발을 신겨주시고 새 옷을 입혀주는가 하면 가락지를 끼워주십니다. 거기에서 멈추는 것이 아니라 살진 송아지를 잡으라고 한 후 큰 잔치를 열어주십니다. 그렇게 축제가 열렸습니다.

지금까지 교회에 한 번도 다니지 않은 사람이라 할지라도, 처음 교회에 나온 사람이라 할지라도 하나님은 과거를 묻지 않으십니다. 또 주님을 떠났다가 돌아온 사람이라 할지라도, 마음이 주님으로부터 떠났다 할지라도 그 마음이 온전히 주님께 다시 돌아온다면 하나님은 왜 그렇게 했느냐고 묻지 않으십니다.

여기에서 아버지는 하나님을 상징합니다. 아버지는 돌아온 둘째 아들을 향하여 단 한 번도 책망하지 않으셨습니다.

"너 어디 갔다가 돌아왔어!"

"너 무엇 하다가 돌아왔어!"

"그 많은 돈 다 어디다가 썼어?"

"그동안 무슨 죄를 얼마나 많이 짓다가 온 거야?"

묻지 않으셨습니다.

더럽다고 추하다고 한 마디 꾸중도 하지 않으셨습니다. 한 마디 질타도 하지 않으십니다. 과거를 묻지도 않으십니다. 돌아온 것만 보고 행복해하십니다. 돌아온 것만 보시고 고마워하십니다. 더럭 끌어안고 기뻐서 울며 잔치를 벌이시는 분이 바로 아버지이십니다.

아버지의 품에 안기고 싶지 않으십니까?

아버지의 품에 안겨야 하지 않겠습니까?

하나님은 우리를 사랑하십니다. 사랑의 하나님께서 우리에게 믿음을 요구하십니다. 그리고 믿음은 아버지에게로 돌아오는 것입니다. 아버지의 집으로 아버지의 품으로 돌아오는 것입니다. 그리고 다시는 떠나지 않는 것입니다.

우리가 과거에 아무리 많은 죄를 지었다 할지라도, 우리가 과거에 아무리 많이 하나님을 욕했다 할지라도, 아무리 많이 교회를 욕했다 할지라도, 아무리 오랫동안 교회를 떠나있었다 할지라도, 몸이 교회에 나와 있었을지라도 마음은 세상 가운데에서 다른 것을 믿고 의지했을지라도, 그래서 우리가 더 가난해졌고, 그래서 우리 때문에 주변 사람들을 더 힘들게 했고, 그래서 우리가 사람들로부터 배신을 당하고 어려움을 당하는 고통을 겪고 있다 할지라도, 때때로 인간 이하인 돼지만도 못한 취급을 받을지라도 지금 이 순간 주께로 돌아오기만 한다면, 믿음을 가지고 주님 품에 안기겠노라 결심만 한다면 주님은 우리의 잘못을 한 마디도 묻지 않으시고 꾸중하지 않으시고 있는 모습 그대로 추한 모습 그대로 얼싸안으시고 입을 맞추시고 새 옷을 입혀주시고 가락지를 끼워주실 것입니다. 이 가락지는 내 아들이라는 상징입니다. 종들을 향한 내 아들이라는 선포입니다.

"종들아 비웃지 마라. 이는 내 아들이다!"

몸이 교회에서 떠난 사람은 몸이 교회로 돌아오겠다고 결단한다면, 마음이 떠난 사람은 내가 이제부터 세상의 것들을 의지하지 않고 오직 하나님만 의지하고 믿겠다고 결심한다면 주님은 우리를 와락 안아주시고 우리의 가정에 나타났던 수많은 가난과 위기와 고통의 문제로부터 완전히 회복시켜 아버지의 것이 다 내 것이요, 천국의 것이 다 내 것이라는 특권으로 다시 하나님의 자녀로서 모든 사람으로부터 존경을 받으며 축복받는 인생을 살게 될 것입니다.